“1358”铿锵足音

2021 贵州教育纪事

贵州省教育厅　编著

图书在版编目（CIP）数据

“1358”铿锵足音：2021贵州教育纪事 / 贵州省教育厅编著 . -- 贵阳：贵州大学出版社， 2022.4
ISBN 978-7-5691-0564-3

Ⅰ . ① 1… Ⅱ . ①贵… Ⅲ . ①教育工作—概况—贵州—2021 Ⅳ . ① G527.73

中国版本图书馆 CIP 数据核字 (2022) 第 022030 号

“1358”铿锵足音

2021 贵州教育纪事

贵州省教育厅　编著

出 版 人：闵　军
责任编辑：葛静萍
装帧设计：陈　艺
内文设计：刘　津
封面题字：闵　军

出版发行：贵州大学出版社有限责任公司
地址：贵阳市花溪区贵州大学北校区出版大楼
邮编：550025　电话：0851-88291180
印　　刷：贵阳精彩数字印刷有限公司
开　　本：1/16
印　　张：22.5
字　　数：328 千字
版　　次：2022 年 4 月第 1 版
印　　次：2022 年 4 月第 1 次印刷

书　　号：ISBN 978-7-5691-0564-3
定　　价：128.00 元

编委会

序

厚植“美的教育”理念 推动贵州教育高质量发展

邹联克

静水流深拍岸过，沧笙踏歌自等闲。

2021 年是中国共产党成立 100 周年，也是“十四五”开局之年。面对世界百年未有之大变局和新冠肺炎疫情全球大流行的交织影响，中国人民在以习近平同志为核心的党中央的坚强领导下，发扬“越是艰险越向前”的英雄气概，保持“敢教日月换新天”的昂扬斗志，直面一切风险挑战，取得了辉煌成绩。中国在全球主要经济体中持续保持经济正增长，贵州历史性地彻底撕掉了绝对贫困标签，与全国一道圆了千年小康梦。一年来，贵州省教育系统站在“两个一百年”的历史交汇处，坚持以习近平新时代中国特色社会主义思想为指导，深入学习贯彻习近平总书记关于教育的重要论述和视察贵州重要讲话精神，衷心拥护“两个确立”、忠诚践行“两个维护”，立足新发展阶段、贯彻新发展理念、融入新发展格局，按照“1358”工作思路（紧扣高质量发展“一条主线”，实现普及水平、结构调整、综合改革“三个突破”，强化规划先驱、治理制度、创新动能、乡村振兴、稳定兜底“五项保障”，抓好百年行动、治理整顿、评价改革、五个管理、扩容建设、强师工程、能力跃升、作风建设“八个重点”），坚持和加强党对教育工作的全面领导，全面贯彻党的教育方针，落实立德树人根本任务，加快推进特色教育强省建设、整体提升教育水平等各项工作稳中有进、稳中提质、稳中增效，“1358”铿锵足音，高质量发展迈出坚实步伐，实现“十四五”良好开局，教育事业迈出了以高质量发展统揽全局的稳稳的第一步。

党建强基更有高度

深入开展党史学习教育和“牢记殷切嘱托、忠诚干净担当、喜迎建党百年”专题教育。中共贵州省委常委示范带头到高校上党课讲党史，中共贵州省委分管领导与省教育厅厅级领导干部带头主讲“不忘初心　砥砺‘黔’行”精品微党课。精心录制以“红军山下讲长征、会址楼前学党史、红色基因代代传”为主题的春季学期“开学第一课”和以“请党放心，强国有我”为主题的秋季学期“开学第一课”。创办“贵州教育大讲堂”，受到广大师生和社会各界的广泛关注，全网点击和播放量超 1 亿、点赞达 2282.3 万次，抖音账号粉丝达 17 万，全国约 4400 万观众通过电视观看。开展 100 名书记讲党史、百团万人服务基层等“9 个 100”系列活动。组建“100 名书记 +1000 名老师 +10000 名宣传员”的“百千万”宣讲队伍。成立 1036 支宣讲队，宣讲 4135 场。启动高校“五级书记抓党建”工作机制和“五个一批”工程。“五个始终坚持”抓好高校党委换届的做法被中央教育工作领导小组秘书组专题刊发。建立落实市（州）党委教育工委党建工作职责制度。认真落实省委党内政治生态分析研判反馈问题整改工作，纵深推进教育系统全面从严治党。中共贵州优化机关机构设置，加强基层组织、机关干部队伍和高校人才队伍建设，规范和促进省属高校人才合理有序流动。全省高校引进（含柔性引进）博士等高层次人才 637 名、高端人才 20 名。“长江学者奖励计划”入选 3 人（1 人为特聘教授），实现新突破。

立德树人更有温度

统筹推进大中小学思想政治教育工作一体化建设，推动构建“三全育人”大思政格局。中共贵州省委书记、省长和其他省领导带头深入高校为师生讲思政课。充分用好思政小课堂、网络新课堂、社会大课堂“三个联动课堂”。启动实施“一省一策”思政课集体行动、红色文化融入思政课教学集体行动。遴选一批高校思政名师工作室、一批网络名师工作室、一批“三全育人”综合改革试点高校和标杆院（系）。全国最美大学生、全国辅导员年度人物、全国思政课集体备课平台、全国思政名师工作室等评选取得佳绩。持续推进生态文明教育进课堂、进教材。教材规范化建设管理水平不断提升，获首届全国教材建设奖 18 项。其中，贵州省教育厅自主编写的《贵州省生态文明教育读本》（小学、初中版）荣获全国首届优秀教材建设（基础教育类）二等奖。出台深化家校共育、加强新时代大中小学劳动教育等文件。第七届中国国际“互联网 + 大学生创新创业”大赛获 3 金 6 银 37 铜，全国第三届学校冰雪运动竞赛获 7 个第一，第十四届全国学生运动会获 1 金 3 银 4 铜，均为历史最好成绩。启动“贵州省学生体质健康促进系统”建设，开展全省学生体质健康测试和视力测试工作，在三都水族自治县进行学生“体测” + “体检”融合全覆盖。

破解难题更有准度

扎实推进“双减”工作，实现“一校一案”课后服务“5+2”全覆盖。关停“无证无照”、办学资质不达标的校外培训机构。校外教育培训机构不规范教学的行为和趋势得到有效遏制，家长的教育焦虑感有所缓解。进一步加大对“无证幼儿园”的治理力度，严厉查处以“兴趣班”“实验班”“特色课程”等名义违规收取费用的行为。加快推进民办义务教育在校生占比较高的县（市、区）和“公参民”学校整改。依法依规对民办高校开展年度检查和专项审计。研究制订教育评价改革工作方案及重点任务责任清单和负面清单。清理规范教育评价改革涉及政策性文件 300 余份。扎实推进落实教育综合改革，高质量完成改革“八本账”任务。启动实施“强师工程”，深入开展中小学教师减负专项行动，集中开展中小学在职教师有偿补课等整治工作。开展巩固义务教育教师工资收入专项督导检查工作，确保中小学教师待遇得到保障和落实。65 个原集中连片地区全部执行了新的乡村教师生活补助标准。印发《贵州省加强中小学生“五项管理”实施方案》，提高中小学生作业、睡眠、手机、读物、体质等管理工作水平，为学生身心健康成长提供有力保障。

服务支撑更有厚度

大力实施“兴黔富民”行动计划，立项建设 30 所省优质中等职业学校暨乡村振兴示范校，完成服务乡村振兴订单班 10498 人就业的民生实事。召开全省职业教育大会，启动“技能贵州”建设。36 所高职院校和 100 所中职学校开展协同发展。出台《做强贵州大学实施方案》《做大省属本科高校实施方案》《做特市（州）本科高校实施方案》。支持贵州大学申报部省合建大数据国家重点实验室，推动花溪大学城各类高层次科研平台开放共享。建设数据中台和数字驾驶舱，实现“一屏尽览贵州教育”。成功举办中国智慧教育发展论坛，筹建中国智慧教育联盟。加强省级教育资源服务体系建设，依托资源服务体系，推动信息技术与教育教学融合创新发展。支持贵州大学、贵州师范大学、贵州医科大学等积极推动并建立以技术经理人为主体的科技成果转化和技术转移平台，项目合同数总计达 1596 项。选聘 100 名“产业导师”助推乡村振兴，搭建各种研究平台 50 余个，示范种植食用菌、烟叶等 22 万亩，带动 50 万人增收，新增就业 1100 余人，实现产值 100 多亿元。组建 26 个“推普助力乡村振兴”大学生暑期社会实践志愿服务团。举办“同语同心 · 乡村振兴”优秀短视频征集活动，累计播放 8.2 亿次。采购本省农产品 86.26 万吨，采购金额为 83.66 亿元，同比增长 65.40%。

事业发展更有广度

新建、改扩建100所公办幼儿园“民生实事”项目如期完成。新增省级示范幼儿园19所，遴选安吉游戏和幼小衔接国家级、省级实验区20个。新建、改扩建公办幼儿园459所，新增学位4.4万个；新建、改扩建城镇义务教育学校342所、乡镇标准化寄宿制学校555所，新增学位6.2万个；扩容建设普通高中学校127所。支持具备条件的县创建县域义务教育优质均衡发展，从原定每年支持2个左右调整为5个。遴选502所学校为第一批公办强校计划培育项目校。严格落实“一人一案”要求，适龄残疾儿童少年入学率达到99.59%。在30个项目县180所项目学校实施“乡村振兴优质特色学校建设支持专项行动”“民族地区中小学高质量发展建设支持专项行动”。新增6所省级示范中职学校，中职在校生规模达55万人，打造11个职业教育集团（联盟）。设置贵阳康养职业大学，新增设立贵州文化旅游职业学院。启动19所优质高职院校与9所本科高校开展“专升本”联合培养工作。新增6个省级“双高”院校和2个高水平专业群立项单位。完成5所独立学院转设。贵州中医药大学、遵义医科大学增列为博士学位授予单位，铜仁学院增列为硕士学位授予单位，新增博士学位授权点9个，新增硕士学位授权点36个，取得历史性突破。新增国家级一流本科专业建设点40个、省级96个，国家一流课程21门。获批国家级新文科研究与改革实践项目5项、国家级现代产业学院1个、国家级课程思政示范课3门，评选“金师”92名。创建省级语言文字规范化示范校33所。成功举办2021中国–东盟教育交流周，建成交流周美育基地等实体项目3个，成立合作机制联盟（中心）7个，签订合作协议或备忘录72项（份）。成功申报3个国家公派出国留学地方创新子项目。新增1个本科层次和1个专科层次中外合作办学机构（办学项目）。

教育保障更有力度

争取中央资金191.5亿元，同比增长6.53%，超额完成贵州省人民政府下达的 190.38 亿元目标任务。省级财政 2021 年下达省级财政预算 81.96 亿元，同比增长 12.52%。投入各级各类学生资助和营养改善计划资金 155.17 亿元，惠及学生 1120.15 万人次。制订《贵州省教育系统法治宣传教育第八个五年规划（2021–2025 年）》规范重大行政决策程序，深化教育领域“放管服”改革，全面推进依法行政和依法治教。办理行政奖励事项 8980 件，办理 12345 政务热线 1020 余件。印发《贵州省关于深化新时代教育督导体制机制改革的实施意见》。统筹推进和探索实施教师薪酬分配激励制度和评价管理、中小学教师“县管校聘”、教职工“员额制”、教师“坐班制”、校长职级制等改革。出台《贵州省高考综合改革实施方案》及其配套实施方案。常态化推进控辍保学工作。推动广东省各级各类学校与贵州省 66 个县（市、区）100 所学校实施了对口协作帮扶。遴选中小学“黔灵名师”150 名、省级骨干教师 600 名。招聘特岗教师 6974 名，获得中央“国培计划”专项资金 1.27 亿元，培训农村教师 8.18 万人次，选派 1600 名城镇骨干教师到农村学校支教。省级统筹新增教师编制 1 万多个。层层压实意识形态工作责任，不断加强统一战线工作，抓实高校民族宗教工作。完成中小学幼儿园封闭化管理、专职保安配备、一键式报警装置和视频监控与公安联网和护学岗配置 4 个 100% 建设任务。全省学校食堂 99.8% 完成“明厨亮灶”工程改造。抓牢抓实常态化疫情防控，没有发生师生在校感染新冠肺炎的情况。加强“两微六平台”等网络平台管理，未发生网络安全事件。“贵州教育发布”在全国省级教育部门的传播效果在每月排行榜单中全年保持前 6 名，在省直部门运维每月排行榜中全年保持前 5 名。中央和省级媒体报道贵州教育事业发展 6830 篇（条）。

“百围之木，始于勾萌；万里之途，起于跬步。”唯有行动，最显担当；唯有奋斗，最是美丽。2022 年，全省教育系统要坚持以习近平新时代中国特色社会主义思想为指导，在中共贵州省委、省人民政府的坚强领导下，从党的百年奋斗中汲取智慧和力量，用信仰之灯照亮贵州教育前行之路，赓续百年初心，担当育人使命，不负时代，不负韶华，求真务实，勇毅前行。要乘势而上、接续奋斗，把每一滴拼搏的汗水浇灌在教育的沃野上，全力推动教育高质量发展，在中华民族伟大复兴的新征程上，留下贵州教育一路向前的坚实足印。要以奋斗姿态奔跑，以拿云之志拥抱新时代，将心中之爱、眼中之光汇聚成磅礴的力量，按照“4331”工作思路（突出“四个强化”、聚焦“三大教育”、落实“三个关键”、把牢“一道防线”），厚植“美的教育”理念，全面塑造教育之美，大力传播“美的教育”理念，积极拓展“美的教育”内涵，不断丰富“美的教育”形式，不懈追求“美的教育”实效。要紧扣教育突出短板弱项，集中精力攻坚克难，以提升人均受教育年限为主攻目标，以提高高等教育普及水平为抓手，以“技能贵州”建设为动力，以加强基础教育办学力度为支撑，全力实施“七大提升工程”，推动全省教育高质量发展，奋力书写培根铸魂之美、立德树人之美、教育公平之美、教育服务之美、改革开放之美、教育保障之美，促进“美的教育”绽放美的花朵、结出美的果实，努力办好人民满意的教育，以优异成绩迎接党的二十大和省第十三次党代会胜利召开。

是为序。

（作者系中共贵州省委教育工委副书记，贵州省教育厅党组书记、厅长）

目录

第三章

推双减　启智慧　育创新

第四章

重公办　促均衡　聚三新

第五章

大黔匠　融产教　连山海

春风化雨·念兹在兹

2021 年 5 月 8 日，中共贵州省委书记、省人大常委会主任谌贻琴为贵州大学师生讲授思想政治理论课

2021 年 4 月 2 日，中共贵州省委副书记、省长李炳军到贵州师范大学调研

2021 年 10 月 18 日，时任中共贵州省委副书记，现任省人大常委会党组副书记、副主任蓝绍敏为贵州医科大学师生上思想政治理论课

2021 年 5 月 27 日，时任中共贵州省委常委、省人民政府常务副省长，现任省人民政府副省长、省人民政府党组副书记、省政协副主席李再勇赴贵州财经大学调研并为师生讲党课

2021 年 6 月 10 日，中共贵州省委常委、省委宣传部部长、省委教育工委书记卢雍政主讲“精品微党课”第一讲

2021 年 9 月 16 日，时任中共贵州省委常委、中共毕节市委书记，现任中共贵州省委常委、省人民政府副省长、省人民政府党组副书记吴强赴清镇职教城调研

2021年12月27日，中共贵州省委常委、中共贵阳市委书记、贵安新区党工委书记胡忠雄赴贵州工商职业学院调研

2021年7月22日，省人民政府副省长郭锡文检查指导2021年高考招生录取工作

1

第一章 学党史 感党恩 跟党走

欲知大道，必先为史；风雨百年，青史可鉴。中国共产党一经诞生，就把为中国人民谋幸福、为中华民族谋复兴确立为自己的初心使命。100年来，中国共产党团结带领中国人民进行的一切奋斗、一切牺牲、一切创造，归结起来就是一个主题：实现中华民族伟大复兴。2021年正逢建党百年，学习党的历史，是青少年坚定信念、净化灵魂、全面发展的必由之路。站在两个百年的历史交汇点，全省逾千万师生坚持学史明理、学史增信、学史崇德、学史力行，努力成长为中国特色社会主义事业的合格建设者和可靠接班人。

2021 年春季学期中小学“开学第一课”

“红军山下讲长征，会址楼前学党史。”2021 年 3 月 1 日，贵州省教育厅在遵义会议会址前组织了以“从小学党史、永远跟党走”为主题，以“红军山下讲长征、会址楼前学党史、红色基因代代传”为主要内容的“开学第一课”。除了遵义市第四中学、老城小学和文化小学 300 名中小学生现场参加外，全省 9346 所中小学在开学典礼前，利用“班班通”、电子大屏集中收看“开学第一课”视频。同时，贵州广播电视台科教健康频道（6 频道），贵州广电网络“空中黔课”专区，贵州广电网络乐播播 APP，贵州广播电视台宽带电视（IPTV），动静贵州微信公众号、动静新闻客户端，贵州教育发布微信公众号、官方微博等媒体同步播放（推送）“开学第一课”视频，实现了 672.84 万中小学生收看全覆盖。现场宣讲与网络转播共同发力，用党史教育为青少年扣好人生“第一粒扣子”。

中共贵州省委教育工委副书记，省教育厅党组书记、厅长邹联克在“开学第一课”上对全省中小学师生发出了新学期寄语。邹联克指出，在巍巍红军山下、庄严会址楼前开展以“从小学党史，永远跟党走”为主题的全省中小学 2021 年春季学期“开学第一课”，共同传承红色基因、重温革命历史，这是全省教育系统深入学习贯彻习近平总书记视察贵州重要讲话精神，贯彻落实中共贵州省委、省人民政府工作部署，团结带领全省师生深化党史学习教育的具体体现。

中共贵州省委教育工委副书记，省教育厅党组书记、厅长邹联克在“开学第一课”上寄语全省中小学师生

邹联克强调，全省广大教师要学习无数中国共产党人不怕牺牲、不畏艰难、不懈奋斗的拼搏精神，学习无数革命先烈、英雄人物、先进模范忘我奉献、披荆斩棘、乘风破浪的奉献精神，要牢固树立“为党育人、为国育才”的信念，按照习近平总书记提出的“有理想信念、有道德情操、有扎实学识、有仁爱之心”的“四有”好老师标准，自觉做到守正与创新相统一，与时俱进上好思政课，帮助广大中小学生学史明理、学史增信、学史崇德、学史力行。

邹联克要求，全省中小学生要时刻铭记习近平总书记对我们的深情厚望和殷切嘱托，一定要继承革命先烈的遗志，把我们的爱国情、强国志、报国行融入日常学习中去，从点滴做起，扣好人生的第一粒扣子。要自觉地把个人前途和国家命运、个人追求同国家发展紧密联系起来，与时代同步伐，与人民共命运，自觉传承红色文化、弘扬革命精神，从小学党史，认真学党史，感党恩、听党话、跟党走，时刻准备着，努力做一名合格的社会主义事业的建设者和接班人，为实现中华民族伟大复兴的中国梦而接续奋斗！

如何通过“开学第一课”传承好红色基因这一时代课题，突出老、中、青红色基因代代传主题，在中共遵义市委、市人民政府的大力支持下，邀请91岁高龄，曾被中央军委授予胜利功勋章的解放军老战士詹永辉，获得“时代楷模”“感动中国2018年度人物”“全国自强模范”“排雷英雄战士”“最美奋斗者”等荣誉称号的杜富国，获得“抗击新冠肺炎疫情全国三八红旗手”的杜富佳，获得全国“新时代好少年”称号的六年级学生张瑞凝作为现场宣讲人员，围绕党史学习教育这一主题，高位谋划、精心组织。

贵州省中小学生2021年春季学期“开学第一课”
从小学党史 永远跟党走

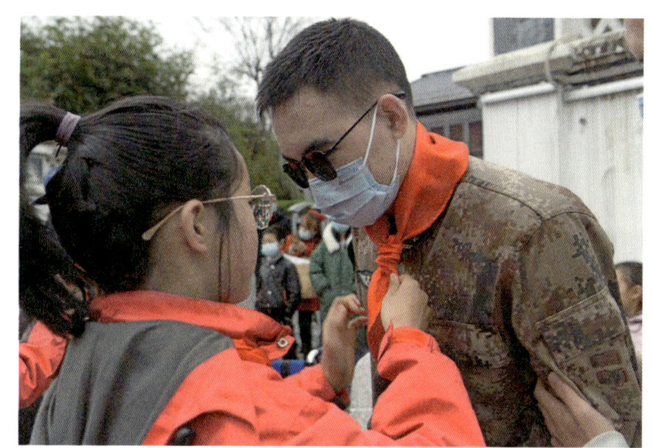

左上 / 中共贵州省委教育工委副书记，省教育厅党组书记、厅长邹联克与“开学第一课”现场宣讲人

左下 /2021 年 7 月 1 日，红花岗区师生在遵义会议会址前为党的百年华诞欢呼

右上 / 少先队员向 91 岁的解放军老战士詹永辉敬献红领巾

右下 / 少先队员向“时代楷模”、排雷英雄杜富国敬献红领巾

“开学第一课”在全省教育系统、广大中小学师生和社会各界引起强烈反响。家长纷纷表示：“红色教育很有必要，让中国人民尤其是中小学生感受到今天的幸福生活来之不易”“满满的正能量，看着看着就热泪盈眶”。有教师说：“开学第一课这个主题，对我们接下来进行党史教育具有很好的指导意义。”中小学生纷纷表示，一定要珍惜时光，好好读书，立志报效祖国。

上 / 2021 年 3 月 1 日，赤水市耿飚将军红军小学组织收看开学第一课视频
下 / 中小学生代表在遵义会议会址学党史、受教育

多家主流媒体对我省“开学第一课”进行了宣传报道。央视《新闻联播》栏目播出我省“开学第一课”画面，新闻频道《24 小时》栏目以“开学第一课，遵义会议会址楼前听党史”为题，以 1 分 55 秒的时长对我省以党史学习教育为主题开展“开学第一课”的情况进行了报道。《中国教育报》、贵州新闻联播等省内外多家媒体也对我省“开学第一课”进行了报道。截至 2021 年 3 月 7 日 24 时，媒体相关新闻报道累计 3400 余条，覆盖客户端、网站、微信、微博、报刊等多种渠道，让贵州教育系统在全国的党史学习教育活动中讲好了贵州红色故事，发出了贵州响亮声音，获得了全国影响力。

请党放心，强国有我！贵州学子同上秋季“开学第一课”

2021 年 8 月 30 日，2021 年秋季学期开学第一天，全省大中小学生通过多种渠道，收看了贵州教育大讲堂特别节目——“开学第一课”。

“开学第一课”以“请党放心，强国有我”为主题，投笔从戎的大学生张明华、“中国好医生”左石、贵州省脱贫攻坚先进个人杨光复、全国教书育人楷模何梅、安全教育小学生志愿者黄睿、易地扶贫搬迁学生杜向斌、“最美教师”刘秀祥，分别讲述了“投笔从戎有我”“勇于担当有我”“乡村振兴有我”“无私奉献有我”“安全防范有我”“天天向上有我”“立德树人有我”的故事。他们用自己的亲身经历，真实、准确、精彩地展示了全省教育系统践行“请党放心，强国有我”的庄严承诺，展示了全省教育系统许党许国的热爱和忠诚，为全省大中小学生上了一堂生动的“开学第一课”。

在“开学第一课”上，中共贵州省委教育工委副书记，省教育厅党组书记、厅长邹联克寄语全省广大师生“听党话，好好学习；跟党走，天天向上；感党恩，报效祖国”。邹联克指出，广大教师要努力工作，加强对学生的政治引领、思想引领、价值引领和品德引领，帮助学生扣好人生第一粒扣子。同时，他希望广大同学勤奋学习，树立正确的人生观、价值观和世界观，增强做中国人的志气、骨气和底气，时刻准备着为实现中华民族伟大复兴而努力奋斗。

"'开学第一课'给我的感触很深，正是有了无数共产党员舍小家为大家、默默无私奉献才有了我们今天的幸福生活。"在收看了"开学第一课"后，贵州师范大学附属中学学生车舒畅说。他还表示："'请党放心，强国有我'不仅仅是一句口号，更是一个承诺、一份责任，我们在未来将会用实际行动去担起这份责任。"

"党和国家是一心一意为人民服务的，我们长大之后也应该这样。"贵州师范大学附属中学学生杨厚泽说，收看了"开学第一课"，更加坚定了自己的理想信念，希望自己长大后也能成为一名中国共产党员，去为人民服务。

在与贵州师范大学附属中学师生共同收看"开学第一课"后，中共贵州省委教育工委副书记、省教育厅党组成员杨未表示，近年来省教育厅在新学期都推出了"开学第一课"，旨在通过搭建平台，让每一个有着精彩故事的人、有着平凡故事的人、有着奋斗故事的人能够在这样一个平台上讲述自己的故事，并用这些身边故事来引导广大青少年扣好人生第一粒扣子，树立起正确的人生观、价值观和世界观，以学习为己任，以成才为理想，为实现中华民族伟大复兴而努力奋斗。

小小解说员"上岗"讲党史

"叔叔、阿姨，同学们，现在大家看到的是王若飞故居陈列馆。陈列馆共分 8 个部分，目前展览图片资料 125 幅、实物资料 47 件，展线长 330 余米，以若飞精神'一切要为人民打算'为布展主线，从多角度、多侧面展现了王若飞同志在各个不同时期的革命经历和参与的重大历史事件……"

2021 年党的百年华诞前夕，很多党员干部、中小学师生到安顺市王若飞故居缅怀革命先烈，几名“小小解说员”让大家眼前一亮，他们用稚嫩的童音为前来参观的党员和师生流利地讲解王若飞烈士的生平事迹，得到了众多参观学习者的关注，大家纷纷为“小小解说员”点赞。

这群“小小解说员”来自安顺市若飞小学，平均年龄仅 10 岁。为更好地发挥若飞小学爱国主义教育基地的功用，让更多人了解王若飞烈士的生平事迹，同时锻炼小学生的表达能力，传承红色基因，2020 年秋季学期开始，学校与王若飞故居管理处共同开展培训，不断在解说词背诵、形体礼仪、语言表达等方面加大培

安顺市若飞小学的学生到王若飞故居参观并学习党史

训力度，择优选拔出 11 名小学生作为故居“小小解说员”。经过认真学习，“小小解说员”于 2021 年春季学期正式“上岗”。

随着党史学习教育不断走向深入，每天到王若飞故居参观学习的团队和游客络绎不绝。“小小解说员”利用周末和节假日到王若飞故居“上岗”，为参观学习者解说，五年级（1）班的宋思源就是其中一员。宋思源说：“王若飞爷爷在客栈留下的最后一句话是‘一切要为人民打算’。这句话让我感触很深，我长大了想成为一个像王若飞爷爷一样的对社会有用的人。很荣幸我能成为一名小小解说员，这不仅能锻炼口语表达和语文写作能力，还能让我更深刻地了解王若飞爷爷的革命精神与风采，激励我砥砺奋进，努力成为一名学党史、感党恩、听党话、跟党走的新时代少年！”

若飞小学党支部书记、校长胡旭介绍，若飞小学与王若飞故居是合作共建单位，早在 2014 年，学校便鼓励同学们加入王若飞故居陈列馆的解说员培训中去，利用寒暑假及重大节日，到王若飞故居接受讲解锻炼，进行义务讲解。经过不断探索和实践，2021 年春季正式培训“上岗”了一批“小小解说员”，接下来学校将把此项合作当作思想政治教育的特色项目，长期抓好抓紧。

正式“上岗”后，“小小解说员”通过分点位、组团队的方式，为前来王若飞故居的参观学习者提供了富有特色、热情流畅的讲解服务。解说结束后，小讲解员们会把讲解过程中的体会和感悟带到自己所在的班级与同学们分享，更好地传播红色文化、弘扬革命精神，让“一切要为人民打算”的若飞精神薪火相传、代代延续。

“9 个 100”奏响教育系统党史学习最强音

2021 年是中国共产党成立 100 周年，100 年来，中国共产党团结带领中国人民，以“为有牺牲多壮志，敢教日月换新天”的大无畏气概，书写了中华民族几千年历史上最恢宏的史诗。这一百年来开辟的伟大道路、创造的伟大事业、取得的伟大成就，必将载入中华民族发展史册、人类文明发展史册。

为做好党史学习教育工作，以优异成绩迎接建党百年华诞；在全省教育系统营造爱党爱国的浓厚氛围，引导师生增强民族自豪感和历史责任感，牢记嘱托、感恩奋进，以昂扬姿态奋力开启“十四五”全省教育高质量发展新篇章，中共贵州省委教育工委（贵州省教育厅）决定在全省教育系统开展庆祝中国共产党成立100周年暨党史学习教育宣传活动，包含9个子活动：“百团万人服务基层”主题活动、100名书记讲党史、100万学生学党史知识竞赛、100篇“我是共产党员”主题征文、100秒短视频快闪、100场红色剧目进校园、100场“牢记殷切嘱托、忠诚干净担当、喜迎建党百年”专题教育演讲比赛、100场高校“学党史　颂英雄”诵读活动、“100年恰是风华正茂”文艺晚会。

“9个100”系列活动，充分利用丰富的红色资源，贴近青年学生特点和需求，创新形式载体，注重实践养成，引导广大青少年从党的伟大历程中感悟真理力量、发扬优良传统，厚植爱党、爱国、爱社会主义的真挚情感。其中，“百万学生学

2021年6月1日，贵州民族大学举行“传颂百年‘学党史 颂英雄’”音乐诵读会

2021 年 4 月 30 日，贵阳市第三中学、观山湖区华润中学举行"赞歌颂祖国 青春沐党恩"班班有歌声比赛

上 /2021 年 6 月 11 日，贵州中医药大学庆祝建党百年“红歌大联唱”大赛
下 /2021 年 6 月 28 日，贵州商学院师生隆重庆祝建党百年华诞

党史知识竞赛”的全省各级各类学校参与答题总人数突破 110 万，参与约 560 万人次；“我是共产党员”征文共收到稿件超 3000 篇，评选出学生和教师优秀征文各 100 篇；“学党史　颂英雄”100 场诵读活动，共有 74 所高校举办校、院两级层面诵读活动 222 场，录制诵读活动视频 132 个，10 余万名高校师生参加。

丰富多彩的活动，既培养了学生的文艺特长，更有力地传播了党史文化、红色文化，让主旋律、正能量在菁菁校园久久回响，让爱党爱国、立德树人成为各级各类学校的思想主流、教研主题。

“9 个 100”压轴之作——“百年恰是风华正茂 · 贵州省高校喜迎建党百年艺术党课”

2021 年上半年，“9 个 100”子活动开展如火如荼，渐入佳境。6 月 18 日，“百年恰是风华正茂 · 贵州省高校喜迎建党百年艺术党课”在贵州师范大学花溪校区举行。

2021 年 4 月 1 日，安顺市第八小学“清明祭英烈 · 红心学党史”研学活动

2021 年 4 月 1 日，凯里市第五小学开展“学党史感党恩·红色基因代代传”红色主题研学活动

中共贵州省委教育工委（省教育厅）有关领导，中共贵州省委党史学习教育巡回指导第十二组、第十三组有关领导，省内高校有关领导出席本次艺术党课。艺术党课以“百年恰是风华正茂”为主题，由中共贵州省委教育工委、贵州省教育厅主办，贵州师范大学承办。共分为“青山望——曙色渐明　星火燎原”“天下兴——日出东方　红旗飘扬”“大道行——青春筑梦　不负韶华”三个篇章，旨在通过艺术党课，讲述中国共产党带领中国人民实现从站起来到富起来到强起来的奋斗历程，展现贵州高等教育奋力书写多彩贵州新未来的坚定决心。

本次艺术党课是省内高校系统阵容最大的一次党课，共有 36 所高校、近千名师生演员发挥各自优势，联合策划、统一排练，打造精品节目，为中国共产党成立 100 周年歌唱，为多彩贵州欢舞，为莘莘学子鼓劲。

建党百年，无数共产党人前仆后继，用忠诚照亮新中国从站起来到富起来到

上 / 安顺市西秀区启新学校的同学们在国旗下快乐成长

左下 /2021 年 4 月 16 日，清镇市王庄小学“红领巾心向党·学党史寻初心”活动启动

右下 /2021 年 12 月 9 日，福泉市实验学校开展国家公祭日系列活动

强起来的奋斗历程。无数贵州优秀儿女在党旗下集结，从这片土地上，走出了许许多多的英雄人物。在中国共产党波澜壮阔的百年画卷中，他们书写下了浓墨重彩的贵州篇章。

党课伊始，情景歌舞《划破长夜的光》就赢得了阵阵掌声。该节目集萃了《邓恩铭》《林青的远方》《王若飞》《党的女儿》等情景歌舞剧的精彩选段，以舞台艺术方式，刻画并呈现黔中大地涌现出来的中国共产党创始人之一邓恩铭，杰出的共产主义先驱、中共领导人王若飞，中共地下党人、贵州第一个地下党支部书记、首任中共贵州省工委书记林青等贵州革命先烈，展开一幅波澜壮阔的红色画卷。

1929 年 12 月，中国共产党在贵州的第一个地方党组织——中共赤水合江特别支部在赤水诞生；1934 年—1936 年，红军长征，在贵州活动时间最长，活动范围最广、发生重大事件最多，对中国革命产生了重大而深远的影响。舞蹈《长征——四渡赤水》艺术化地演绎了红军“四渡赤水”的精彩过程，让人仿佛置身于“四渡赤水战役”当中。

从开天辟地的救国大业，到改天换地的兴国伟业：从翻天覆地的富国宏业，到惊天动地的强国伟业，无数共产党人前仆后继，用忠诚和信仰照亮从站起来到富起来到强起来的奋斗历程。

走进新时代，走进多彩贵州，处处都能听到“听党话、跟党走”的豪迈心声，处处都能感受到与时俱进的足音！诗朗诵《跨越百年的对话》，跨越百年时空，贵州学子和正当青年的革命志士进行了一场特殊的对话！歌曲《乌江颂歌》、舞蹈《天耀中华》、合唱《五星红旗》，让人们看到贵州人民用腾飞彰显速度，用奋斗创造幸福，用节节攀升的幸福指数，刷新各族人民美好生活；让人们看到新时代志存高远，有远大理想和坚定信念的学子，以坚如磐石的信心、只争朝夕的劲头和坚韧不拔的毅力，扛起新时代的历史责任！

千帆过尽，归来仍是少年。循着历史的年轮，在百年风华的红色记忆中，在继往开来的持续奋斗中，人们不仅感受贵州赓续红色血脉，更在莘莘学子的身上，看到了传承革命精神的青春力量。舞蹈《奔跑》、情景诗朗诵《载着使命黔行》、歌曲《我歌唱》、武术《少年中国说》、歌曲《少年》述说贵州高等教育为贵州实施乡村振兴、大数据、大生态三大战略提供高素质人才支撑，为经济社会高质量发展注入发展动能；激励全省青年立大志、明大德、成大才、担大任，做共产主义远大理想和中国特色社会主义共同理想的坚定信仰者、忠实践行者，努力成为堪当民族复兴重任的时代新人。

百年恰是风华正茂！走过百年风华，今天的中国比历史上任何时期都更接近、更有信心和能力实现中华民族伟大复兴的目标。最后，艺术党课在全体观众齐声合唱《百年辉煌》的高潮中落下帷幕。

“百年恰是风华正茂艺术党课”现场

“学党史　颂英雄”：高校百场诵读庆华诞

2021年9月29日，贵州高校“学党史　颂英雄”百场诵读活动汇报展演在贵州师范大学花溪校区举行。中共贵州省委教育工委（贵州省教育厅）、贵州师范大学、贵州财经大学、贵州中医药大学等高校的相关领导出席。

本次高校百场诵读活动由中共贵州省委教育工委（贵州省教育厅）主办，贵州师范大学承办，贵州大学、贵州民族大学、遵义师范学院协办。共分为“序章·曙色”“觉醒年代”“立国岁月”“奋发流光”“尾声·新时代”五个篇章，旨在歌颂在中国共产党领导的人民革命和人民解放战争的伟大征程中涌现出来的无数革命先烈，歌颂在党领导的社会主义革命、改革开放和社会主义现代化建设的伟大征程中涌现出来的各行各业的优秀模范，弘扬红色文化、革命文化和社会主义先进文化，谱写中华民族伟大复兴中国梦的新篇章。

汇演开篇，一首《曙色》字字铿锵、句句有力，描绘了中国共产党成立以前中华民族历经苦难，无数仁人志士寻求生路的艰苦岁月，由此拉开第一篇章“觉醒年代”。《破晓的曙光》刺破漫漫长夜，带领观众回顾历史，铭记先烈奋勇争先的精神。《起来》的号召声萦绕于梁，中华民族到了最危险的时候，中国人民从此站了起来！《松花江上·抗联英雄》《白刃格斗》，一个个英雄故事重现战士们的热血、冲锋、生命，是他们为中国挺起脊梁，再立形象。经过艰苦奋斗，我们迎来了新中国，情景朗诵《谁是最可爱的人》《我的战友黄继光》《长津湖冰雕连》《神枪手邹习祥》，表演人员用他们的深情朗诵生动再现了那一个个可爱的人，展示了一幅幅中国崛起的画卷，告诉我们没有从天而降的英雄，只有挺身而出的凡人！随后的“奋发流光”讲述了改革开放以来，全国人民风雨同舟、披荆斩棘、砥砺奋进，党引领人民走上光明大道。《念奴娇·追思焦裕禄》《以树的名义——追怀最美基层干部文朝荣》《守望杜富国》告诉我们还有许许多多普通的共产党员，用行动证明，只要坚定理想信念、坚定奋斗意志、坚定恒心韧劲，

2021 年 9 月 29 日，贵州高校“学党史　颂英雄”汇报展演在贵州师范大学举行

平常时候看得出来、关键时刻站得出来、危难关头豁得出来，谁都能够成为在民族复兴的伟业中为党和人民建功立业的英雄！现在的我们生在新时代，长在红旗下，爱国，是人世间最深沉、最持久的情感。

一段段激昂的文字激动人心，一阵阵热烈的掌声在礼堂回响，会演接近尾声，所有演出人员满怀深情，共同朗诵《祖国啊，我亲爱的祖国》，最后，此次汇演以全场观众、演员齐声合唱《没有共产党就没有新中国》落下帷幕。

贵州省教育厅相关单位负责人和大学城各高校的师生代表500余人到场观看，共同在朗朗诵读中重温党的百年奋斗史。

领导率先垂范讲授党课
师生深受教育备受鼓舞

中共贵州省委教育工委(贵州省教育厅)创作录制“不忘初心　砥砺‘黔’行——贵州教育系统领导带头‘学党史　讲党史’”精品微党课，邀请中共贵州省委常委、省委宣传部部长、省委教育工委书记卢雍政同志和中共贵州省委教育工委、省教

2021 年 6 月 2 日，中共贵州省委常委、省委宣传部部长、省委教育工委书记卢雍政为贵州师范大学师生讲授思想政治理论课

育厅班子成员作为主讲人，走到党史人物故居或党史事件发生地，讲述中国共产党历史上发生在贵州的重大事件、重要会议或出生在贵州的重要人物，以生动真实的细节，再现党一百年壮阔历程的贵州篇章，营造爱党爱国的浓厚氛围，增强民族自豪感和历史责任感，牢记嘱托、感恩奋进，以昂扬姿态奋力开启“十四五”全省教育高质量发展的新征程！

卢雍政同志与中共贵州省委教育工委、省教育厅 12 名厅级领导干部，分别深入遵义、荔波、黎平、瓮安、赤水等地讲述“中共一大代表邓恩铭”等 13 节精品微党课，此项活动由中共贵州省委教育工委、省教育厅主办，贵州开放大学、贵州省教育宣传中心承办，贵州广播电视台录制。在贵州省教育厅官网、贵州教育发布微信公众号、贵州广播电视台等平台发布，总播放次数超 730 万次。在全省大中小学校园掀起“学党史、感党恩、跟党走”的热潮，红色基因在多彩贵州大地上，在全省千万师生当中赓续传承、发扬光大。

2021 年 6 月 10 日，精品微党课第一讲开讲，中共贵州省委常委、省委宣传部部长、省委教育工委书记卢雍政亲自主讲“卷首语：百年恰是风华正茂　携手奋进再谱新篇”。

卢雍政围绕“学史明理、学史增信、学史崇德、学史力行”，向全省教育系统师生员工讲述了中国共产党 100 年来的光辉历史，强调贵州教育人只有铭记历史的来路，才能走好未来的新路，要牢记嘱托、感恩奋进，奋力开启“十四五”全省教育高质量发展的新征程！

奔赴邓恩铭烈士故居　学党史传基因话振兴

2021 年 5 月 28 日，中共贵州省委教育工委副书记，省教育厅党组书记、厅长邹联克率队到黔南布依族苗族自治州（以下简称“黔南州”）荔波县开展党史学习教育并调研乡村振兴工作。

在邓恩铭烈士故居，邹联克一行在庄严肃穆的邓恩铭塑像前，带领党员干部追忆峥嵘岁月，歌颂老一辈无产阶级革命家为了革命胜利，不怕艰难险阻，将理想融入血脉，将忠诚刻入骨髓，敢于奉献牺牲的伟大革命精神；强调教育工作者要做的就是培养一代又一代的中国特色社会主义可靠接班人、一批又一批中国特色社会主义合格建设者。随后，在邹联克的带领下，党员干部们面对鲜红的党旗重温入党誓词，时刻警醒自己牢记党员身份，铭记历史，牢记宗旨，不忘初心。

在荔波县第一小学，邹联克实地调研荔波县第一小学的党史学习教育、教育教学管理和特色教育等情况，并与师生进行亲切交流。他指出，荔波县第一小学作为中共一大代表邓恩铭烈士的母校，要紧紧围绕“建党百年”这一主题，切实开展好“红色基因代代传”活动和党史学习教育，从课程、教学、活动等方面一体化推进党史学习教育的开展。他强调，各中小学要扎实做好“五项管理”实施工作，做到全覆盖、齐步走、抓督察、常态化，确保有关要求落实到位，为学生身心健康成长提供有力保障。

随后召开调研乡村振兴座谈会。会上，听取了黔南州教育工作，荔波县教育工作、乡村振兴工作和省教育厅驻荔波同步小康工作队帮扶情况汇报。听取汇报后，邹联克对荔波县的乡村振兴工作给予肯定。邹联克指出，实施乡村振兴战略是以习近平同志为核心的党中央着眼实现“两个一百年”奋斗目标做出的重大决策部署，

邹联克在邓恩铭故居讲党课，并与党员同志重温入党誓词，传承红色基因

是开启全面建设社会主义现代化国家新征程的重大历史任务，荔波县要深入学习贯彻习近平总书记在全国脱贫攻坚总结表彰大会上的重要讲话精神，做好巩固拓展脱贫攻坚成果同乡村振兴的有效衔接。

唱红歌诵诗词　党史教育入脑入心

贵州大学：“红映溪山·七个一百”

贵州大学以开展党史学习教育和“牢记殷切嘱托、忠诚干净担当、喜迎建党百年”专题教育为契机，持续推进党的建设，为做强贵州大学提供有力的政治保障。

为喜迎建党百年，贵州大学着力打造“红映溪山·七个一百”特色行动：一是“百名优秀党员展风采”。2021 年以来，贵州大学获评“全国先进基层党组织”1 个、全省“先进基层党组织”1 个、全省“优秀党务工作者”1 人，获评中共贵州省委教育工委“先进基层党组织”7 个、“优秀共产党员”12 人、“优秀党务工作者”5 人，获评全省“高校党建带头人”1 人、全省“高校党务骨干”1 人。学校颁发“光荣在党 50 年”纪念章 251 枚，宣传展示优秀红色作品，广泛宣传师生及校友中的优秀共产党员先进事迹。二是“百名博士村长在基层”。选派定点扶贫驻村第一书记、博士村长 15 人；126 名博士、硕士深入全省各地，参与巩固脱贫攻坚成果和乡村振兴工作。三是“百校青年共话新征程”。举办第五届全国高校青年·思想论坛，重温习近平同志 2011 年视察贵州大学时发表的重要讲话精神，包括港澳高校在内的 140 余所高校的研究生代表围绕“牢记嘱托　感恩奋进”“共续友谊、共谋发展、共同担当、共话使命”等主题进行讨论交流。论坛共收到主题征文 766 篇。四是“百件艺术作品展辉煌”。以红色遗产（会址）模型展、“伟大转折”演艺综合体建筑方案展、中国传统古建筑模型展、百件主题美术作品展览、主题书法和摄影展 5 个部分，展现建党百年波澜壮阔的历程和辉煌成就。五是“百场主题宣讲振精神”。

2021 年 6 月 17 日—18 日，贵州大学举办"唱响红色经典　庆祝建党百年'红映溪山'"师生红歌赛

开展"寻建党百年历史，讲家乡红色故事"主题"云"宣讲、"党课开讲啦"精品党课评选、"传承的力量"——贵州大学第三届"易班青年说"活动等。打造"青年讲师团"，围绕"信仰之光""光辉历程""美丽中国""青年担当""贵大力量"5 个专题，开展了百余场宣讲，覆盖全校 35 个学院，117 个团支部，3100 余人。六是"百项理论成果谱新篇"。党建课题立项 20 项，录制多项党史专题精品课程。开展建党百年相关主题研讨会、座谈会 10 场，发表论文、咨询报告及著作 45 篇（部）。在《人民日报》、人民网、《贵州日报》等媒体发表理论文章 48 篇。七是"百家校媒联动齐发声"。排演《把一生交给党》等红色话剧，推出《没有共产党就没有新中国》《贵大校友冷少农的深情家书》《向党说句祝福话》等短视频，及《你跟着党，我跟着你》《永远的风帆》等原创歌曲。新华社、《光明日报》、人民网、中央电视台、学习强国、《科技日报》、《贵州日报》、贵州电视台、多彩贵州网等各级各类校外媒体对贵州大学宣传报道 1276 篇次。

贵州财经大学：喜迎建党百年，党史学习贯穿全年

贵州财经大学扎实推进党史学习教育及“牢记殷切嘱托、忠诚干净担当、喜迎建党百年”专题教育，筑牢思想之基，补足精神之钙。始终坚持抓好党的思想建设，进一步筑牢思想根基。严格落实意识形态工作责任制，召开贵州财经大学2021 年宣传思想和意识形态工作会议，认真执行意识形态工作定期研判、专题研究等制度机制，加强舆论阵地管理和舆情管控。2021 年，校党委书记带头开展党史宣讲 2 次，到基层做专题辅导报告 1 次、讲党课 3 次；党委班子成员讲党课 22 场；各基层党组织开展党史宣讲 200 余场。组织 16 名党务干部和专业教师成立 8 个小组，分专题开展党史宣讲集体备课。组织 150 余名教师组成 39 个课程团队，共开发出 39 门学习贯彻习近平新时代中国特色社会主义思想课程和“党史学习教育课程”，其中，3 门课程被中共贵州省委组织部评为“全省好课程”，7 门课程被评为“全省达标课程”，成绩位于全省高校前列。

贵州财经大学党史学习教育工作被国家级媒体宣传报道 36 次、省级媒体宣传报道 125 次。党委班子成员和处级干部先后赴遵义会议会址、平塘天眼等地开展党史专题学习教育，示范带动各级党组织组织师生党员到红色教育基地开展党史教育。与榕江县共建党史学习研究基地，共同研学榕江红色文化。开展“百名辅导员讲述百年党史”活动，形成 100 集共 36 万字内容的党史“微课”。承办全省“100 万学生学党史知识竞赛”决赛，并荣获本科院校组一等奖，代表全省教育系统参加“学党史、感党恩、跟党走”贵州省庆祝中国共产党成立 100 周年党史知识竞赛，荣获三等奖和组织奖。组织开展艺术党课“红梅赞”，线上观看人数超过 52 万人次。抓好“党课开讲啦”活动，录制党课和微党课视频 69 个，拍摄党员教育片 1 部，全年各级党组织讲党课 380 余场次。

贵州医科大学："百年党史"烛照新征程

2021 年，贵州医科大学坚持以习近平新时代中国特色社会主义思想为指引，认真贯彻落实党的十九大和十九届六中全会精神及中共贵州省委十二届历次全会精神，以党的建设为引领，以党史学习教育为抓手，坚持以高质量发展统揽全局，充分发挥综合考核"指挥棒""风向标""助推器"作用，以党建成果促进各项事业高质量发展。

坚持党对学校工作的全面领导，党的建设开创全新局面。

一是创新开展党史学习教育"四地同上一堂党史课"。2021 年 5 月 14 日，贵州医科大学会同中国医学科学院北京协和医学院、瑞金干部学院、延安市卫生健康委员会分别在革命圣地遵义、北京、瑞金、延安联袂开展"赓续百年红色基因，传承守护健康血脉——四地同上一堂党史课"主题党日活动。活动结束汇报时获中共贵州省委书记谌贻琴同志批示"好"，获蓝绍敏等多位省领导批示肯定，获多家主流媒体宣传报道。活动照片获选为《为党育人 为国育才——以习近平同

2021 年 6 月 18 日，贵州医科大学党史党建研究中心揭牌

党史学习教育“四地同上一堂党史课”遵义分场

志为核心的党中央关心学校思想政治工作纪实》（新华社）7 张配图之一。

二是着力增强基层党组织政治功能，圆满完成校本部 22 个基层党组织及其所属 309 个党支部换届。“双带头人”教师党支部书记实现全覆盖，党支部标准化规范化建设 100% 达标。1 个党支部入选第二批全国高校“百个研究生样板党支部”。

三是扎实开展“两优一先”表彰，激励党员干部奋勇争先、建功立业。398 名教职工和 50 个基层党组织获校级表彰，11 名同志和 5 个基层党组织获全省教育系统表彰，1 名同志获授“全省优秀党务工作者”称号，学校党委书记梁贵友获授“全国优秀共产党员”及“全省优秀共产党员”称号。

四是认真贯彻“五级书记抓党建”工作要求，全面提升基层党建工作水平。学校党委书记《坚定中国特色社会主义医疗卫生发展道路自信》理论文章被纳入大型文献史册《党的基层建设与思想政治工作成果汇编》，并被评为优秀理论成果一等奖。两名同志获选为“全省高校党建带头人”“全省高校优秀共产党员”，两个基层党支部党建案例分别入选全省高校党建工作创新最佳案例和优秀案例。

凯里学院：艺术党课　同庆华诞

为庆祝中国共产党成立100周年，回顾党的百年光辉历程，讴歌党的丰功伟绩，传承红色基因，弘扬革命精神，唱响共产党好、伟大祖国好、社会主义好、改革开放好、各族人民好的时代主旋律，2021年6月30日，凯里学院举行庆祝中国共产党成立100周年艺术党课活动。

中共黔东南苗族侗族自治州（以下简称“黔东南州”）州委、州人民政府，中共凯里市委、市人民政府和凯里学院相关领导参加，学院全体师生党员参加艺术党课。为庆祝建党百年，凯里学院党组织及全体党员策划并排演了一堂独具特色的艺术党课，以优美的舞姿再现峥嵘岁月，以悦耳的歌声传唱红色经典，以动听的旋律赞美新时代。用艺术党课深情回顾中国共产党从开天辟地到改天换地到翻天覆地的百年光辉历程，进一步传承和弘扬红色基因，以音乐感悟党史，用歌声铭记初心，坚定不移听党话，矢志不渝跟党走。

第一篇章——《苦难中华　曙光初现》。一曲合唱《南湖的船党的摇篮》开启大幕，重现1921年7月，苦难的中华曙光初现，诞生在南湖红船的中国共产党，昭示的是发展的方向，是奋进的明灯，是铸就在中华儿女心中的永不褪色的精神丰碑。合唱《我宣誓》通过演唱的方式，让在座师生党员再次重温入党誓词，坚定理想信念。第五次反“围剿”失败，红军被迫开始长征，抬头望见黑夜里的北斗，我们革命的前途在哪里？道路的方向在哪里？一曲男声独唱《红军想念毛泽东》描述了红军在长征中所经历的各种困难与红军战士之间的深厚感情。

第二篇章——《浴血奋战　力挽狂澜》。合唱曲目《遵义会议放光辉》《在太行山上》与舞蹈《保卫黄河》生动展现在大革命的烽烟中，在艰险的长征路上，在抗日战争、解放战争的沙场上，中国共产党团结带领中国人民浴血奋战、淬火成钢的伟大历程。

第三篇章——《开天辟地　和平发展》。表达了抗战的胜利振奋了每个中华儿女的心，合唱《东方红》与《我的祖国》向全世界宣告：“中华人民共和国中央人民政府成立了！”歌曲联唱《我们走在大路上》《中国，中国，鲜红的太阳永不落》昭示着中国人任人宰割的时代一去不返，我们自强奋进，建设伟大祖国的决心永远不变。

第四篇章——《砥砺前行 百年梦圆》。改革开放后，日新月异，中华民族踏上了新的历史征程，合唱《春天的故事》《走进新时代》讲述改革开放 40 多年来的拼搏与奋斗，我国从贫穷奔向小康，从落后走向富强。一曲《奋斗的时代在一起》提醒我们，增强“四个意识”、坚定“四个自信”、坚决做到“两个维护”，紧紧团结在党中央周围，凝心聚力实现中华民族伟大复兴的中国梦！

除了此次艺术党课，2021 年，凯里学院扎实开展党史学习教育和“牢记殷切嘱托、忠诚干净担当、喜迎建党百年”专题教育。一是面向基层师生开展专题宣

2021 年 6 月 30 日，凯里学院以艺术党课庆祝建党 100 周年

讲20余次，受众10000余人；二是掀起学习贯彻习近平总书记七一重要讲话精神热潮，举办“十项红色活动”等丰富多彩的活动庆祝建党100周年；三是深入开展专题调研，设立相关校级专项课题16项，资助金额26万元；四是做好“我为群众办实事”实践活动，解决师生教育教学“急难愁盼”问题50余个。

黔南民族师范学院：党史学习教育有“声”有“色”

2021年6月24日，为隆重庆祝中国共产党百年华诞，黔南民族师范学院挖掘本土红色文化资源，创新党史教育方式，传承红色基因，打造并在影山大讲堂上演“党课+歌剧”艺术党课《邓恩铭》，献礼党的百年华诞。这是该校党委将党史学习教育融入日常、融入经常的具体体现，重温爱国青年的奋斗足迹，缅怀革命英烈，引导广大师生学有所思、学有所悟、学有所得，赓续共产党人的精神血脉，接续奋斗，把红色江山世世代代传下去。

黔南民族师范学院根据中共一大、二大代表，无产阶级革命家，中国共产党创始人之一的邓恩铭生平故事自编自导自演大型红色题材歌剧《邓恩铭》，用艺术讲红色文化，缅怀革命先烈，融政治性、思想性与艺术性于一体，以喜闻乐见的方式，开展有声有色、用心用情的党史学习教育，让广大党员师生在艺术党课中接受精神洗礼，感受信仰力量。“党课+歌剧”艺术党课是学习党史、感悟党史的一种创新方式，也是该校党史学习教育成果的集中展示。

歌剧《邓恩铭》作为黔南民族师范学院大学生思想政治教育的创新探索，是深入挖掘黔南红色文化资源、打造红色教育黔南品牌的重要成果，更是党史学习教育中优秀的红色资源和红色题材。全剧分为三幕七场，分别选取了邓恩铭远离家乡赴山东学习、在山东积极开展学生运动、参加中共一大、领导纱厂罢工、惩治党内腐败分子、不幸入狱并英勇就义等片段，整体反映了不同时期邓恩铭的成长及革命历程。这堂别开生面的艺术党课于6月24日在黔南民族师范学院影山大讲堂面向全校与社会进行首次公演，持续到 26 日，共进行了为期三天的四场公演。

"上完这堂别开生面的艺术党课，我感受到了信仰的力量，歌剧《邓恩铭》以更为直观、更为动人的形式向我们展现了革命先烈坚定不移的信仰。作为新时代青年，我们应该向邓恩铭等革命先辈学习，不忘我们努力学习、提升本领，为祖国发展做贡献的初心，牢记新时代青年为服务国家富强、民族复兴、人民幸福贡献力量的使命。"该院学生邱泽宇说。

艺术党课《邓恩铭》

都匀市教育系统“九个一百”庆建党百年

2021 年 4 月 28 日，都匀市第十三完全小学举行“千名师生绘党旗”活动，学校千余名师生齐聚操场，用彩笔绘画党旗，齐声欢呼：“我爱祖国，中国共产党万岁……”欢声笑语响彻操场，在校园上空久久回荡。

党史学习教育开展以来，中共都匀市委教育工委制订“九个一百”庆祝建党 100 周年主题活动方案，全面启动“百日学史颂党恩”“百名教师述忠诚”“百堂党课淬精魄”“百名教师正烛身”“百名教师守烛心”“百名教师亮烛光”“百名少年展风采”“百个示范筑堡垒”“百校文体艺术节”系列活动，全市教育系统 9 万余名师生以饱满热情和充足干劲，发挥想象力、创造力和主动性，扎实开展喜迎建党 100 周年的各种活动，以昂扬姿态、青春风采颂扬党的百年奋斗征程。

都匀市第七小学自行编印了党史学习教育校本教材和读物，分发给全校师生。从此，在课间，在走廊，在操场，总能看到同学们阅读党史校本教材的身影。都匀市第二小学依托校园红领巾电视台独特优势，邀请都匀军分区动员处参谋邓迅同志到校为师生们讲党史，并通过红领巾校园电视台将讲课内容进行全校电视直播。都匀市第三小学的孩子们用纯洁、稚嫩的声音齐声歌颂党的百年光辉征程，表达“从小学党史，一生跟党走”的强烈愿望。都匀市第六小学的老师深情朗诵《可爱的中国》，以此表达了对祖国、对党的热爱。

“我手画我心”学党史手抄报比赛，孩子们认真学党史，通过制作手抄报、绘画的形式，表达对党的热爱和对祖国的美好祝愿。

“红色经典故事会”，小学生们通过讲述革命英雄的故事，在潜移默化中学党史；“英雄故事进校园”帮助学生们传承红色基因，争做时代新人。

“唱支山歌给党听”，师生们齐声高唱红色歌曲，抒发对党的热爱，表达对祖国、对家乡大好河山的热爱。

唱一首红色歌曲，举办一次文艺会演，开展一场思政培训，举行一场体育比赛，人人争当党史学习的“小先锋”，用生动实践和显著效果向建党 100 周年隆重献礼。

大龙经开区　红色文化满校园

“红军不怕远征难，万水千山只等闲……”2021 年春季学期开学不久，贵州大龙经济开发区麻音塘中心完全小学的校园，传出学生诵读红色诗歌的琅琅书声。

“我们主要以学生喜欢的方式，通过相关的兴趣班，给孩子们讲好革命故事，让党史学习教育入脑入心，进一步培育传承红色基因，引导孩子们把爱党、爱国、爱家乡的情怀转化为学习知识、提升能力的实际行动。”该校党支部书记、校长杨宗槐介绍道，“历史是最生动、最有说服力的教科书，我们还将红歌引进课堂、融进歌声，用音乐打动孩子的内心，引发情感的共鸣，引导学生爱祖国、爱人民、爱中国共产党。”

除了朗诵革命诗歌、高唱红歌，最受孩子们喜爱的方式是将“党史”画在纸上、记在心中。绘画课上，孩子们专心致志听着老师讲红色故事，之后，孩子们再用五颜六色的画笔把“党史故事”用自己理解的方式画下来，记住先辈的奉献和牺牲……

2021 年以来，麻音塘中心完小利用书法、音乐、绘画等兴趣班，将党史学习教育融入课堂教学、融入学校课外活动及班级文化建设，与思想政治教育、素质教育等密切结合，引导广大青少年增强对中国共产党的认识和向往，感受党全心全意为人民服务的优良传统，在校园内外营造起“知史爱党、知史爱国”的浓厚氛围。

依托兴趣班引导学生“学党史、感党恩、听党话、跟党走”的同时，麻音塘中心完小还利用升旗仪式、主题班会、课外活动等方式让学生更加深入地了解红军长征、抗日战争、解放战争的艰难，引导学生了解并感受革命先辈不畏艰险、英勇顽强的革命英雄主义和乐观主义精神，将感恩之心和爱国主义精神深深根植在孩子们的心中，引导孩子们成长为德、智、体、美劳全面发展的社会主义事业的建设者和接班人。麻音塘中心完小还组织开展“新时代好少年·红心向党”作文比赛、“红色诗词”演讲比赛、到爱国主义基地参观学习等活动，让党史学习教育在校园落地生根，使红色基因代代相传。

“课堂上，老师让我们观看了革命战争年代的视频，给我们讲解了红军二万五千里长征的故事。我们通过红色诗词学习了长征精神，了解了革命先烈的英雄事迹，不仅提高了语文水平，还增添了历史知识，更重要的是我们懂得了‘只有中国共产党才能救中国’的道理。”五年级学生李嘉兴说，“那些英雄事迹让我感到热血沸腾，真正体会到如果没有他们的浴血奋战和流血牺牲，就没有今天富强辉煌的祖国。我们作为社会主义事业的接班人，一定要铭记党史，好好学习，报效祖国和人民。”

2

第二章

教育美 百姓富 乡村兴

党的十八大以来，贵州作为全国脱贫攻坚主战场之一，各族干部群众牢记嘱托、感恩奋进，向绝对贫困发起总攻，66个贫困县全部摘帽，923万贫困人口全部脱贫，减贫人数、易地扶贫搬迁人数均为全国之最，在贵州大地上书写了中国减贫奇迹的精彩篇章。当前乘势而上推进乡村振兴开新局，以乡村产业振兴为重点，推动乡村人才、文化、生态、组织全面振兴。这当中，贵州教育事业不仅实现自身的跨越发展，同时积极助力贵州“造血式”扶贫，以教育扶贫斩断贫困代际传递。在多彩贵州大地上，最好的乡村建筑是学校，最美的教育风景在校园。“十四五”期间，教育事业将继续助力贵州经济社会文化发展，释放人才红利，服务振兴大业。

■　曾有一朵云　推动一片云
——从江县丙妹镇大歹小学践行“教育是光　以爱育爱”

2021 年 9 月 2 日，贵州省从江县职业技术学校（以下简称“从江职校”）声乐教室，钢琴的悦耳音符如同只只彩蝶，扑闪着灵动的翅膀，从苗族女孩代朴阶的指间翩翩而出。弹奏这首《蝴蝶妈妈》让她想起她的老师王玉，滴滴清亮的泪水溅落在黑白分明的琴键上。218 天前的 2021 年 1 月 26 日，48 岁的王玉老师永远离开了大歹小学的孩子们。

2019 年 12 月 25 日那一天，在大歹小学，代朴阶跪在母亲面前泪流满面，恳求去从江职校继续读书，而赶来校园的母亲执意要带她回家放牛、照顾弟弟妹妹。哭声引来王玉、陈晓丹等老师，老师们了解情况后非常支持代朴阶。王玉将跪着的女孩扶起来搂在怀里，擦去酸楚的泪水，安慰并鼓励她，让她暂时不要回家，随后打电话请村委会和镇里面的干部一起给她妈妈做工作。

代朴阶的妈妈听不懂汉话，王玉、陈晓丹就请村干部翻译；王玉设身处地、苦口婆心地以一名女性的角度劝说了一个上午，动情晓理，代朴阶的妈妈终于同意女儿去职校读书。得知可以继续读书时，代朴阶激动地再次淌下热泪。老师们安慰地拍着她的头，让她一起去吃午饭，代朴阶一边伸手抹眼泪一边说：“实在太高兴了，吃不下去。”

于是代朴阶就和其他 20 名同学一同下山去县城职校报名，就读“学前教育”专业。喜欢音乐的代朴阶在钢琴课上特别用心，一个学期下来就能熟练地弹奏钢琴，成为大歹苗寨第一个会弹钢琴的女孩。

王玉等老师的关爱，彻底改变了大歹孩子的人生轨迹，不只代朴阶一个，而是几百名大歹娃。一年半时间，在贵阳市南明小学支教团“教育是光　以爱育爱”理念的浇灌下，以往有多少学龄儿童、有多少辍学学生底数都搞不清楚的从江县丙妹镇大歹村，有了一所拥有教学楼、师生宿舍、食堂和标准化运动场等高标准配置的完全小学，这所小学是教育部公布的“全国首批 100 所乡村温馨校园建设典型案例学校”之一，2021 年 7 月还首次实现“小升初”整班移交，67 名小学毕业生一人不漏地升入初中就读。文明的火种在大山深处赓续传递，千年苗族古寨的历史翻开了新的一页。

再给一年时间　我陪孩子们多走一段

2021 年 1 月 23 日下午 1 点 24 分，即将被推进重症病房的前一刻，王玉发出最后一条微信朋友圈，图片全是大歹孩子的笑脸和写给老师们的新春祝福。她最后落笔：“春暖花开的时候，我们再见。”

1 月 24 日，病情继续恶化，1 月 26 日凌晨 4 时，48 岁的王玉离世。她美丽亲切的笑容永远留在大歹孩子们的记忆中，生命的最后时刻，王玉仍在惦念春暖花开后的重逢，希望上天再给自己一年时间，陪孩子们再多走一段。此刻，月亮山下大歹苗寨的孩子们正在睡梦中甜甜微笑，并不知道他们的“蝴蝶妈妈”乘着如水月光已经悄悄飞走。

4 天前的 1 月 22 日，大歹小学散学典礼举行，经过一年多的努力，400 多名孩子不仅学习成绩上去了，精气神也提起来了，阳光洒在张张小脸上，快乐自信的气氛充溢在校园。5 名支教老师很满意这些转变——一年时间，孩子们从羞怯躲

生命有缝，教育是光——王玉老师带领大歹苗族学生参观贵州科技馆

闪到快乐自信，这就是教育的力量。

“天边的云霞啊，红红的杜鹃花，古老的枫树上，住着蝴蝶妈妈……”当王玉等人离开校园时，高年级的孩子们带头唱起了《蝴蝶妈妈》，有的孩子递上自制的新年小卡片，有的孩子把父母给的一小块糯米粑送给老师……老师们感动而泪下，身着鲜红色羽绒服的王玉每走一步都会撕扯着肺腑，钻心地疼痛，此时的她说话和吞咽都相当吃力了。看着朝夕相处一年多的可爱的孩子们，王玉摸摸这个的头、握握那个的手、贴贴这个的脸蛋，泪水簌簌而下。

孩子们也许感觉到王玉的极度虚弱，一半牵着她的手，一半搀扶着她，将王玉等人一直送到车子边，在欢笑和泪水中，挥手作别。直到汽车拐下山腰，校门口的孩子们还久久不愿离去。他们没有想到，“蝴蝶妈妈”飞走了，此去即永别。

车到从江高铁站，在孩子们面前一直强撑着欢笑的王玉已经下不了汽车了；同事们找来轮椅，将她推上火车……

再给一年时间，多陪孩子们走一段的愿望未能实现。

弥留之际，王玉嘱咐家人和同事：如果她走了，不要告诉孩子们她去世的消息，让孩子们以为她只是回贵阳工作了，她只想给学生们留下欢笑和美好。遗体告别仪式上，贵阳、从江等地的师生和群众自发前来吊唁。大歹学生代表捧来一抔来自大歹村的黄土和一碗四方古井的清泉水，让它们陪伴王玉，让“蝴蝶妈妈”长久亲近大歹泥土的芬芳。

当三年地道的乡村教师

“新的工作地点：从江大歹小学。新的使命：教育扶贫攻坚。新的梦想：当三年地道的乡村女教师。”这是 2019 年 11 月 8 日王玉到达大歹小学后，在朋友圈分享的第一条微信。

曾经的大歹村，绝对贫困发生率高达 52%，没有一名初中毕业生，没有出过一名国家公职人员，全村只有少部分男人懂汉话。生产上几乎沿袭刀耕火种的粗放方式，生活中完全使用苗语。村外人刚刚上山，放哨人发出苗语信号“客家（外人）来了”，全村老少一溜烟地躲进深山老林，搞扶贫做调查送物资的干部连人影都看不到……

1993 年 6 月 13 日，大歹村四组，平时群众活动的小场坝上，30 户人家的当家人聚在一起犯了愁。因为前一天将集体所有的杉木卖了 900 多元，想平分给 30 户人家，但是没有一名村民能算清楚，究竟怎样分这 900 块钱。最后，几名老人决定，把900多元钞票铺开，然后把同一颜色、同一花纹的，分成30份；因为零钱不够，还是没能分成功……

当时在丙妹镇大融小学当老师的黄丕先，来大歹村家访，几名老人捏着钱走过来，眼巴巴地请教书先生帮忙算一算。23岁的黄丕先接过那沓汗津津的钞票，禁不住潸然泪下，全村只有十几个人读到小学一二年级，妇女、老人和孩子基本上不会说汉话、不识字……十几辈人都饱尝没文化“睁眼瞎”的苦头。黄丕先下决心，一定要帮大歹村教出一批能写会算的年轻人来。31年教龄的黄丕先，目前是从江县丙妹镇中心小学的校长，仍然在为大歹村、丙妹镇的孩子们奔走，培养并送走一批又一批的山区贫困生。

曾经的国家扶贫开发重点县，2018年5月，经中央驻澳门特别行政区联络办牵线搭桥，澳门特区政府与从江县签订了《援建贵州省从江县丙妹镇大歹小学意向协议》，澳门同胞支援3020万元人民币修建了全新的大歹小学。2019年8月28日，新学校的基础设施完工，占地总面积近35亩，建筑总面积7011平方米。建有教学楼、学生宿舍楼、教师宿舍楼、学生食堂各一幢，配备200米环形跑道的塑胶操场、五人制足球场和两个标准篮球场。基本“硬件”是有了，但“软件”仍然不足，十几辈人的教育观念依旧落后，需要一股外来的“清泉”改变一下大山深处千年不变的现状。

2019年，由贵州省教育厅牵头，贵阳市南明区对大歹小学进行为期3年的组团式驻点支教帮扶。11月8日，暖暖冬阳，曹凤英、王玉、陈晓丹、李艳、赵发勇组成的支教团从省城贵阳奔赴从江县。贵州省教育厅厅长、贵阳市教育局局长、南明区教育局局长同乘一列火车把支教团送到了大歹小学，这些其实代表了高标准、严要求和沉甸甸的嘱托。

绕过弯弯山路来到学校，当地老师和孩子们已经在操场上列队等待了。王玉一行看到学生十分亲切，热情地和孩子们打招呼；孩子们含笑而不回答，有的笑着躲开，有的开口回答了，只有简单的一个词“是”。后来他们才知道大多数孩子其实是听不懂汉话，因为之前学校基本是用当地苗语教学，在家里，苗语更是主要的沟通方式。

因为当时的大歹极度缺水，绝大多数孩子都是“小花猫”的脸、乱蓬蓬的头发，因为是大太阳的好天气，很大一部分孩子没有穿鞋，赤脚站在操场上；5 位老师虽然神色如常，但内心很震动。进一步了解后，他们得知，因为从江县与广西隔江相望，气候比较炎热，大歹村民一年当中有大半年不穿鞋。孩子们的父辈、祖辈都习惯赤脚，孩子们在家里就不穿鞋，所以赤脚上学也就显得稀松平常。

操场上的升旗仪式、签约仪式结束后，大歹的孩子们像一群小鸟一样散去。贵州省教育厅厅长邹联克和两级教育行政机关负责人、从江县领导和老师们座谈，邹联克提出了“一年大见成效，两年共赢成长，三年全面发展”的工作目标。临走前，邹联克专门走过来，给 5 位老师悄悄交代：“教学的事情慢慢来，目前先从孩子们的生活习惯入手；虽然缺水，还是要千方百计让孩子们洗干净。”

来自省城 80 年历史的名牌小学的 3 位校领导、2 位骨干教师接到的第一项支教工作是“把孩子们洗干净”，听起来像是故事，当时却是摆在 5 位老师面前的实事。

因为缺水造成个人卫生的滞后，第二天，南明小学 5 位老师买来毛巾、脸盆帮孩子们挨个洗脸洗头，买来理发工具为孩子们理发和梳头。毛巾和梳子上出现一个一个的小黑点，还在蠕动。老师们没有嫌弃没有逃避，继续给几百个孩子逐个理发、清洗。

和学生共处时，王玉最爱说的就是：“乖，排好队”“乖，先洗脸，我教你们洗”“乖，洗完脸记得涂点香香”……无数个“乖”字让孩子们慢慢放下了胆怯，和王玉越来越亲近。这哪里是学校，这里就是她的家啊；这哪里是老师，更像是妈妈为天涯归来的孩子清洗一路风尘。

校园必须洒满阳光的颜色

澳门同胞援建后，大歹小学的办学条件在“硬件”上达到从江县数一数二的水平，但工作还有很多，当南明小学支教团到现场时，施工的钢架仍在，操场等后续工程还未完，校园里一堆堆建筑垃圾，其他“软件”建设和育人环境完善还需要投入大量精力。教育的事情拖不得，孩子的培养等不得，南明小学支教团和当地老师们，一边教学一边就在校园里“打工”——清洁校园、美化校园、装扮校园，为孩子们打造一个温馨的“家”。王玉和同事们商量，学校必须洒满阳光的颜色，要让孩子们一踏进校门就喜欢学校、喜欢学习。

苗族女孩在崭新的校园里幸福地学习成长

借助脱贫攻坚的东风，自来水拉到大歹村的家家户户，大歹小学也有了清澈的自来水。老师们先清扫建筑垃圾、打扫教室宿舍、冲洗操场校舍，然后下山进县城买来涂料，自己动手粉刷教学楼。他们美化校园环境，从每一个小细节入手，让学校成为孩子们最喜欢、最留恋的所在，一扫之前大歹群众对读书上学的不情不愿和畏教厌学的现象。

白天有教学工作，晚饭后老师们才来能粉刷，好些天他们刷墙刷到凌晨一两点。2017 年动过大手术的王玉渐渐吃不消了，但即使累得腰都直不起来，她也只是找个墙角靠一会儿，接着拿起刷子又继续干，从来不把自己当成仍在治疗中的癌症患者。

如今，大歹小学四层教学楼是四个颜色：一楼涂成黄色，代表大地；二楼涂成橙色，代表阳光；三楼涂成绿色，代表森林；四楼涂成蓝色，代表天空。色彩斑斓的教学楼等设施在潜移默化中带给孩子们思维的改变和想象力的拓展。成功而有效的教育既改变了孩子们的外在，又塑造了他们内在的灵魂和气质。

物质的匮乏也许会带来精神的颓废，而生命有缝，教育是光。为了荡涤贫困、刺穿迷茫、唤醒灵魂，王玉和老师们牵着一双双温热的小手，向前向上！

带孩子们看看“山外边”

“海洋馆的海豚从水里浮起来，还亲了我的脸颊。太神奇了！”说起 2020 年 8 月的游学经历，虽然过去了一年时间，潘乃党依然很兴奋。因为那是 15 岁的她第一次坐火车、第一次去省城、第一次看到这么多高楼大厦、第一次去海洋馆、第一次看到真正的海豚……太多的“第一次”让潘乃党知道了王玉老师所说的“外面的世界”是什么样子。如果没有王玉等老师这一年多的强力帮扶，潘乃党肯定会像姐姐一样，早早出嫁，每天喂鸡鸭、煮猪食、上山放牛、干各种农活，最后生孩子、带孩子……王玉为游学的孩子们跑前跑后很辛苦，但是她笑得很开怀也很纯净，孩子们哪里知道与他们一起欢笑的老师，生命只剩最后两个月时光，这盏点亮梦想的灯，正在迸发最后的光亮。

做好大歹小学各项工作的同时，贵州省纪委驻从江扶贫专班、省教育厅驻从江教育专班和南明小学支教团队悄悄计划着一个“走出大山”的项目，以游学方式带孩子们看看山外的世界，以内生的学习动力引领孩子们的未来。

2020 年 1 月，首次游学计划启动，孩子们踊跃报名，却被家长坚决拒绝，因为长期封闭让部分家长以为游学是把孩子带到城里“卖掉”。老师和干部们一家一家地入户走访，用苗语、汉语反复做家长的思想工作，当地干部拍胸脯做担保，终于组织起 16 名学生参加游学。2020 年 1 月 11 日清晨，虽然是严寒的冬日，南明小学的老师们早早到寝室叫起孩子们，帮着洗漱、穿衣。孩子们基本上没有身份证，老师们挨个儿将户口本收集起来，取票、安检、进站、找座位，一步步教孩子们如何乘坐火车，上了火车才发现其中一个孩子还穿着塑料拖鞋……

虽然匆匆忙忙，但是“梦想的火车”一旦出发就不再回头，全新世界的大门已经被徐徐开启。

3 天后，16 名孩子带着游学贵州科技馆、钟书阁书店的新奇故事返回大歹，学校和村寨都轰动了，原来老师们描述的“山外边”是这样精彩。

为防范疫情，第二次游学推迟到 2020 年 8 月才成行，22 名学生参加，其中有潘乃党等 12 名女生。除了科技馆、海洋馆的奇妙，大山的孩子们走进贵州大学，恢宏的大学校园、图书馆成千上万的图书、挑灯夜读的大学生都深深震撼着孩子们，他们亲身体验并实实在在地知道了知识的力量。

王玉在朝夕相处中发现大歹孩子对音乐有浓厚兴趣，老师们商量把第三次游学主题确定为“音乐之旅”。经过多方联系，她找到了为歌曲《蝴蝶妈妈》谱曲的音乐人张超，听说大山深处的苗族孩子最喜欢演唱《蝴蝶妈妈》，张超决定为孩子们破例开放录音棚。2020 年 11 月，16 个大歹学生奔赴贵阳开始“音乐之旅”。当时王玉病体里的癌细胞已经扩散，行走、吃饭、说话这些简单动作都让王玉备感吃力，为了孩子们的音乐梦想，她还是拖着病体、强打精神带着 16 个大歹娃进了录音棚。纯净如都柳江水般的童声版《蝴蝶妈妈》唱响，深深打动了现场所有人。王玉又带孩子们去贵州广播电视台参观，在电台里大声说出大歹娃自己的梦想：“我想当一名医生，因为可以治病救人；我想成为老师，可以教弟弟妹妹们读书；我想成为董事长，赚了钱可以帮助村里人……”孩子们大大方方地说出自己的梦想，还在直播间现场合唱了歌曲《唱支山歌给党听》。沉浸在孩子们的欢声笑语中，越来越虚弱的王玉强撑着已被癌细胞侵袭的病体，像一只美丽的蝴蝶妈妈，在风雨中用尽自己最后的力气，呵护着孩子们的梦想，一路向前。

“经过一年帮扶，孩子们的眼睛更亮了，笑容更欢了，歌声更美了。”参加贵州广播电视台《遇见》栏目现场直播时，李艳老师这样评价孩子们的变化。

苗家吊脚楼钉上新奖牌

2020 年 7 月，贵州全省已经连续几个月没有新发疫情，大歹苗族同胞准备欢度传统节日“新米节”。扶贫干部和老师们商量，借着传统节日的“东风”，把新思想“吹”进村民的心里——借着过节，穿插一个颁奖仪式，鼓励勤劳致富之家、优生优育之家和送孩子读书的家庭，激发村民内生动力。对奖项名称，他们初步拟定为“尊师重教之家”“学有所成之家”，但考虑到大歹村民的汉语水平，不一定能理解四字成语的意思，王玉建议叫“爱读书之家”，“爱读书”3 个字简单易懂，只要家里支持孩子读书并且没有学龄儿童辍学情况的，都颁发奖牌和奖金给予鼓励。有孩子在大歹小学读书期间获得校级三好学生的家庭，也颁发奖牌。

于是“大歹村 2020 年‘爱读书之家’表彰暨思想教育扶贫宣讲晚会”正式敲定，这一次借助传统节日“新米节”来推进“爱读书之家”活动，驻村干部和老师们抱定“只能成功不许失败”的信念，提前半个月挨家挨户地发动群众参加。活动经费由县财政拨款支持，不仅搭建了富有民族文化内涵的舞台，还安排了苗语主持人……

“爱读书之家”表彰那天，现场来了三四百人，原村支书代祥你回忆说：“大歹村搞活动，从来没有那么多人参加。”五年级（1）班学生潘乃党以前是个很内向害羞的姑娘，不爱说话，自从进到大歹小学读书，她通过努力学习获得三好学生称号，还以“小主持人”身份出现在活动上。她的父亲潘党往看到自家曾经害羞的小姑娘主持着三四百人的大活动，成为现场的“小明星”，非常庆幸当初听从老师的劝说，让潘乃党继续读书，才有今天的惊喜。勤奋学习的女儿为家庭赢得“爱读书之家”奖牌，活动结束回到家的潘党往，找来四颗钉子，立马就把“爱读书之家”奖牌挂在自家大门的门楣上，左右端详好久，喜上眉梢。

2021 年 8 月盛夏的黄昏，笔者走入大歹村，不仅传统的吊脚楼木房子修葺一新，村里的组组通、串户路平平整整地修到各家各户的“门槛脚”，水、电和通信网也畅通无阻。更难得的是，不少家庭的大门上都挂着“爱读书之家”奖牌，不少家庭的堂屋正中都贴着学校发给孩子们的各种奖状，因为不识字，不少奖状倒贴在墙上，老师们家访时就会帮忙贴正。老师对倒贴的奖状也备感欣慰，即使群众不认识奖状上的字，但他们知道这是自家娃娃在学校表现好赢得的，是光荣的，所以就大大方方贴在堂屋最显眼的位置。这就是一种观念的巨大转变，正是教育产生教化、改变封闭落后的直接效果。

大歹小学五年级（2）班学生潘甩你将记者一行迎进家，他母亲代干祥和奶奶都不会说汉话，只能由潘甩你翻译。夜里 9 点，潘甩你的父亲潘你当收工回家，曾经外出在北京、福建打过工的潘你当，感慨地对记者说：“以前我父亲过世早，家里实在穷，没有机会读书。现在国家政策这么好，得让娃娃们跟着老师好好学习，不能再像我们一辈子都吃没文化的苦头。”

那盏灯照亮前行的路

南明小学支教团队是 2019 年 11 月 8 日到达大歹小学的，从最初几天的震惊和手忙脚乱中稳定下来的 5 位老师，“教育是光　以爱育爱”的教学与培育理念渐渐清晰，抓住“爱的教育”这一主线，开展各种多姿多彩的教育教学活动，认真倾听孩子们的心声，培养他们学会被爱、学会爱人，帮助他们爱上学习、爱上书本，走出大山，传播大爱。

在到达后的第 7 天，也就是 11 月 15 日，王玉等老师经过计划组织了首届“爱在大歹”师生游戏节，根据大歹孩子们活泼好动的特点，设计了“小青蛙跳跳跳”“小螃蟹搬家忙”“小刺猬争气球”等师生互动游戏，全体老师带着孩子们一起嬉戏、一起欢笑。孩子们第一次发现，上学原来如此好玩儿，在共同的游戏竞赛中，在尽情开怀的欢声笑语中，大歹娃娃的心开始逐渐靠拢老师，逐渐喜欢上美丽的校园。

到达后的第 10 天，也就是 11 月 18 日，大歹小学“习惯养成教育”活动在轻松欢笑中拉开序幕。王玉和其他老师，除了完成好课堂教学，课余时间坚持为所有的孩子洗脸、洗头、理发、剪指甲。一个简单的洗脸动作，每一位老师每一天都要重复上百遍，先是老师动手给孩子们洗，接着又手把手地教孩子们自己洗。村干部们看到王玉等老师为孩子们的付出，感动地说：“她们不仅是老师，还成了孩子们的理发师和美容师。”

11 月 28 日，举行“从小学先锋——国防教育润童心”活动；12 月 4 日，开展古诗朗读比赛；12 月 12 日，“聚爱心、展风采”首届校园运动会开幕，这是大歹小学历史上第一次举办运动会，大歹小学的孩子们第一次知道了，校园除了背书识字，还教跑步、跳绳、跳远、接力跑……

一个接一个的“花式”文体活动，唤醒了大歹孩子们的快乐童心和自律意识。

为值得的人和事　风雨兼程

余生不长。要和对的人在一起，因为幸福是相互的，只为值得的人和事，风雨兼程……

——王玉日记

王玉在个人日记本上留下了这段独白，这本日记目前保存在“王玉先进事迹陈列室”，当记者隔着玻璃看到这些工工整整的钢笔字，可以感知到王玉已经准备把自己生命的最后时段放在大歹小学，放在她最喜爱的孩子们身上，哪怕只剩最后一丝力气和光亮。学生，是一名老师心底最难割舍的牵挂。

王玉经常在课后为“雏鹰社团”的孩子们辅导课外知识，直到傍晚时分才站在校门口目送同学们回家，她实在是走不动了。孩子们走出几百米，一回头，王玉还伫立在融融暮色里。月亮山深处的千年苗寨，王玉化作一盏灯，照亮孩子们前行的路，点燃心里的光。

2020 年 11 月，贵州省基础教育质量监测中心对大歹小学学生的学业情况进行监测时发现，学生各科成绩与 2019 年相比上升 4.7%，更多学生从不愿意上学到离不开学校，从迁到县城上学到积极留在大歹上学，从只会说苗语方言到可以大胆讲普通话。曾经胆怯木讷、躲在一隅的大歹孩子们，阳光自信、朝气蓬勃地走向了人生舞台的正中央。

大歹小学六年级学生潘污简在 2020 年秋季学期期末考试中，获得全校第一名。一年前，潘污简的父母是坚决要求她回家干农活的，是王玉老师他们反反复复上门家访才说服了潘污简的父母。因为家里孩子太多顾不过来，潘污简每天到学校时都是头发散乱的、小脸花花的，王玉和老师们就在课堂教学的间隔，给孩子们洗脸梳头，梳好头，扎上漂亮的发夹，再牵着手一起回到书声琅琅的教室。这温馨的牵手，引领孩子们摆脱愚昧，走向无限可能。

大歹村民下地时路过学校，有时会悄悄进来看看孩子，发现老师们不仅在课堂，而且在生活中也是如同照顾自己孩子一样照顾着他们的孩子，村民们又满意地悄悄离去。愿意把家中所有孩子送来读书的群众越来越多，大歹村全口径义务教育阶段失学辍学学生实现全部清零，劝返复学 955 人。

“蝴蝶妈妈”飞走了

大歹小学一天天在变好变美，而王玉的病情一天天在恶化，全靠一股信念支撑着她在有限的生命里做一些更有意义的事。邀请家长到校搞亲子活动时，一名比较熟悉亲近的家长悄悄问她：“王老师，你脸色不好啊。”疲惫的王玉微笑着说，前一天没有睡好。家长心痛地和她牵牵手，依依作别。

其实，2017 年王玉就患上直肠癌，手术出院后，她重返教学一线。3 年来，她全部身心都放在孩子们身上，对治病抗癌就顺其自然了。2020 年 3 月，癌细胞扩散到王玉的肺部，在教学和生活中王玉已经体力不支了，全靠一股“气”撑着，这股“气”就是爱生如子、护犊情深的师者之魂、母性之爱。

2021 年 1 月，进入秋季学期的尾声，王玉在教学工作中不仅疲惫不堪，平时一起搭伙做饭的其他老师发现，她渐渐吃不下什么食物，只能喝点汤、咽下一点点蔬菜。陈晓丹、李艳和曹凤英都悄悄劝她回贵阳住院治疗，王玉对亲如姐妹的同事们报以微笑，一定要坚持把期末的教学工作做下去。都是“知天命”的中年人，几人当然看得出来病情的凶险，一边强颜欢笑地劝王玉，一边只有默默流泪，默默陪伴着王玉，陪伴着她迸发生命最后的光亮。

1 月 20 日，王玉的身体已经虚弱到不能独立行走，曹凤英等人想了一个办法，告诉她：“22 号就是寒假开始，而且上级通知说，南明小学在大歹的帮扶已经圆满结束，所有的支教队员都要回贵阳了……”信以为真的王玉才同意回贵阳，但仍坚持要参加 21 日晚上的学生家访和第二天的散学典礼，同事们拗不过她，只能表面上笑呵呵地陪伴着她，看她与大歹的孩子们依依惜别。

“蝴蝶计划”　续爱大歹

2020 年 12 月 15 日，在大歹小学的期末汇报演出上，曾经汉语生涩的孩子们能用比较标准的普通话激情朗诵《少年中国说》，曾经害羞胆怯的孩子们深情合唱了《唱支山歌给党听》，曾经衣衫褴褛、见人就躲的孩子们用优美舞姿表演《听我说，谢谢你》，一年之间已经第 5 次来大歹小学的贵州省教育厅厅长邹联克禁不住湿了眼眶。一年了，曾经封闭躲闪的孩子们会热情舒展地笑了，那种笑容是来自心灵深处的自由和快乐，证明“以爱育爱”可以改变愚昧和落后，证明教育唤醒灵魂的力量。

大歹小学欢乐的“毕业季”

2021年秋季开学，黔东南州从江县丙妹镇大歹小学迎来一年级入学新生，同时迎来了几位来自贵阳的新老师。

"在爱心和信念之中，我愿为大歹的孩子们铸就梦想的桥梁，我愿为大歹燃烧我的全部热血。"开学典礼上，贵阳市南明小学"组团式"帮扶大歹小学支教队新队员、语文教师付禹接过爱心支教的"接力棒"，正式开启在大歹小学的支教生活。

2021年1月26日，原支教队员王玉老师化作"蝴蝶"悄悄飞走，但她在南明小学的同事们，接过她的教案，乘上高铁，奔赴曾经的全省基础教育最后的"洼地"——大歹小学。"蝴蝶计划"就是要让"蝴蝶妈妈"永远不会飞走，让教育大爱的春风雨露继续滋润孩子们的心田。

曾经的大歹小学只有一座简陋的教学楼。2018年，在澳门特区政府和澳门中联办的帮扶下，澳门同胞支援3020万元人民币修建了全新的大歹小学；2019年，大歹小学正式投入使用；同年，南明小学开始"组团式"帮扶大歹小学。

大歹小学从学校破旧、缺乏师资的村级教学点变成了设施完备、功能齐全的乡村完小，还被评为全国首批100所乡村温馨校园建设典型案例学校。按照省、市、区三级教育行政部门的安排，南明小学的全力帮扶为大歹小学注入了新鲜血液和育人活力。

"同学们，我们来玩一个'击鼓传花'游戏，好不好？"2021年9月1日，大歹小学一年级（1）班的教室里传来阵阵欢声笑语。"游戏特别简单，鼓响花传，鼓停花停，花落谁家，谁就上来做自我介绍。"付禹老师组织新生们通过游戏方式进行自我介绍，瞬间抓住了全班同学的心，最初拘谨的气氛一下子轻松起来。

小小的游戏活动，是付禹老师和支教队的老队员们充分沟通了解到当地学生的情况和特点后，精心准备的特色教学。

怎样抓住孩子们的注意力？从前的上课方式需要怎样结合当地实际进行完善和改变？为了更好地因地制宜开展好教学，付禹设计了不少吸引学生的课堂教学

方式，提升孩子们的学习热情和积极性。

“这位家长，您孩子的班级是在一楼。”熟练引导新生家长的杨青对校园环境的熟悉程度，让人想不到她其实也是2021年新派来的支教队员。作为南明小学环东校区的教务处主任，杨青此前多次来大歹小学开展教育帮扶相关工作。“每次匆匆来儿

上 / 付禹老师为学生准备的开学第一课
下 / 杨青老师和学生一起完成“开笔礼”的第一个字

天，看到常驻支教队为帮扶工作的辛苦付出，我总觉得自己做得还不够。这次派来常驻可以弥补这个遗憾了。”2021 年 3 月，得知学校将新增派一批教师前往大歹小学进行支教帮扶的消息后，杨青第一时间提出申请，经过选拔和考察，她入选 2021 年的支教队，承担六年级（1）班的语文教学任务。“把自己的一生都奉献给了教育事业的王玉老师是我们学习的榜样，王玉老师在大歹小学播下了爱的种子，我们将守护着，让其长成参天大树。”杨青坚定地如是说。

“陈老师好！这个暑假我看完了您推荐的课外读物，还学到了许多新的知识。”开学第一天，六年级的同学们争着给陈晓丹老师汇报假期生活。“记得 2019 年 11 月 8 日第一次和这些学生见面时，他们见人就躲，更不敢开口和老师说话。”已经在大歹小学挂职第一书记两年的南明小学原党总支书记陈晓丹，对初次与大歹学生们见面的场景仍记忆犹新。

从最初的眼神闪躲怯生、不敢开口说话到现在的自信热情、活泼好学，两年来，陈晓丹见证了大歹孩子们一点一滴的改变。“其实我在 2021 年 2 月已经从南明小学满龄退休了。但是只要大歹小学有需要，我会和南明小学支教队的其他成员一起坚守。”退而不休的陈晓丹依然奋战在大歹小学教研第一线，在教育扶贫的征途上用坚守和奉献诠释着一名老教育工作者不变的初心。

南明小学骨干教师、大歹小学第一校长李艳是 2019 年 11 月和陈晓丹一起来的老队员，两年过去了，她和 3 位新派驻支教的老师又来到大歹小学。在两年帮扶大见成效的基础上，2021 年 5 月，贵州省教育厅凝聚多方帮扶力量，在大歹小学实行“蝴蝶计划”，通过对品学兼优、独立性高、自理能力强等因素进行综合考量后，筛选出 9 个初一学生、1 个初二学生，共计 10 名大歹孩子特招到贵阳一中李端棻中学就读。

2021 年 8 月，贵阳一中李端棻中学特招 10 名大歹孩子到省城读初中。8 月 21 日，期末考试第一名的潘污简、曾主持表彰大会的潘乃党和其他 8 名孩子坐上轻快的高铁，一路欢歌来到省城贵阳。这 10 名品德优良、学习基础较好的大歹学生将在贵阳

左 / 殷舒娅老师带领学生在音乐课堂上欢声笑语、蹦蹦跳跳
右 / 李艳老师走访学生家庭并宣传扶贫政策

一中李端棻中学就读初中。树立好学上进的榜样，引导大歹村民形成重教乐学的良好氛围和习惯。王玉老师虽然走了，以爱育爱的教育精神仍然传薪继火，生生不息。

德国教育家卡尔·雅斯贝尔斯说过这样的话："教育本质上意味着一棵树摇动另一棵树，一朵云推动另一朵云，一个灵魂唤醒另一个灵魂。"

"该入学的一个都没有少，已入学的一个都没有跑！"王玉和老师们的奉献精神唤醒"沉睡"千年的苗寨和孩子们向上向前的勇气及力量，点燃了大山深处知识和文明的"星星之火"。他日燎原，未来可期。

乡村振兴大业中的教育"撬杆"

2021 年 2 月 21 日，《中共中央国务院关于全面推进乡村振兴加快农业农村现代化的意见》发布，这是 21 世纪以来第 18 个指导"三农"工作的中央一号文件。为做好乡村振兴这篇大文章，更好服务百姓富、生态美的多彩贵州新未来，全省教育系统主动投身乡村振兴大业，成为校农结合、智志双扶的有力"撬杆"。

2021 年 5 月 26 日，2021 中国国际大数据产业博览会在贵阳国际会展中心盛大开幕。在众多大数据应用展示项目中，以“贵州智慧教育新生态”为主题的贵州省教育厅展台吸引了不少观展者驻足，通过展区内展示的“校农结合大数据平台”等应用，全面了解贵州省教育厅助力全省乡村振兴工作显著成果。

贵州省教育厅建设的集生产信息汇聚、农产品线上采购、学校食材源头追溯于一体的学校餐食全链条管理应用，“校农结合大数据平台”在贵州省教育厅引领推广下，已在全省范围内广泛应用。

在数博会现场，不少观展者对校农数据如何产生、数据如何体现、食品安全和助农成效等问题进行详细了解。据现场工作人员介绍，“校农结合大数据平台”的投入使用，不仅能让使用者能更加直观地掌握“校农结合”的各流程数据，还能够通过大数据反哺生产和销售环节，通过平台应用，实现减少中间流通环节、降低食堂采购成本，让农民群众收入有增加、学校食材质量有提升等的积极作用。在良性循环基础上，构建“以销定产、以产定销”的订单农业新模式，持续助力乡村振兴。

全省教育系统下一步将打造“校农结合”升级版，强力推进“校农结合大数据平台”建设，研究制定有效管用的措施，推动增加购买量，提升采购占比幅度，实现全省学校食堂采购贵州农产品占比达 85% 的目标。

运用大数据技术服务乡村振兴只是全省教育系统全方位服务“三农”的一个方面。今天的多彩贵州大地上，教育系统助力赋能乡村振兴提质增效，不断增强职业教育与乡村发展的适应性，在办学模式、育人方式、专业设置等方面，突出针对性、精准性、时代性，开设了畜牧水产、农艺工程、茶学等涉农专业，畅通院校与市场的“绿色通道”，为乡村振兴注入人才“活水”，充分发挥职业教育专业性、导向性优势，聚焦乡村振兴新业态、新产业、新模式，组建专家团队深入基层提供精准化服务，开展青年农场主、基层骨干技术人才等各类产业技术培训，培养农村技术技能人才，助推乡村振兴各项举措走深走实。

希望的田野上，教育服务产业大有可为！

黔南职教联盟倾情“三农”

春风一笑绿山冈，喜见银芽处处芳。

2021 年 3 月 20 日，春茶上市之际，“黔南州职业教育庆祝建党百年，服务乡村振兴启动仪式”在黔南民族职业技术学院（以下简称“黔南民族职院”）举行。为助力乡村振兴，黔南民族职院牵头省内 7 所高职高专院校、14 所中等职业学校、6 个科研院（所）、6 个行业协会、55 家企业共 88 家单位组建了黔南州职业教育联盟。联盟紧盯“四化”和乡村振兴，紧扣贵州省，特别是黔南州产业结构特点，由高职院校按照专业优势领衔，整合全州职业院校办学资源，组建培育了茶产业、学前教育、健康服务、旅游、装备制造 5 个有特色、成规模的职业教育集团，进一步提升专业服务产业的能力。

黔南民族职院牵头茶产业职教集团，参与起草和审订了“贵州绿茶”“贵州红茶”“都匀毛尖茶”“都匀白茶”等贵州省茶叶地方标准 20 余项，申报发明专利 2 项，2020 年获“兴黔富民”黔匠工坊立项建设。

黔南民族医学高等专科学校牵头健康服务职教集团，承担着全省“养老护理”“育婴员”“保健按摩师”等医药工科类 30 余个工种的鉴定工作，被省民政厅确定为第一批贵州省养老服务人才培训基地。贵州机电职业技术学院牵头装备制造职教集团，助力黔南新型工业化建设。贵州经贸职业技术学院牵头旅游职教集团，开展乡村旅游专题培训，助推旅游产业化发展。黔南民族幼儿师范高等专科学校牵头学前教育职教集团，培养具有民族文化精神、适应民族地区发展、扎根民族乡村学校的合格师资。

乡村振兴离不开文化振兴，既要塑型，更要塑魂，只有抓住文化振兴这个“魂”，才能真正激发出振兴的不竭动力。2016 年，在省教育厅的帮扶下，黔南州荔波县朝阳镇洪江村开启了艺术村落打造和农村集体建设用地使用权制度改革试点工作，将农户自愿放弃、无人居住照料的住宅和宅基地，用于艺术村落建设项目用地。

几年来，吸引来自北京、广州等地艺术家“认养”老房子，打造各具特色的艺术家工作室，形成洪江艺术村基础。2018 年开始，艺术家工作室已逐渐渗透到了洪江村及周边村寨。艺术家通过“认养”、改善老房，提升了村内局部的建筑风貌和村内部分基础设施，为全面改善村内居住环境奠定了坚实的基础，为乡村振兴实践走出了一条新路。

在这期间，贵州建设职业技术学院组织两批来自洪江村和荔波县佳荣镇大土村的村民到学校拜陶艺大师张肃、木雕大师王万廷为师、学艺，结合当地实际情况，教授村民技能，服务农村产业革命。通过两年时间的发展，学成归来的村民韦伟毅、莫会桥已通过捐赠的陶艺设备实现产能输出。2021 年 1 月 25 日，洪江村陶艺工作坊揭牌，实现了职教帮扶“传、帮、带”的第三阶段。学院通过传授技能、产教

帮扶最终带动就业，实现从脱贫攻坚到乡村振兴的巩固衔接。

揭牌仪式上，韦伟毅对贵州建设职业技术学院的帮扶表达诚挚感谢。“感谢贵州建设职业技术学院提供了宝贵的学习机会，使得深山里的农民学到了专业技能和文化知识，开了眼界，有了致富的手艺和信心。”韦伟毅动情地如是说。

上 / 职教联盟助力黔南州茶产业再创佳绩
下 / 好山好水好茶，职教联盟助力黔南茶产业

贵州大学“12 组团”“10 专班”一线作战

农业产业革命“12 组团”作用，推进脱贫攻坚与乡村振兴有效衔接，服务农业现代化。贵州大学组建了 12 个农业特色产业团队，选派 36 名教师和干部担任驻村第一书记，巩固脱贫攻坚成果，推进脱贫攻坚与乡村振兴有效衔接。持续推进“博士村长”计划，打造“博士村长”品牌。现有 40 个研究生培养单位成立了“博士村长”实践队，活跃于贵州的田间地头。各基层学院结合自身学科特点和人才优势，开展特色帮扶活动。以贵州大学校长宋宝安院士团队为依托构建的“生态为根、农艺为本、生防为先”的茶产业发展技术体系，在贵州 43 个重点产茶县建立示范基地实施，支撑服务 200 余万亩茶园，为贵州打造干净茶、生态茶提供重要的技术支撑。据不完全统计，12 个产业团队服务县（区）共 157 个，服务基地、企业共计 124 个，组织开展各类技术培训活动 654 次，培训技术人员 2000 余名，培训农民近 5000 人次，推广新技术、新品种 477 个，发放各类技术资料 6700 份，带动农户 1.5 万户，获宣传报道 50 余次。与北京大北农科技集团股份有限公司签署校企战略合作协议，接受捐赠 1 亿元，共建“贵州大学-大北农研究院”。

贵州大学组建并派出 10 个乡村振兴集成示范工作专班，服务全省乡村振兴。学校积极响应中共贵州省委、省人民政府关于“特色田园乡村・乡村振兴集成示范试点”建设的号召，充分发挥贵州大学多学科优势，整合多个学科专家，组建 10 个乡村振兴集成示范工作专班，负责规划建设 16 个示范点和 5 个红色美丽村庄。贵州大学团队编制的“1 方案 2 规划”获批 14 个，方案通过率达 87.5%，占全省获批省级示范点建设总数的 28%。学校将 14 个示范点作为“贵州大学乡村振兴劳动教育实践基地”，通过实践育人，在服务地方经济发展中锻炼人才、培养人才。

专家下田促产业

教育服务“三农”，不仅要富农民的“口袋”，还要富农民的“脑袋”。除了通过“校农结合”帮助农民群众销售农产品而脱贫致富外，黔东南民族职业技术学院（以下简称“黔东南民族职院”）还积极组织农户参加技能培训，开展送技下乡、送技上门活动。

“吴老师，茅坪村的柑橘果落了一地，我们怎么办啊？”电话那头的台江县革一镇茅坪村的驻村第一书记吴述林，焦急地打电话咨询黔东南民族职院教授吴格娥，吴格娥通过电话进行先期的技术指导，接着又去村里面给群众开展了一次现场的技术培训。

要长久地守住绿水青山，关键要把绿水青山变成“金山银山”。自2017年起，黔东南民族职院生物与环境工程系主任吴格娥作为台江县科技特派员，坚持为台江县革一镇枇杷产业做高产栽培技术研究和技术推广，革一枇杷实现了从原来的隔年结果到现在的年年丰产，革一镇也逐渐成为台江县枇杷产业的“领头雁”，当地群众亲切地把吴格娥称为“枇杷保姆”“枇杷教授”。

除了无偿提供枇杷高产栽培技术培训外，吴格娥还培养了后备科技服务人员4人、枇杷种植致富带头人13人，对革一镇干部、种植户、矫正人员、返乡创业农民工等进行集中培训共计46场3000余人次。2020年，革一镇种植枇杷约534公顷，总产值突破2500万元，直接带动1200余人就业。2020年台江县重点打造枇杷主导产业，确定2021—2023年要规划建设枇杷产业带，计划投入第一期1000万元资金在台盘、革一、老屯3个乡镇大力发展枇杷产业。

在可预期的未来，金灿灿的枇杷将成为台江人民群众致富奔小康的“金果果”，而“枇杷教授”的精彩论文也书写在苗乡侗寨的火热土地上。

2021年8月24日，贵州水利水电职业技术学院与毕节市教育局、赫章县人民政府共同签订了《赫章县巩固拓展脱贫攻坚成果与乡村振兴有效衔接三方合作框

黔东南民族职院教授吴格娥在田间地头培训群众

架协议》，积极探索职业教育在助力"乡村振兴开新局"上可推广、可复制的合作样板。按照协议，贵州水利水电职业技术学院以"光伏新能源点亮万家，助力乡村振兴稳发展""贵州省饮水安全智控平台项目""打造'生态宜居＋产业振兴'赫章县百果街道青山社区美丽乡村建设项目"3个项目为依托，助力赫章县的乡村振兴大业。截至2021年10月底，3个项目均完成了前期调研，形成完整的调研报告，"光伏新能源点亮万家，助力乡村振兴稳发展"项目已办理项目审批和备案等手续，正在进行光伏组件、支架、电线、电缆等设备采购工作。

乡村要振兴，产业是关键；产业要振兴，人才是关键。作为全省重要的农业类高等院校，贵州农业职业技术学院紧紧围绕服务现代山地特色高效农业发展，加快专业结构调整，“农技为本”特色日益凸显。学院围绕服务乡村振兴、大数据、大生态三大战略行动，培养满足生产、建设、管理一线需要的高素质技术技能人才，按照专业群对接产业链的思路，设置畜牧水产、机电、农艺工程、城镇建设、茶学、食品与药品、经济管理、信息工程、园林工程等9个系30个专业方向。农业类专业和直接服务农业相关专业占比达90%，基本覆盖省内现有的特色优势产业，实现“畜牧兽医、生态农业、农业机电”等传统优势专业与“食用菌生产、农村金融、农村电商、药品经营与管理”等新办专业同步发展、相得益彰的格局。2021年，贵州农业职业技术学院被农业农村部、教育部联合认定为全国乡村振兴人才培养优质校。

同时，农职院紧紧围绕“农”字优势品牌，多措并举、多点发力，打出漂亮的服务乡村振兴“组合拳”。围绕精品水果、生态家禽等特色产业的发展，组建了由学院120余名行业专家、技术能手组成的专家团队，建立“专家团队+大学生+生产企业或种养殖户”的技术服务体系。围绕科研成果的推广和转化，组建

黔东南民族职院教授黄刚在生产一线培训贫困群众

家禽产业技术、喀斯特适生植物、食用菌产业技术、辣椒产业技术等研究团队，建立“工程研究中心 + 重点实验室 + 科研基地”的科研体系。生态家禽、生猪等技术服务团队和专业教师深入企业、合作社、家庭农场、种养大户，根据生产的实际需要，有针对性地提供精准化服务，解决了产业发展中的关键难题，帮助经营主体提升了技术水平和经营能力。

聚焦“我为群众办实事”，农职院开展“专家技术服务下基层”活动，组成生态家禽、生猪、食用菌、茶叶等 9 支专家服务团深入生产一线开展技术服务，得到群众热烈欢迎。相继开展了青年农场主、农业职业经理人、基层农业骨干技术人才和各类产业技术培训 162 期，培训 1.4 万人次。通过这些培训，学员思想观念得到转变、技术技能得到提高，成为各地产业发展中的技术能手、脱贫致富带头人。充分发挥本院师资在基层解决生产难题、成果转化、培养农村实用人才等方面的专家作用，先后选派 30 名政治素质高、专业能力强的优秀同志担任驻村第一书记、科技副职、科技特派员、农业辅导员，深入一线，下到田间地头，解决产业发展中的关键难题，帮助农民群众真正得实惠。

第三章

推双减 启智慧 育创新

减负不减质，减负不减责。中共中央办公厅、国务院办公厅《关于进一步减轻义务教育阶段学生作业负担和校外培训负担的意见》出台后，贵州各地各校积极探索，不折不扣地贯彻落实“双减”政策，立足实际，用好用足本地教育资源，坚持规定动作不走样、特色动作有创新，持之以恒、久久为功，确保“双减”减出实效、减出特色。课后服务、校外治理等先进经验成为全国“双减”典型，各地各校“双减”妙招频出，成绩斐然。“双减”之前，全省原有2352所义务教育阶段学科类校外培训机构，已完成压减93.37%，实现义务教育阶段学科类校外培训机构“营转非”百分之百完成、“预收费资金监管”百分之百覆盖和“示范性合同文本”百分之百使用。动态清零“无证无照”校外培训机构1640所，拆除虚假广告3270个。

“双减”看贵州
——被教育部评为全国“双减”工作典型的三个优秀案例

贵州“严四关强四度”压茬　推进校外培训机构治理

严把统筹关，提升战略高度。中共贵州省委、省人民政府高位谋划，指导成立省级专班，十一部门协同发力，密集出台六大方案，一体推进证照清查、业务规范、资金监管和教师管理四大任务。全省动态清零无证无照、办学资质不达标的校外培训机构 1640 所。

严把监管关，攻坚治理深度。政银携手，健全预收费资金监管机制，实时监管资金流向；省、市、县三级联动，织密“日报告、周研判、月调度”监管网络，对“双减”成效滞后地区进行通报并督促整改，确保治理纵深发展。全省义务教育阶段学科类校外培训机构预收费资金监管实现 100%。

严把风险关，打造治理亮度。畅通线上线下投诉举报渠道，第一时间收集、分析线索，第一速度排查、研判风险，第一效率稳控舆情、化解矛盾。采取组组、组厅、组校方式，对 2908 所培训机构进行“地毯式”检查，查摆问题 386 个，拆除广告 3270 个，下达整改提示函 521 份。

严把转型关，涵养治理温度。组建“双减”专班，统一思想认识，一体谋划部署转型方向。开展全省“双减”业务培训，以“问题导向式”研讨，一体学习贯彻中央决策部署。成立治理领导小组，明确责任人、时间表，一体保障落实转型指引，为机构转型、员工内部转岗、离职人员安置提供指导和服务。全省校外培训机构压减率 93.37%，累计召开 56 次就业指导会，推荐再就业 269 人次，内部转岗 219 人。

贵州省贵阳市：坚持“三限三严” 全面推进专项治理

坚持限数量，全面从严治理。实行网格化摸排管理，畅通投诉、举报渠道，查处资质不达标机构，实现“黑机构”动态清零，共关停非法机构 413 所。组建治理督查专班，实行“周培训、督查、研判、通报、公示”五项机制，通过暗访、夜查、随机抽查和节假日检查，共督查 92 所机构，暂停营业 70 所，自行注销 33 所；查摆问题 168 个，下达整改提示函 25 份。

坚持限时间，严管培训内容。要求培训时间不得占用校内时间，不超过 20 ： 30，不留作业，向社会做好政策解释，妥善处置退费退课。聚焦“不使用制式合同、超范围经营、超纲教学、超前授课、超时培训”等问题，加强巡查治理，规范机构使用制式合同 825 所，整改超范围经营机构 471 所，拆除虚假广告 682 起。

坚持限价格，严禁资本化运营。严格执行国家关于财务与资产管理的规定，要求培训机构不得一次性收取时间跨度超过 3 个月的费用。要求校外培训机构将办学许可证、营业执照、任课教师信息、资金监管专用账户、收费项目及标准、退费制度、监督举报电话等信息在培训场所显著位置公示并接受社会监督。建立形势研判和应急反应机制，制订风险防范预案和风险清单，落实 549 所培训机构“一对一”包保制度，及时妥善处置网络舆情和突发事件。

贵州省毕节市：
多元举措　推进义务教育阶段学科类校外培训机构治理

守住“钱袋子”，建立预警机制。联合银行机构，开发校外培训机构资金监管平台，提供数据分析、服务保障、风险预警等服务。账户相关信息在办学场所显著位置公示，接受社会监督。出现“专户余额不足 10 万元、不足预收经费的 10%，提取资金超过其预收经费的 30% 或一周累计提取资金超过预收经费的 70%”时，监管银行即向教育行政部门进行风险预警通知。

开设绿色通道，提高审批服务效能。开通绿色通道，教育、民政、市场监管三家部门联合互通、密切配合，简化办理办事程序。如：七星关区对学科类向非学科转型的校外培训机构和学科类“营转非”机构，集中给予现场填报指导、现场帮办申报、现场快速审核，快速办理。

聚焦寒暑假，严查变异培训行为。在毕节市教育局官网、微信公众号发布、推送《校外培训机构治理监督举报电话》《致家长的一封信》等通知，多渠道、全方位地让中央“双减”政策入脑入心，引导学生与家长理性选择校外培训。中秋、国庆、元旦期间，毕节市教育局制发《毕节市教育局办公室关于国庆期间开展校外培训机构专项治理暗查暗访的通知》《毕节市“双减”工作专门协调机制办公室关于做好元旦、寒假及春节期间校外培训机构治理工作的通知》，成立市级各部门联合检查小组，形成长效机制，持之以恒地抓好监管工作。

省教育厅组织举办全省“双减”工作培训班

为深入贯彻落实中共中央办公厅、国务院办公厅印发的《关于进一步减轻义务教育阶段学生作业负担和校外培训负担的意见》（以下简称《意见》）和中央教育工作领导小组关于进一步减轻义务教育阶段学生作业负担和校外培训机构负担电视电话会议精神，加快推动我省“双减”工作，10 月 11 日至 13 日，省教育厅组织举办全省“双减”工作专题培训班。中共贵州省委教育工委副书记、省教育厅党组成员杨未，省教育厅党组成员、副厅长、中共贵州省委教育工委委员周进出席培训班开班式，并做讲话。

在开班式上，杨未强调，这次培训班，在全省上下深入学习习近平总书记关于“双减”工作的重要指示精神，深入推进“双减”各项工作贯彻落实的关键时期举办，也是深入贯彻落实全省教育高质量发展大会精神，推进贵州省整体提升教育水平攻坚行动计划的重要时刻，既是培训会、交流会，更是推动会、落实会，主要任务就是以习近平新时代中国特色社会主义思想为指导，深入学习贯彻党中央、国务院决策部署以及教育部有关文件和会议精神，统一思想认识，学习业务知识，提升政策水平，提高工作质量，全面如期完成“双减”工作任务。同时，杨未采用“问题导向式研讨”的方式，结合“说理论”“讲故事”“谈问题”等理论内容，为培训班学员进行“双减”工作会谈式培训。

在开班式上，周进副厅长强调，“双减”工作是党中央、国务院做出的重大决策部署，是全面贯彻党的教育方针、深入落实立德树人根本任务的重大举措。各地要不折不扣贯彻落实党中央、国务院决策部署，确保“双减”工作扎实有效落地落实，达到预期目标。同时，周进从抓好学校管理、抓好教学管理、抓好作业管理三个方面提出了工作要求，并进行了工作部署。

本次培训班，省教育厅邀请了我省“双减”工作专门协调机制成员单位、厅有关处室、省教育厅法律顾问为培训班学员做专题讲座。答疑环节，培训班学员现场提问，与有关部门负责人交流沟通。此次培训班共有各市（州）、县（市、区、特区）教育局分管“双减”工作的负责同志和负责“双减”工作的科（室）负责人 220 余人参会。

“双减”大潮的赤水实践

2021 年 7 月，中共中央办公厅、国务院办公厅印发了《关于进一步减轻义务教育阶段学生作业负担和校外培训负担的意见》（以下简称“双减”），全省教育系统结合贵州实际，认真贯彻落实，确保“双减”不折不扣执行。

赤水市“教育轻骑兵”赤水第三小学党员教师到旺隆镇龙岩小学开展课后服务

11 月 1 日，教育部基础教育司组织遴选的全国第二批学校落实“双减”工作典型案例公布，贵州省赤水市针对难点堵点，强化课后服务保障的做法上榜。

赤水有何妙招破题，并吸引全国教育界关注的目光呢?

赤水市充分整合优质校内校外资源，推动课后服务高质量高水平实施，通过深化保障机制，加强财政投入，确保“双减”政策有序有效落地。赤水市教体局党组书记何勇介绍说：“双减”政策实施以来，赤水市迅速行动，狠抓落实，通过组建“教育轻骑兵”志愿服务队，开展“菜单式”教育订制服务，深化教育改革打造高效课堂等措施，帮助学生卸下过重的学业负担，丰富课后生活。

“赤水的‘难’难在师资结构性缺员，‘堵’堵在城乡学校需求不一样。”何勇如是分析，这次能入选全国“双减”典型案例，关键是成功打造“教育轻骑兵”这一平台，让全市优质师资能够在城乡学校之间充分流动，破解了欠发达地区乡村薄弱学校教育均衡发展的“瓶颈”。

“教育轻骑兵”实现教育优质资源再分配

在赤水市葫市中学，每天下午的课后时间最为热闹欢乐。普通话培训社团里，八年级的黎欣扮演着自己喜欢的角色，用电影里的经典台词和同学们一起练习；伴随着合唱社的钢琴声悠悠响起，杨清秀和小伙伴们认真地训练合唱，他们将代表葫市中学冲击明年的全市合唱比赛；还有户外操场上，篮球、足球、排球……种类多样的体育社团正在组织活动，同学们根据各自的兴趣爱好，自由选择，积极参加。

“能够一下子开展如此丰富多彩的社团活动，离不开‘教育轻骑兵’志愿者的大力支持。”葫市中学校长王晓敏介绍说。长期以来，学校缺少专业师资，导致像合唱、舞蹈、心理健康等专业性较强的社团活动很难开展，作为一所乡村学校，既要面对生源偏少导致教师配额不足的客观因素，又要高质量开展课后服务，因为“教育轻骑兵”的及时支援，使广大乡村学校彻底补齐“短板”。

“轻骑兵”胜在机动与灵活。赤水市针对课后服务中所需专业指导教师不足的问题，从师资富余的学校中遴选专业素养和师德过硬的教师，组成舞蹈、足球、心理等课程近 20 支 100 余名课后服务“教育轻骑兵”机动小队，通过县级带动、片区互动、镇（乡）内联动，实现了县域内优质师资动态配置，形成优质师资“大小”双循环。

根据学校和学生需求，合理安排课表，“教育轻骑兵”进行滚轴式课后服务、支援补给、教师指导培训等，满足学生兴趣发展所需，助力学校补齐课后服务师资短板，构建起覆盖全市义务教育阶段学校课后服务的“补给网”。

赤水市举行首届中小学生“校园十佳歌手”大赛

“全市 48 所学校的学生充分享受教育公平，得到全面发展，课后服务让学生动起来、唱起来、舞起来，让每个校园充满了活力。”贵州省乡村名师、“教育轻骑兵”志愿者罗洪贵老师说，“参与志愿服务对于年轻骨干教师来说，也是一次很好的锻炼机会，‘教育轻骑兵’在服务乡村学校过程中，援教和援培同时进行，很好地促进了教师素质和教育质量整体提升，也为全市教师交流搭建起一个互学互助的公共平台。”

打造“高效课堂” 确保“减负”不减质

2021 年 11 月 9 日，一场关于“双减”的头脑风暴在赤水市第三小学图书楼会议室举行，全市中心小学的教研主任业务培训正在这里火热进行。

学校鼓励学生组成学习小组，发挥学生“小老师”作用，充分调动学生积极性，让孩子们在互帮互助中收获成长；借助“希沃云”智慧平台和电子班牌现代设备等，实时调度学生作业量，利用现代信息技术有效控制作业量；建设“作业超市”，落实分层布置作业，以基础性、提升性和拓展性三类作业来满足学生个性成长需求……各校的教研主任们纷纷畅所欲言，分享在推动“双减”政策落地过程中的“实招”“新招”。

2021 年秋季新学期开学以来，赤水市立足“双减”，紧扣课堂提质增效工作重点，不断深化教研教改，构建高效课堂。赤水市分片区组建了 4 个“双减”工作指导组，到全市学校开展调研，围绕学科核心素养，创设教学“成效清单”，在提高课堂实效上精准发力，更加突出学生主体参与，实现了教师从关注“备教”到关注“备学”，构建了更加和谐的课堂氛围，确保学生自主、合作和探究学习能力不断提升。

在赤水市第一小学，每个班级门口都悬挂着课后作业布置牌，上面详细记录着每天课后作业内容、指导完成时间。赤水市第一小学副校长代少全介绍说，学校严格落实“双减”作业完成时间要求，同时组织学校各学科各教研组进行课堂教学改革，教师集中磨课，精心设计更适合本校学生的优质课堂，对作业批改、作业量统筹、作业检查、作业考评等都实施相关细则把控，切实减轻学生过重作业负担。

“作业在学校一会儿就能做完，还能学到自己喜欢的‘小主持’课程，老师也会布置一些有趣的家庭作业，比如跟爸爸妈妈学做一道菜、做一件科技小发明等，我都很喜欢。”赤水市第一小学的六年级学生崔雨萱在聊到新学期的变化时，脸上挂满了笑容，赤水“双减”的成效在学生的脸上呈现了答案。

“订制式服务”全方位保障“双减”

“双减”政策实施以来，赤水市全面推广课后服务“1+1+N”模式，即 1 课时作业辅导 +1 次 30 分钟体育锻炼 +N 类自主选择参加的兴趣发展社团活动。其中“N”满足了学校薄弱学科建设、学生兴趣爱好等多重需求，实现了学生自主选择、学校“菜单式”的订制服务。

学生的需求就是工作的导向。赤水市围绕学生“午休、就餐、活动和接送”等难点问题，不断增强教育服务承载力和供给力。充分考虑学生在校时长问题，在有食宿条件的学校增添学生床位，开办中、晚餐，新增床位近 500 张，新（改扩）建学校食堂 54 所，妥善解决午休和就餐需要，满足了 2.5 万名学生午餐需求和 1.4 万名学生晚餐需求，消除了家长对课后服务的后顾之忧。针对居住较远和家长接送耗时较长的部分学生实际情况，教育、交通、公交公司等多部门联动，拓展专线专车，加设公交班次，提供“一校一案”小成本“订制式”交通服务，定时、定点、定人接送学生上学、放学。在城区步行上下学达 20 分钟以上的社区、乡镇，步行达 30 分钟以上的交通主干线加开专线专车，为 3600 余名学生提供了安全、快捷的交通保障。

截至 2021 年年末，赤水市志愿参加课后服务的学生已上升至 31955 人，占全市义务教育阶段学生数的 98.55% 以上，赋能增效后的课后服务，不断受到更多学生和家长的青睐。赤水市教育行政部门将继续为学生家长提供优质的多元化供给服务，真正让课后服务成为落实“双减”货真价实的载体。

“双减”政策落地开花

自中央“双减”政策落地以来，贵州各地各校积极探索落地落实的新举措，立足贵州实际，用好用足当地教育资源，坚持“规定动作”不走样、“自选动作”创新样，确保“双减”政策落地落实，开花结果。

2021 年 10 月 12 日，中共贵州省委教育工委副书记，省教育厅党组书记、厅长邹联克调研北京市芳草地国际学校贵阳分校“双减”工作

贵阳市云岩区新建小学：实施阶梯作业　优化作业内容

实施阶梯作业，根据学生年龄特点设计有效性作业，联系学生实际优化作业内容，真正减轻学生课业负担。云岩区新建小学通过一系列措施切实减轻学生课业负担，让学生学习回归校园、回归本真。

每日小量定量安排作业。设计并执行“每日一读”“每日一算”“每日一题”，夯实学生的基础和技能。

分层作业。“作业超市”从学生的个体、群体需求出发，设计出不同层次、不同完成要求的多项作业；基础性作业，以教材为蓝本，面向全体，巩固基础，提升能力；还有关注过程的探究性作业、复习类作业、实践性作业、自定义作业等，让学生形成良好的学习习惯。

关联生活作业。利用学校环境和文化氛围灵活设计作业，融入生活元素，如丈量学校计算面积、观察季节、超市购物的钱币使用、外出拍照做留言册等。结合节日、节气元素，让学生了解传统文化、红色文化，学习制作传统工艺、传统美食等，让作业有声有色、有滋有味。

遵义市正安县第五小学：长短课时搭配　AB 双段服务

每星期 5 天，每天 2 小时，分 A、B 两个时段实施，正安县第五小学创新课后服务方式。

A 时段，开展阅读 / 欢唱、书写、作业辅导。5 分钟“阅读 / 欢唱时光”，师生诵读《和美诗韵》，同唱红歌、童谣和儿童歌曲；10 分钟“快乐书写时光”，统一书写生字新词，让学生在规范书写中养成良好的书写习惯；45 分钟“轻松作业时光”，学生自主完成作业，教师当堂完成面批面改，未能按时完成的学生老师进行个别辅导，做错的作业建立“错题集”纠错补救。班主任协调学科教师统筹管理作业，每日公示作业清单，严控数量总量。每周星期三定为“无书面作业日”，合理布置综合性、探究性、开放性实践作业。

B 时段，开展“艺术 + 社团”特色课程服务。学校开设了艺术人生、语林文苑、体育天地、创意达人、农耕厨艺 5 个类别 28 个项目课程，学生和家长根据个体需求，进行“菜单式”自主选择，培养学生兴趣，发展学生特长。

六盘水市六枝特区郎岱镇第二小学：以多彩社团促“双减”落实

六枝特区郎岱镇第二小学积极探索以多彩社团促进学生全面发展路径，抓好“双减”落实。学校结合学生年龄特点、资源设备、教师特长等综合条件开设舞蹈、棋艺、创客、书法、手工、美术、七巧板等 26 个社团。采取学生自愿报名与教师选拔相结合的方式，将有相同兴趣的学生组合成团，在每周五下午 2:00—4:30 开展活动。学校全体教师均参与社团组织管理工作，90% 以上的学生都能加入喜欢的社团，形成了“领导小组统一管理—教师制订活动计划—学生选择社团制订个人计划—师生

六枝特区郎岱镇第二小学以多彩社团促“双减”落实

共同思考反馈”的社团组织模式，确保社团活动长期保持活力。学校还融入地方特色，开设了郎岱古镇特色美食、腰鼓、经典诵读等社团，聘请专门的教师定期做辅导培训，同时带领学生实地参观、亲身参与、动手操作，引导学生在活动过程中感受郎岱古镇文化的古朴魅力，自觉成为家乡文化的传承者。

安顺市普定县玉秀街道波玉学区：课后延时服务　减轻家长负担

普定县玉秀街道波玉学区结合学生成长需求和学校实际情况，开展了“阅读与写作”“音乐鼓号舞蹈”“田径运动”“劳动教育”“校园啦啦队”等丰富多样的课后延时服务活动，每组设有组长，由组长制订方案，带领组员共同实施。阅读与写作活动，低年级小朋友从基本的看图写话开始，让学生先爱上看图，大胆交流，鼓励学生动笔写出来：而中高年级的学生则是从阅读开始，让学生在阅读中去感受和体会，从而在写作中抒发内心最真实的情感。学校组建了音乐、鼓号、舞蹈队，并安排专门教师训练队员，学生们积极参与，立志成为一支专业的鼓号队。学校还组织开展校外劳动实践和校内劳动实践，如外出挖地、播种、除草、施肥、观察农作物的生长等，校内则主要是缝沙包、缝补衣服等，让学生们在劳动中发现美、创造美、感受美。

毕节市大方县：用好“足”力　助力“双减”

大方县以发展校园足球为抓手，大力发展体育素质教育，丰富学生校园生活，促进“双减”工作有效落实。大方县全县各级各类学校建成了31个足球运动场，将足球作为体育课特色，形成惠及全县中小学的足球教育体系，还引进了全球规模最大的青训学校——恒大足球学校。对标恒大足球学校青训标准，在大方天河实验学校建立了具有广州足球元素的贵州第一个足球青训中心，同时在城区学校设立青训中心训练点两个，每周一至周五课后开展一个半小时训练，辐射带动全县各中小学开展足球教学活动。利用足球“青训中心”平台，在全县各校积极开展足球运动训练，组建了学生球队 65 个，以大方天河实验学校、大方县第一中学、大方县第三中学等学校为示范引领，辐射带动全县各学校积极开展体育艺术节，春、秋季运动会和校园足球联赛，推进体育素质教育在全县全面深入开展。同时，依托各校少年宫，开展丰富多彩的社团活动，让中华优秀传统文化、红色经典、法治安全等走进校园，丰富学生课余文化生活。

铜仁市江口县：全力推进“5+2”课后服务全覆盖

江口县全力推进“5+2”课后服务全覆盖。截至 2021 年年末，全县各学校参与课后服务学生达 5000 人、教师达 400 人。各校结合实际，开展了富有特色的课后服务，开设囊括传统文化、科技、艺术、体育等内容的社团高达 20 项，呈现出“和而不同，美美与共”的多彩局面。江口县第二小学，足球社团课后服务开展

左 / 江口县乡村小学课后服务的美术培训
右 / 江口县第二小学课后服务的古筝培训

得有声有色；江口县第三小学，书法室设备齐全，书法社团活动频频。除传承传统文化和开展热门体育项目之外，各校均在积极开发课后服务校本资源，如镇江完小利用课后服务时间，积极编排拉丁舞，将流行舞蹈融入校本研究，填充了除民族舞蹈金钱杆、瓦寨锣鼓之外的空白。各学校既保持了原有的书画、古筝、戏曲等传统热项，也延续了足球、排球、舞蹈、鼓队等艺体强项，还增加了电子积木、机器人、计算机画图等科技新项，从学生身心发展和认知规律上做了全面考量，使课后服务极大激发了学生的积极性和兴趣，深受学生和家长好评。

黔东南州岑巩县第二小学：阅读成“悦读”　快乐伴“双减”

“双减”政策出台，为中小学生课外阅读的有效开展提供了更广阔的空间。岑巩县第二小学积极开展群文阅读课题研究、公开课和课后群文阅读社团活动，主要针对中层次的阅读教学。学校利用晨读、午读、课后服务时间开展阅读活动，班级内还开展了建立阅读积累本、绘制读书卡等活动，引导学生将自己喜欢的故事通过图文的形式展示，高年级的语文教师会对群文阅读课题进行研究讨论，并在课堂中具体培养学生的阅读能力。学校还组织开展亲子共读活动，让父母与孩子一起开启精神和心灵沟通之旅。此外，学校课后服务中开设了以经典诵读为主题的群文阅读社团，以培养学生良好的读书习惯，用丰富多彩的读书方式促进学生语文素养的提升，让“悦读”成为“双减”之下的“加分项”。

黔南州福泉市：
开设“第二课堂”　兴趣引领　相伴成长

福泉市各中小学从实际出发，“一校一案”，设计制定课后服务，根据学生特长、兴趣和爱好，分级分类开设“第二课堂”，让所有学生都学有所乐、学有所得。如福泉市第一小学开设了足球、舞蹈、篮球、绘画、茶艺、轮滑等形式多样的兴趣课程与实践活动，每位学生都能根据自己的兴趣爱好，在“第二课堂”找到喜爱的课程。操场上，学生在老师的指导下认真训练；舞蹈室里，学生们伴着欢快的音乐跟着老师认真练习舞蹈动作；茶艺室里，同学们举止优雅，学习习茶礼、奉茶礼、品茗礼、谢茶礼。福泉市第二小学则结合学校特色及教师专业特长、能力，

黔南布依族苗族自治州福泉市乐岗小学的同学开展趣味抛球

开设了趣味英语、太极拳、朗诵、棋艺等丰富多彩的活动，受到广大学生的欢迎。形式多样、多姿多彩的“第二课堂”，不仅丰富了学生的校园生活，拓展了学生的学习空间，满足了学生多样化的需求，提高了学生的实践能力，更进一步促进了师生之间的沟通交流，增进了彼此的感情。

黔西南布依族苗族自治州兴义市：童趣教育　寓教于乐

“丢丢，丢手绢，轻轻地放在小朋友的后面，大家不要告诉他……”兴义市第十小学把丢手绢、抓子儿、蹦弹珠、跳海、斗鸡、打四角、抽陀螺、翻花绳、掷沙包、踢毽子、捡小棒、拔河等 13 种童趣游戏创造性地迁移到教育活动中来。活动结合语文课、班队课及课外延时服务等对学生进行教育，让学生们在童趣游戏中快乐学习，实现教育返璞归真、寓教于乐的效果。学校打造的童趣文化分为显性和隐性两个部分。“童趣、童声、童艺”为显性，“童心、童真、童实”为隐性。“童趣”即是以儿童游戏为抓手，锻炼学生的动手能力及独立能力，让学生在游戏中锻炼身体；“童声”即是通过开展朗诵、唱歌等有声活动，达到培养学生阅读能力的目的；“童艺”以学校“开心农场”等为阵地，以综合实践活动为突破，培养学生劳动、手工等综合才艺；“童心”即培养学生的静心、恒心、善心；“童真”即引导学生说真话、干真事、做真人；“童实”即教育学生待人诚实、学习扎实、生活朴实。在全校师生的共同努力下，学校聚焦核心素养的童趣文化建设成效明显，赢得社会广泛认可。

兴义市马岭中学以艺术培训落实“双减”

强化"四个统筹" 深入基层调研 治理校外机构 "双减"落地落实

全省教育系统有序推进"双减"工作，先后召开全省基础教育工作现场会、"一治理五管理"推进会等对减轻作业负担和课后服务工作进行了安排部署，教育厅领导多次深入中小学实地调研"双减"工作。省教育厅成立了"双减"工作领导小组，组建了"双减"工作专班，加强对"双减"工作的统筹协调。相继印发了"五项管理"、全面开展课后服务、强化师资保障推动"双减"工作落实等政策文件。印发《贵州省加强中小学"五项管理"实施方案》，通过加强作业设计、纳入教研、控制作业时间等着手减轻义务教育阶段作业负担。积极发动义务教育学校"一校一案"提供课后服务，基本实现有课后服务需求的学生全覆盖。教育部通报的已建立作业公示制度学校达标率、作业时间控制学校达标率、提供课后服务学校达标率、课后服务时间学校达标率 4 项指标均达到 100%。

全省教育系统始终坚持把抓好"双减"工作作为推动贵州基础教育高质量发展的重要抓手，作为办好人民满意教育的切入口，统筹推进减负与提质、校内与校外、严管与厚爱、考试与评价，不断提高学校教育教学质量，规范校外培训行为，促进学生全面发展和健康成长。

统筹好减负与提质。只有减轻大量机械重复的作业负担，切实发挥好作业检验课堂教学成效的基础作用，把学生从效率低、效果弱的刷题苦海里解放出来，把家长从繁重的作业辅导或送孩子校外培训的焦虑中解放出来，才能真正破"重智轻德"，立"以德为先"，实现"五育并举"。必须把作业总量控下来，中小学校要制定和完善作业管理细则，确保小学一、二年级不留书面家庭作业，小学其他年级书面家庭作业时间不超过 60 分钟、初中不超过 90 分钟刚性要求得到有效落实。必须把作业质量提上来，中小学要聚焦素养，优化作业设计、布置、批改、分析反馈、辅导等教与学闭环管理机制，将作业设计与实施纳入校本研修重要内容。

中小学要建立完善常规制度，明确检查考核要求，让教师教学、学校检查考核有据可依、有章可循，将作业布置与批改情况的检查结果与教师绩效考核等挂钩。

统筹好校内与校外。要坚持向课堂“抢”效率，开展启发式、探究式、合作式教学，确保课堂教学培育学科核心素养，提高课内学习效率。要坚持向校园“争”时间，推进义务教育阶段学校课后服务全覆盖，除体育、劳动、综合实践等科目必须有课外作业外，鼓励学科作业尽可能在校内完成，实现“小学阶段作业不出校门”。全面加强家校沟通，定期召开以规范办学行为、减轻学生负担、提高教育质量为主题的家长会，减少家长的疑虑和担心，增进家长对“减负”工作的理解和支持，防止学校“减负”的同时给家长“增负”。全面规范校外培训，确保校外培训专项治理工作有人管、有人抓。坚持“边排查、边整改”工作思路，集中整治无证无照、安全隐患、超前超纲、违规收费、暑假集中补课等行为，迅速遏制校外培训机构乱象丛生问题。运用好全国中小学生校外培训机构管理服务平台，实现校外培训机构审批、备案、年检的全网通办，资质、奖惩等信息全面公开，查询、评价、投诉的一键融通。

统筹好严管与厚爱。教师是基础教育的第一资源，减轻作业负担和提高作业质量的关键在于教师的整体水平。始终把师德师风建设摆在首位，高压打击在职在编中小学教师有偿补课、在校外培训机构兼职、诱导学生到校外补课等行为。持续巩固义务教育教师平均工资水平不低于当地公务员政策，对参与课后服务的教师给予一定的补贴，或在绩效工资总量里予以倾斜。不断提高教师培训的针对性，引导广大中小学教师认真研究课程标准、研究教材、研究学生，设计适量、合理的弹性作业和分层分类作业，切实用教师的高投入换来学生的轻负担。

统筹好考试与评价。作业负担重实质上是不科学的考试评价导致的，只有科学用好考试、评价等手段，才能确保“双减”工作落地见效。因此，有必要继续通过深化高考综合改革、中考改革和义务教育质量监测，从一次性考试模式调整到以考生成绩加综合素质为主的模式，注重学生过程性成长进步。全面落实《义务教育质量评价指南》，通过结果评价与增值评价、综合评价与特色评价、自我评价与外部评价相结合的方式，科学客观地评价县域义务教育质量、学校办学质量、学生发展质量，以评价促进教育观念转变，促进教育教学改革，促进教育质量全面提高。

深入基层调研“双减”工作

2021 年 9 月 29 日至 30 日，中共贵州省委教育工委副书记、省教育厅党组成员杨未到黔西南布依族苗族自治州（以下简称“黔西南州”）部分高校、中小学、校外培训机构实地调研“双减”工作情况，并与黔西南州人民政府、黔西南州教育局、兴义市教育局、黔西南州义龙新区教育局及兴义民族师范学院相关领导、科室负责人及有关部门同志座谈交流。

在兴义民族师范学院走访调研时，杨未强调，“双减”工作课后服务不单需要中小学校参与，也希望高校尤其是师范类院校能够发挥自身优势，为中小学生课后服务提供帮助；在兴义市昌文中学、兴义市红星路小学万峰校区，杨未一边听取情况介绍，一边与师生亲切交流，详细了解学校“双减”工作落实情况，特别是课后服务情况；在兴义市万峰培优课外培训中心、兴义市讯雅飞课外培训中心，杨未强调，培训机构要切实提高政治站位，深入学习领会、坚决贯彻执行中央“双减”文件精神，增强大局意识和社会责任感，全面配合政府部门做好相关政策组织实施。

在调研座谈会上，杨未强调做好“双减”工作，要从四个方面下功夫：一是提高政治站位抓落实。要把思想和认识统一到党中央、国务院重大部署上来，提高政治站位，强化责任担当，努力抓好“双减”工作落实。二是吃透政策稳步推。要认真学习领会中央文件精神，全面准确把握“双减”要义，加强风险研判，确保“双减”工作平稳有序推进。三是强化认识、扩大宣传。要充分利用主流媒体，加强“双减”政策宣传解读，引导广大家长树立科学的教育观、人才观、育人观，做好舆论引导，持续营造良好社会氛围。四是齐抓共管见真效。要积极争取部门和社会参与支持，构建合力，落实学校主体责任，发挥家、校、社会合力育人的作用，科学组织，共同发力，确保“双减”工作落地见效，打通障碍。省教育厅民办教育处、校农办有关负责同志参加调研。

减轻作业负担：全省义务教育学校基本实现“一校一案”提供“5+2”课后服务全覆盖，学生课后服务参加率达96.52%，教师参与率达97.07%，学校考试次数大幅压减，“零起点”教学实现100%，作业公示制度实现100%，作业总量得到有效控制，学生校内作业负担明显减轻。教师管理、教学常规管理、教研常规管理进一步规范。

减轻校外培训负担：全省原有2352所义务教育阶段学科类校外培训机构，已完成压减93.37%，实现义务教育阶段学科类校外培训机构“营转非”百分之百完成、“预收费资金监管”百分之百覆盖和“示范性合同文本”百分之百使用。动态清零“无证无照”校外培训机构1640所，拆除虚假广告3270个，妥善及时处理相关网络舆情，取得阶段性治理成效。

贵阳市：“双减”不打折　育人全覆盖

“双减”政策出台后，贵阳市各区（市、县）教育系统根据中央、省、市相关文件要求，积极行动，切实“双减”。

“通知：从明天开始，我校学科类培训停课，请各位家长与相关班主任核实学时进行退费。”家住贵阳市的刘先生在孩子的数学培训班家长微信群里收到了一条短信，短信显示自家孩子的学科培训将停课，并通知家长及时办理退费事宜。原来是“双减”政策落地贵阳，贵阳市教育系统积极行动，第一时间叫停相关学科培训机构，并责令学科培训机构按比例进行退费。

云岩区教育局责令辖区内144家义务教育阶段学科类校外培训机构停止暑期补

课，并要求做好学生相关的退费事宜。同时，对暑期还未关停的学科类培训机构，云岩区教育局检查组将持续跟进监督，直至完全停止。

乌当区教育局每周定期对学科类校外培训机构进行常规督导检查，做到常规监管不放松，并用一周的时间对区内 29 家学科类培训机构进行督查，要求所有培训机构均于 8 月 9 日起全面停止义务教育阶段学科类补课。同时，结合上级文件精神，全面停止学科类校外培训机构审批，暂停非学科类校外培训机构审批。

清镇市教育局第一时间取缔了 80 所非法办学的校外培训机构，针对家长难识别合法办学机构难题，清镇市教育局统一校外培训办学公示制度，要求培训机构统一制作公示牌。如此一来，家长可根据是否有统一公示牌，判断办学机构的合法性，从而保障了家长权益。此外，该教育局还统筹经费，在校外培训机构大门处统一安装网络监控，实时查看培训机构教学情况，监管超时教学等问题。

“双减”政策落地贵阳，责令教育培训机构整改、停课是重要措施之一，而真正为家长和学生“解忧”的是 2021 年暑假实施的学校运动场馆开放及暑期托管。

“往这边传！”“快！防守住”……走进北京日坛中学贵阳分校的校园里，一群同学正在足球场上开展一场激烈的比赛，只见同学们你一脚、我一脚地踢着足球，在绿茵场上挥汗如雨、自由奔跑，大伙儿玩得开心快乐。移步至教学楼的开放式书吧，书架间十几名学子正在静静地翻阅书籍，畅游在知识的海洋里；乒乓球桌前的小运动员们，更是毫不谦逊地展示着自己的花样球技；篮球场上的阳光男孩们，不断重复着投球的动作，迎“篮”而上……

无独有偶，在清镇市实验一小、花果园第二小学等托管点，同样的场景也在“上演”。贵阳市第二中学学生小贾表示，放假以后会感觉有点无聊，每天除了写作业就是看电视，现在能到学校里跟同学们打打球，运动运动，感觉挺棒的。

为做好疫情防控工作，贵阳二中开放场馆的使用，做出提前预约、限制场内人数的要求。2021 年暑期，学校场馆面向本校学生和就近居住的初中学生开放，每天按时段预约使用，同时学校还安排了值班干部，每天对开放的场馆进行巡视，

乌当区少儿吟诵古诗词

对学生场地、器材等使用进行指导。

为了迅速落实“双减”政策，加强做好中小学场馆开放和暑假托管服务工作，贵阳市各地各校按照贵阳市教育局的统一部署，于 8 月上旬，推进全市中小学的体育馆、运动场、图书（馆）室、阅览室、音乐美术教室等各类场馆面向中小学生免费开放。此外，为了更好地推进“双减”政策实施，8 月中旬，《贵阳市教育局办公室关于“一校一案”全面落实课后服务工作的通知》下发，明确 9 月开学，贵阳开始实行“一校一案”课后服务工作，小学周一到周五正常上课，课后增加至少 2 小时课后服务，初中可开设晚自习班，结束时间不得超过 20:30，实现义务教育学校全覆盖，有需求的学生全覆盖。

“双减”政策迅速落地贵阳，离不开各区（市、县）及时公开相关信息，让广大家长知政策、晓政策、明政策。

贵阳市南明小学环东校区组织拔河等体育运动

8 月 3 日，云岩区教育局发出《云岩区教育局关于落实“双减”政策致家长的一封信》，信中提到，下一步，该局将在继续深化教育改革、提升课堂教学质量的基础上，与相关部门进一步加强对学科类培训机构的监管督查，严格落实好“双减”精神。同时，还公布了举报邮箱、电话等信息，方便广大家长进行举报。此外，该局还将进一步公布校外培训机构黑白名单，并提醒家长朋友谨慎报名学科类培训机构，谨慎付（续）费，以免发生不必要的纠纷。

贵阳市南明小学环东校区课外活动

同日，观山湖区教育局召开座谈会，晓之以理、动之以情地与家长朋友“对话”，表示将根据“双减”政策，进一步加强校外培训机构管理。严格管理学科类培训机构，逐步构建“机构自觉、行业自律、社会监督、政府监管”的长效监管机制。同时，将从校内提升入手，着力在教学质量、作业管理、课后服务等方面，强化学校主阵地作用，发挥好学校在立德树人中的主体地位。

同时，做好中小学场馆全面开放及暑期托管服务试点工作，减轻家长负担，解决学生暑假“看护难”问题；乌当区教育局则从树立科学的教育观和人才观、引导孩子提高校内学习质量、理性正确看待校外培训作用、引导养成良好学习生活习惯、积极参与监督培训机构治理五个方面入手，温馨提醒家长朋友与教育局“携手”，为孩子们营造一个良好的学习和成长环境。

8 月 5 日，清镇市教育局明确，将着力在教学质量、作业管理、课后服务等方面下功夫，发挥好学校在立德树人中的主体地位，引导和鼓励教师积极探索教学模式，加强特色课程建设，丰富教学资源，积极创新育人方式，并将进一步加强校外培训机构管理。同时，建议家长朋友们树立科学的育儿观，注重孩子德智体美劳全面发展。

8月13日，花溪区教育局则在《花溪区教育局关于落实“双减”政策致家长的一封信》中提到，将联合相关部门开展联合执法，对校外培训机构进行综合整治，对不符合审批标准的培训机构要求限期整改，整改完毕后方能开展培训，对整改后仍不符合审批标准的培训机构将依法关停。并呼吁广大家长学习好、理解好、执行好“双减”要求，进一步树立科学的教育观，遵循教育规律和孩子的成长规律，加强孩子体育锻炼，保证孩子充足的休息时间、睡眠时间，切实减轻孩子过重的学业负担。

贵阳市重拳出击整治校外培训机构，暑期托管活动正全面开展，课后服务“5+2”紧密部署。2021年年末，贵阳市教育系统“双减”政策落实到位。下一步，贵阳市将进一步统筹教育行政部门、学校、家庭、社会等多方力量，使其形成合力，共同推动“双减”工作中的各项措施落地见效，助力中小学生健康成长。

各市（州）：把“双减”做成民心工程

遵义市

“双减”工作涉及千家万户，群众关切、社会关注。中共遵义市委、市人民政府高度重视、高位推进、高点谋划。中共遵义市委书记魏树旺同志明确提出，遵义要在“双减”工作中创先争优，建设“双减”示范市。遵义市教育行政部门起草了《遵义市关于进一步减轻义务教育阶段学生作业负担和校外培训负担的措施（试行）》。

全面规范校外培训行为是“双减”的重点。遵义市成立了以分管副市长为组长，市人民政府副秘书长和市教育局局长为常务副组长，18家部门分管领导为副组长、业务负责同志为成员的遵义市校外培训机构专项治理工作领导小组。各县（市、区）也相继建立组织机构，确保专项治理工作有人管、有人抓，长效常治。2021年8

月 18 日，中共遵义市委宣传部，市人民政府教育督导室、市教育局等 18 部门联合印发了《遵义市校外培训机构专项治理方案》。为预防机构恶意终止办学等违法行为，减少风险隐患，遵义市教育局联合 5 部门制定了《遵义市关于加强校外培训机构资金监管工作的意见（试行）》。

“双减”工作开展以来，遵义市组织相关部门对校外培训机构开展了拉网式集中检查，从严规范审批登记和培训服务行为，强化培训收费监管和教师管理，对暑期开展义务教育学科类培训的校外培训机构进行依法清查并全部按下“停止键”。遵义市各地还充分运用广播电视、新媒体等平台多层次、多角度做好宣传工作，积极引导家长树立科学的教育观念、正确的成才观念，理性对待校外培训，切实减轻孩子的课业负担。截至 2021 年年末，遵义全市治理了培训机构 1393 所，整改合格 1066 所、停止办学 93 所、限期整改 234 所。现有义务教育阶段线下培训机构 554 所，已压减 14 所，暑期休业停开 540 家。

2021 年暑假期间，遵义市教育局指定红花岗区作为市级试点，该区 9 所学校运动场向公众开放，获得市民点赞，为全市推广积攒了丰富经验。全市其他县（市、

2021 年遵义市中小学生田径运动会暨青少年田径锦标赛

区）选择 3—5 所中小学作为试点，开展暑期托管服务。

推进课后服务是实现“双减”目标的重大举措。红花岗区、汇川区、绥阳县、道真仡佬族苗族自治县（以下简称“道真县”）等迅速发布了义务教育阶段学校课后服务公告，各相关学校相互借鉴，“菜单式”推进课后服务全覆盖。

铜仁市

铜仁市结合实际、积极探索，制定了《铜仁市落实“双减”工作二十条》（试行）、《市教育局等十三部门关于铜仁市校外培训机构专项综合治理工作方案》等政策措施。为深入了解 “双减”工作推进过程中存在的困难与问题，2021 年 9 月 15 日，市教育局组织主城区部分公办学校校（园）长召开“双减”工作调研座谈会。会上，各参会学校负责人分别就开展“五项管理”、落实“双减”工作、推行课后延时服务等工作情况进行了一一发言。总的来看，全市主城区学校均结合学校地域、生源等情况综合考虑，制订了适合本校的相关方案。在手机管理方面，各个学校都有自己的一套行之有效的管理措施与办法；个别学校因留守学生较多，为方便父母与子女沟通，允许学生带老人机进校，或在教室走廊安装爱心电话。在作业管理方面，按照规定，小学一、二年级都不再留书面家庭作业，部分学校会布置少量阅读任务，小学三至六年级书面作业均不超过 60 分钟。在睡眠管理上，各校更加重视学生午休的时长与质量保障，并科学地对课程时间进行了调整。

在课后延时服务推行方面，各校都能充分参考学生家长的意见，普遍开展“作业辅导 + 社团活动”相结合的课后延时服务活动。如铜仁市第二小学开设了音乐素养、表演、跳绳等 8 个社团，正在招募其他社团的加入，目前自愿参与课后延时服务的学生达到半数，且高年级学生的积极性较高。在“控辍保学”工作方面，各校均严格按照“双线”管理、“七长”责任制有关要求，制定了有针对性的“控辍保学”措施，加强日常监管。如铜仁市第十一中学实行全封闭管理，每天“五查”

考勤，每堂课开始教学之前教师须清点学生并签到打卡，学校将责任层层压实，进行网格化管理。会议要求全市提高政治站位，充分认识“双减”工作这项重大民生工程的重要意义；要落实立德树人根本任务，坚持学生为本，强化学校教育主阵地作用，构建教育良好生态，促进学生全面发展、健康成长；要细化方案，做好“双减”的落地措施，因校制宜做到“一校一案”，并在实施过程中不断修正完善，确保“双减”工作有力有效；要压实责任，确保减负不减质。教师要回归课堂，多思考如何用好课堂高效教学；学校要继续加强管理，把好义务教育阶段高质量发展的“方向盘”；要解决问题，在“双减”工作落实过程中要善于发现存在的问题并积极主动分析研判，让“双减”工作高质量平稳推进；全市各校要继续加大德育工作、安全工作和“控辍保学”工作力度，确保学校教育教学高质量有序开展。

铜仁市推行课后服务“5+2”模式，即学校每周5天都要开展课后服务，每天至少开展2小时，结束时间与正常下班时间相衔接。课后服务主要安排学生做作业、自主阅读，开展体育、艺术、科普以及娱乐游戏、拓展训练、社团及兴趣小组活动，观看适宜儿童的影片等，对个别学习有困难的学生给予辅导帮助。坚决防止将课后服务变相成为集体教学或“补课”，更不得利用周末进行补课。

黔西南布依族苗族自治州

为贯彻落实中办、国办的“双减”意见，进一步促进民办教育健康发展，和谐稳妥推进“双减”工作，根据《贵州省教育厅关于成立“双减”工作专班的通知》精神，黔西南州教育局成立了“‘双减’工作专班”。为配合“双减”政策，黔西南州纪委监委立足职责定位，强化靠前监督、跟进监督，持续督促职能部门主动落实主体责任，强化学校的教育教学主阵地作用，深化校外培训机构治理，切实落实好“双减”政策，着力增强人民群众的教育获得感、幸福感。

黔西南州纪委州监委结合开展“我为群众办实事”实践活动，把校外培训机构违规办学治理列入漠视侵害群众利益问题专项治理工作中，加大监督检查和查处整改力度，针对校外培训机构违规办学、公办教师兼职取酬等突出问题跟踪督办、不留死角。同时，州纪委州监委派驻第八纪检监察组切实发挥“探头”作用，与州教育局联合组成检查组，聚焦课堂提质、作业减负、课后服务、校外培训机构整治等举措落实情况，采取听取汇报、实地走访、查阅资料、明察暗访等方式，深入有关县（市、新区）学校、校外培训机构，对全州教育系统落实“双减”政策情况进行监督检查，及时指出检查过程中存在的问题并推动整改。

为分阶段在条件成熟、规模较大的新市民社区建设“工会爱心托管中心”，州总工会科学统筹谋划，制订印发《新市民社区工会爱心托管中心示范建设工作方案》，经过深入调研、规划设计、选址建设，由社区提供场地，州县两级工会

黔西南州义龙新区新市民第一小学开设课外科普课程，巩固“双减”成果

整合资源，统筹开展创建。创建的“工会爱心托管中心”设置了图书阅览室、舞蹈健身室、课业辅导室、棋艺游乐等功能区，配备儿童专用的小桌椅、专用书架、儿童读物。同时，每个“工会爱心托管中心”配备 1—2 名大学生志愿者和工会爱心志愿者，设施功能完善。

此外，州总工会以“子女托管放心、父母务工安心”为服务宗旨，无偿托管照顾每天 4 点半放学后无人看管的六年级以下的新市民子女，有针对性地提供课业辅导、礼仪、益智、兴趣爱好等活动，增强新市民子女的综合素质，使其尽快适应新环境、融入新生活。

“双减”：教育回归初心　孩子快乐成长

遵义市新蒲新区白鹭湖小学，科学有序开展“幼小衔接”，实施零起点教学。一年级老师教学办公均在教室，无缝对接学生，帮助一年级新生规范课堂行为、掌握学习方式、培养学习习惯，快速适应小学生活。同时，优化教学方式，在全校实施三步五环（三步指课前独学、课中共学、课后延学，五环指独学、导学、合学、展学、延学）的课堂改革，以着力培养学生的自主学习能力、团队合作精神、展示表达能力，通过“共享课堂”的打造，达到“高效课堂”的目的。

“课程是学校提供给学生的跑道，有什么样的课程就将培养什么样的学生，这一点很关键。”遵义市红花岗区老城小学校长付文进如是介绍。该校结合“静待花开”办学理念，注重课程建设、丰富学习形式、优化服务内容，实施“百花课程”，从基础性课程（培根课程）、拓展性课程（护苗课程）、综合性课程（花艳课程）等方面渐进开展教学活动，开发贴近学生生活、涉及面广、选择性多、知识性强、趣味性浓的课程，让学生有多样化、个性化选择，推动课后服务提质升级，在减轻学生负担的同时激发学生的学习兴趣，促进学生德智体美劳全面发展。

从 2021 年秋季学期开始，遵义市按照“全面覆盖、保证时间、提高质量、强化保障”的要求，全市义务教育阶段学校均以“一校一案”制定完善了课后服务具体措施，实现义务教育学校全覆盖、有需要的学生全覆盖。课后服务推行“5+2”模式，即原则上学校每星期的 5 个工作日开展课后服务，每天服务时间不少于 2 小时，结束时间与当地正常下班时间衔接；对家长接孩子有特殊困难的学生，提供延时托管服务。有条件的初中学校，在工作日晚上开设自习班，结束时间不得晚于 20:30。在课后服务时间内，学校指导学生认真完成作业，对学习有困难的学生进行辅导与答疑，为学有余力的学生拓展学习空间，开展丰富多彩的文体、科普、艺术、劳动、阅读、兴趣小组及社团活动。与此同时，学校一方面加强作业统筹，协调各学科作业量，合理调控作业结构，严控学生作业量；另一方面着力提高作业质量，布置分层、弹性、个性化作业，严格做到一、二年级不留书面家庭作业，三到六年级书面作业完成时间不超过一小时。

新蒲新区白鹭湖小学建立了“双减”保障机制和工作措施，在广泛征求教师、家长和学生意见的基础上，结合学校所能、学生所好，推出了合唱、古筝、竹笛、写作、书法、小主持、绘画、花样跳绳等 17 个表演类、艺术类、体育类社团的相应课程。

“学校的服务能力水平毕竟有限，下一步将充分发挥少年宫、科技馆、美术馆、高等院校以及各类协会团体的教育基地作用，探索整合校外资源和课堂时间，开展形式多样的研学活动。同时，我们还打算引导更多的家长志愿者和有一技之长的社会人士加入进来，全力提升课后服务的门类和质量。”白鹭湖小学校长李世波表示，除了确保课后服务的时间和项目外，全体老师还形成了一个基本共识，那就是要把课堂作为教学的主阵地和师生交流的主要平台，向 45 分钟要质量、向课堂要效果，引导孩子们学知识、长见识、悟道理，真正达到减负增效的目标。

减轻学生过重的作业负担是“双减”的主要任务之一。遵义市各县（市、区）教育主管部门和各学校纷纷对标对表，从严控总量、提高质量等各方面把政策落细落小，把以前过重的作业负担压减下来。同时，坚持疏堵结合、标本兼治，由

望谟县实验小学大力开展足球训练

18家市直部门联合出台实施《遵义市校外培训机构专项治理方案》，进一步堵住“校内减负、校外增负”的口子。

为确保“双减”政策落地见效，2021年秋季学期开学之际，遵义市教育体育局派出15个督战组深入中小学校调研，进一步听意见、察实情、破难题。遵义市第四初级中学有关负责人表示，将以促进学生身心健康发展为指导，严格落实责任教师与管理措施，增强课后服务的吸引力和有效性，不断拓展学生的学习空间，满足家长接送便利和学生巩固学习成果的需要。

遵义市正安县第七中学采取三条举措落实“双减”：一是提高课堂时效，细化作业管理。“双减”的目的是让教育本真回归校园，向课堂要实效。该校根据具体学情进行集体备课，形成针对性教案，让45分钟的课堂饱满而有实效；按每周课表统筹确定每天布置的作业完成时间不超过90分钟，建立教师“先做作业”制度，针对学生的能力和书写等因素把作业划分为必做、鼓励做和选做三个层次，让学生愿做、会做、能做。二是积极开展社团活动，提高学生的综合素质。社团是必不可少的第二课堂，是第一课堂的延伸，是培养兴趣爱好、扩大求知领域、陶冶思想情操、展示才华智慧的广阔舞台。校团委统筹建立了书法、国防教育、体育、朗诵、音乐等 30 多个社团。每天 18：00—19：00，指导老师定时间、定内容、定地点地组织学生扎实开展丰富多彩的社团活动。三是培养学生的良好习惯，成就美好人生。良好的身体是成就事业的前提。根据“每天锻炼不少于 1 小时”原则，课间操或早自习在体育老师、班主任或者班委的带领下，各班同学有计划地锻炼身体。

“腹有诗书气自华”，各班级科学制订阅读计划，每一个学生在图书室、校园角落、教室等认真完成每天的阅读任务，以阅读开阔视野，帮助学生培养独立思考的能力。

借“双减”契机，安顺实验学校进一步探索课程标准引领下的备、教、学、评、研一体化的教学格局。一是年级组统筹，实现作业减负。严格控制书面家庭作业总量，合理研判预计完成时间。学科备课组统筹安排，以教材单元、章节为单位，利用集体备课提前设计作业次数、内容及每天作业所需时间；班级统筹兼顾作业

贵阳市南明小学组织一年级新生开笔礼

新蒲新区白鹭湖小学学生进行书法创作

总量，确保各学科之间的作业量相对均衡；年级组整体调控对每日作业进行把关、审核，填写年级作业情况报备单，交学校教务科进行报备，教务科在日常教育教学中严格督查执行。确保小学一、二年级不布置书面家庭作业；三至六年级每天书面作业完成时间不超过 60 分钟；初中每天书面作业完成时间不超过 90 分钟。二是主题式作业，实现学科整合。以单元设计主题式作业的思考和操作，对学习资源进行重新整合，作业设计紧扣学科课程标准要求，符合教学内容，贴近学生实际。单元设计主题式作业有利于拓展学生的知识视野，融通学科，使学科外延得以充分展开，构建大学科。三是实践性作业，实现知识内化。在常规作业的基础上，注重设置探究性、实践性作业，探索跨学科、综合性作业，将笔纸化作业与实践性作业相结合，达到复习巩固、拓展思维、检验效果的目的，实现知识内化。四是趣味式作业，实现学有所乐。为避免学生将作业当负担，从而产生厌学情绪，作业设置上注重趣味性，通过作业激起学生的学习兴趣，推行学而乐思。

平塘县各中小学全面落实“双减”政策，有效解决部分家庭孩子作业无人辅导、学生课后无人监管等社会难题，进一步增强了教育的服务能力，促进学生全面健康成长。

平塘县实验小学采取集中辅导与自主管理相结合的方式，实施“5+2”课后服务管理，每天 15：40—16：40，分年级、分时段开展丰富多彩的健美操、舞水龙、葫芦丝、民族绣、合唱等 50 多项社团活动。16：50—18：50，教师轮流看护学生完成作业，极大减轻了学生和家长的负担，让学生能有更多时间参加学校的社团活动，培养兴趣爱好。

平塘县实验小学五年级学生李文屹说：“我们的作业大大减少了，并且在老师的帮助下，我们在学校就能完成作业，回家之后就是阅读课外书籍。我非常喜欢学校的社团活动，因为完成作业后，心情也轻松了，根据自己的兴趣爱好选择相应的社团参加活动，让我们的校园生活既轻松又快乐。”

德智体美劳均衡发展，福泉市陆坪中心小学啦啦操比赛

4

第四章 重公办 促均衡 聚三新

加快建设高质量基础教育体系，大力营造基础教育发展良好生态，让人民享有更公平而有质量的教育。2021年，贵州省教育厅全面贯彻党的教育方针，落实立德树人根本任务，围绕“1358”工作重点，聚焦党史教育、公办强校、“三新”改革、教育管理、控辍保学、关心关爱等工作。

■　强公办暖民心——办人民满意的教育

“贵州最高学府”圆梦“完小”

这所小学地处海拔 2360 米的大山之巅，得到“贵州最高学府”称号；常年云雾缭绕，又被称为“云端上的小学”。这里是六盘水市钟山区大湾镇海嘎小学。

2021 年 6 月，海嘎小学创校以来的第一届六年级毕业生顺利升入中学，由此海嘎小学已经是一所“完小”了。而 2014 年，海嘎小学曾经只剩下 1 名老师和 8 个学生，只有 1 个学前班、1 个一年级、1 个二年级……

1964 年创办的海嘎小学，一直承载着当地孩子的读书梦。因山高路远，自然条件、生活条件恶劣，很长一段时间都是代课教师驻守海嘎小学。后来，教育局分配来的正式教师，来了又走，走了又来，长期坚守下来的寥寥无几。2002 年，28 岁的郑龙从山下的学校调任海嘎小学校长。怀揣着青春的梦想，郑龙来到这所贵州海拔最高的小学任教，从韭菜坪山脚到海嘎小学要走 20 多千米，郑龙和老师们起起落落走了 20 年，终于将这所村小办成一所公办完小。

未通公路之前，一切生产、生活、学习的物资都是靠“人背马驮”，生活贫困加上自然条件恶劣，海嘎村的孩子们在海嘎小学读两三年书，便辍学回家了。如果继续读书，就得走到山下，到大湾中心校。在以前的交通条件下，每天往返

知名音乐人为海嘎师生“送音乐上山”

需要七八个小时，而且孩子们年龄小，大人根本不放心孩子下山求学；以往海嘎村的辍学率非常高。

2015 年，郑龙兼任大湾镇腊寨小学校长，他在腊寨小学结识了顾亚、熊伟红等一批有思想、有活力、刚开启教书生涯不久的年轻教师。郑龙不断给顾亚等几名年轻教师做工作，动员他们一起为大山里的孩子们做点什么。2016 年，郑龙带领 4 名教师回到海嘎小学，打造了共有 9 名教师、近百名学生的新的海嘎小学，一年级至六年级，完完整整。

天气晴好时，郑龙和学生们站在校园里就可以看到 2900.6 米的贵州第一高峰韭菜坪。既然是“最高学府”，就得有点特色和响动，把师生的心“燃”起来。

老师们有了一个大胆的想法——在搞好正常教学的同时，让孩子们学乐器、组乐队，用音乐拨动心弦，用音乐打开心灵的窗户，还把乐队的视频传到网上。不曾想，“大山孩子玩音乐”的视频在互联网上“火”了，得到了万千网友的点赞和关注。来自苏州、广州等地的爱心企业和热心人士不远千里地将 20 面手鼓、16 把吉他、11 把尤克里里，还有架子鼓、电钢琴、贝斯等乐器捐赠给了学校。乐器丰富后，孩子们的兴趣更足了，不到两个月就能跟得上节奏、认得乐谱，还能自弹自唱。

海嘎小学先后组建了“遇”乐队和“未知少年”乐队。有了音乐的引领，孩子们曾经的胆小怯生、不自信消失了，成了一个个充满阳光的自信少年。

夏夜璀璨星空下，海嘎小学的师生开了一场摇滚演唱会，并上网直播，142 万人在抖音上观看了他们的演唱会直播并纷纷点赞。那一晚，师生们离星星最近、离音乐梦想最近、离教育的光明未来最近。

贵州海拔最高的学校，以音乐之翼带领学生快乐飞翔。从海嘎小学所在的“贵州屋脊”望去，全省各级各类学校 20702 所同样是书声琅琅、生机勃勃。

苗乡侗寨的孩子沐浴学前教育好时光

“我女儿很喜欢上幼儿园！”黔东南州凯里市龙场镇中心幼儿园中（2）班龙英的妈妈耿启俊说，“以前只有临时学前班，那时，两三个孩子挤着一条木凳子，老师在破破烂烂的黑板上写着拼音，孩子们跟着老师死记硬背，学没学好，玩也没玩好。现在建起了公办幼儿园，这么漂亮，玩具这么多，老师经过幼儿教育的专业训练，还有营养餐，看到龙英每天蹦蹦跳跳、高高兴兴地跑进幼儿园，我们去上班也安心。”

“龙场镇中心幼儿园是 2012 年 4 月启动修建的第一期学前教育行动计划新建的农村公办幼儿园。”凯里市教育和科技局党组书记、局长姚文明介绍说，该园不但改写了龙场镇没有幼儿园的历史，也让当地的孩子能够就近入园并接受良好

凯里市龙场镇中心幼儿园师生蜡染作品展示

凯里市少年儿童向国旗敬礼

凯里经济开发区第一小学建成投用，从“有学上”到“上好学”

的教育与细心的照顾。

实施学前教育行动计划以来，凯里市抢抓机遇，乘势而上，农村公办园“从无到有”，全市幼儿园数量增了1倍，其中公办园数量增了18.6倍。10年来，凯里市大胆改革，先后实施“集团化办园”“教研指导责任区”“农村资源中心”，积极探索“幼小衔接”“游戏改革”“民族文化进幼儿园”等，推进科学保教，让大山里的孩子在学前教育快速发展的春天里共沐好时光。

凯里市曾经只有5所独立的公办幼儿园，分别是政府机关和企业移交给教育部门接管的幼儿园，小学附设学前班70所，集体办园2所，民办园55所，全市学前教育三年毛入园率只有70.1%。“自家子女就近入园很难，当时三棵树镇有些家长想让孩子上幼儿园，只能送到城区的民办园就读。”时任凯里市三棵树镇教育辅导站站长的黄德琴说道。

国家启动实施的学前教育行动计划成为凯里市学前教育的春风，凯里市制定实施了第一期学前教育行动计划。10年来，全市共投入资金4亿多元，新建、改扩建公办幼儿园95所，总建筑面积达13.6万平方米，增加了14430个学位。按照“十二个班10亩以上、九个班8亩以上”的要求划地建园，做到“把最好土地用于发展学前教育”，每年都把学前教育建设项目列为中共凯里市委、市人民政府“十件实事”之一抓落实。实现“每个乡镇（街道）至少有一所公办幼儿园”“大部分行政村有公办幼儿园”的目标，即便在一些偏远山村，适龄儿童也能在家门口入托幼儿园。

“现在国家政策好，村里的幼儿园收费低，还有营养餐补助，给我们家长减轻了很大的经济压力。”炉山镇中心幼儿园洛棉村分园的家长杨胜林说。凯里市村级园每生每月收取保教费不超过200元，从2016年12月起自筹资金实施了“农村学前教育营养改善计划”，农村幼儿园和移民安置点幼儿园在园幼儿每人每天补助8元的伙食费，贫困家庭在园幼儿每年还有500元的补助，让农村的孩子都上得起幼儿园。

2010年以来，凯里全市各类幼儿园总数从132所增加到246所；在园幼儿从12038人增加到27402人；公办园从5所增加到93所；学前教育三年毛入园率达到105.3%，普惠性幼儿园覆盖率达到83.1%。学前教育普及普惠水平得到较大提升，凯里市“基本普十五”顺利通过省人民政府的督导评估验收。

新蒲新区增加5000余个基础教育学位

“新蒲新区目前有11所学校在建，2021年投用幼儿园4所、小学3所、初中2所，新增加5000多个基础教育学位。”遵义市新蒲新区教育科技局教育服务中心主任丁力如是说。

2021 年 9 月 10 日，遵义市教育高质量发展大会暨庆祝第 37 个教师节表彰大会举行

丁力介绍道，新蒲新区经过10多年的发展壮大，经济增长、人气汇聚、社会和谐。基础教育领域，从 2014 年学生人数不足 3 万人，到 2020 年已达到 6.5 万人。面对翻番增加的受教育需求，新蒲新区未来 5 年内还将新建幼儿园 35 所、小学 13 所、初中 4 所、高中 3 所（含职校）、特殊教育学校 1 所，新增学位 12870 个。

2021 年 3 月，走进位于新蒲新区播州大道北侧的新蒲新区第五小学和蔷薇国际幼儿园项目的建设现场，工人们正在紧张施工，一片忙碌。现场负责人介绍说，该项目小学部分的教学楼第五层、行政楼第三层、学生食堂第二层都在进行支模，教学楼第一层已经开始砌内墙，幼儿园主体工程已完工，正在进行室内外装饰，整个工程将按时完工交付使用。

新蒲新区第五小学将开设 36 个教学班级，蔷薇国际幼儿园将开设 18 个教学班级。新蒲新区目前在建的学校还有幸福小学、遵义天立国际学校二期工程、第四中学实验初中（新蒲四中）、滨湖中学二期工程等。面对新增的学校和猛增的受教育群体，组建打造一支优质优秀的教师队伍也稳妥推进：2019 年新蒲新区免师生签约数为 16 个，2020 年达到 77 个；2019 年研究生签约数为 32 个，2020 年达到 36 个；2019 年新增教师数为 189 个，2020 年增加到 277 个。

新校、新楼、新老师、新学生、新理念，新蒲新区的未来也是崭新和光明的。

民族地区基础教育质量和水平“双提升”

2021 年 7 月 8 日，贵州省政协调研组到黔南州独山县专题调研民族地区基础教育建设情况。省、州、县三级政协的有关同志深入教育一线进行实地调研。

我省民族地区基础教育质量提升行动计划（2021 年—2025 年）共分为三个子项目，即乡村振兴优质特色学校建设支持专项行动、民族地区中小学高质量发展支持专项行动、民族地区基础学科（领域）质量提升专项课题，旨在全面提高贵州民族地区教育质量和水平，引领带动促进民族地区基础教育质量的全面提高和特色发展。2021 年以来，独山共有独山县第二中学、影山镇友芝小学、上司镇打羊小学、下司镇星朗小学、玉水镇玉水小学和温泉小学六个项目点实施民族地区基础教育质量提升行动计划。

调研组深入影山镇友芝小学、下司镇星朗小学，实地了解学校的基本情况以及项目申报和启动、地方民族文化进校园、学生技能特长发展等情况。

调研组对独山县民族地区基础教育质量提升取得的成效表示肯定，并进一步要求各有关部门和项目学校要立足实际，探索建设高质量基础教育体系的有效途径，培育创建优质特色学校和优秀教学团队，培育 2—3 个优势特色学科，促进学生全面发展；要通过项目实施，加强教育内涵建设，健全质量管理制度，深化育人模式改革，确保在“十四五”期间，实现质量保障服务能力明显提升，项目学校办学水平显著提高，促进独山基础学科教学质量和特色发展明显提升。

修文县打造心学圣地“教育圈”

拟规划建设学校 15 所、2022 年预计新增学位 2520 个、15 分钟生活圈入学……随着贵阳市“强省会”行动强力推进，修文县区位、交通、文化等各方面的综合优势越加凸显，全力打造心学圣地“教育圈”，推动修文教育高质量发展。

2021 年，修文县制订《修文县优化教育资源布局暨乡村振兴基础教育设施建设“十四五”规划》，完成固定资产投资 2.4297 亿元，建筑面积 26.17 万平方米，新增学位 20160 个。其中，列入省、市级“十件实事”之一的项目全部完工，中央和省级补助资金项目建设完工单体 38 个。

未来 5 年，修文县拟规划建设学校 15 所，含幼儿园 7 所、小学 6 所、中学 2 所，总用地面积 896.2 亩，建筑面积 24.99 万平方米，计划总投资 161287 万元，共新增各级各类学位 23850 个。此外，全县的乡镇初中，除保留扎佐中学、久长中学和六桶中学外，其余的乡镇中学全部撤并至县城规划区新建办学。力争引进一所优质的中高职乃至本科院校入驻修文县域内。

百年大计，教育为本。修文县加大资金筹措力度，保障教育建设经费投入，早谋划、早安排、早启动，严格按照规划的时间节点抓好抓紧抓实项目建设。在 2022 年，续建修文县第五小学、修文县第七幼儿园，开工建设修文县第五中学、德政小学，启动修文县第八幼儿园；2023 年，启动建设修文县第九幼儿园、扎佐第五幼儿园、修文县第十幼儿园；2024 年，启动建设修文县第六小学、久长第三幼儿园、扎佐第六幼儿园；2025 年，启动建设久长第四幼儿园、扎佐第五小学、修文县第六中学。

为实现“15 分钟生活圈入学”的教育目标，修文县规划了三个城镇“15 分钟生活圈”——龙场生活圈、阳明洞生活圈、玩易窝生活圈。结合修文县城的实际情况，三个圈的学生交叉入学，打捆测算学位。当前，公办幼儿园现有学位 1890 个，小学现有公办学位 10260 个，初中现有公办学位 4200 个。2022 年，修文县将加快修文县第五小学、修文县第七幼儿园的建成投用，新增小学学位 2160 个，不断满足小学阶段圈外在圈内就读需求；新增幼儿园学位 360 个，补足幼儿园学位缺口。

修文县将学校体育场馆开放列入公共场馆开放计划，统筹推进开放工作，建立健全场馆开放相关制度，做到有方案、有预案。目前，全县 49 所学校的体育场馆已经面向社会开放，实现能开尽开，已接待入校健身的市民 5000 余人次。

伴随“强省会”战略的铿锵足音，修文奋力打造心学圣地高质量“教育圈”，更好满足人民群众的受教育需求。

“马爷爷”千里支教办学记

马钢民年过花甲，满头银发，每天行走在锦屏县第四中学（以下简称“锦屏四中”）校园里，步履匆匆却神采奕奕。过去两年，黔东南州锦屏四中的师生们，熟悉并喜欢上了这位来自千里之外杭州富阳的支教校长马钢民。学生们给校长写信时，抬头总写——“马爷爷，您好！”

马钢民是杭州市富阳区三桥中学原校长、青云辅导学校校长。2018 年，60 岁的他自愿报名加入教育部和财政部联合推出的“银龄计划”，远赴贵州，担任锦屏四中校长，开启了自己退休后又一段激情燃烧的岁月，把一所薄弱学校办成了当地小有名气的优质学校。

提前准备好两万字治校“药方”

2018 年 10 月，马钢民满龄退休。家人暗暗高兴，退休后可以和老伴一起带带孙子，休息休息，享享天伦之乐。当得知“银龄计划”（招募优秀退休校长、教研员、特级教师、高级教师等到农村义务教育学校讲学，促进城乡义务教育均衡发展）后，马钢民跃跃欲试，他老伴却强烈反对。“好不容易盼到退休，可以好好休息并陪伴家人了，怎么还要千里支教？况且还患有高血压，身体能承受千里支教的奔波劳碌吗？”马钢民坚持要去，深知他有教书育人情怀的老伴，还是默默地为他收拾好行李。

马钢民老师到田间地头家访

当时锦屏四中有 4 位教师在富阳区参加岗培，马钢民专程去找他们聊天，提前对这所素未谋面的学校进行全方位了解。

从报名到正式出发的 4 个半月里，马钢民根据自己从教 40 余年的经验，为锦屏四中提前“把脉”，开出了两万多字的治校“药方”——《锦屏四中全员班级管理实施方案》，构建了师德、班级、班主任 3 个量化评价制度和教学教研量化评价制度，规划了“全员育人，分层教学，完善评价，创新发展”的工作思路。

“全员育人”和“分层教学”是马钢民的两招绝活，之前在富阳区三桥中学实施得很不错。“分层教学”实验成果曾获得浙江省教育教学科研论文一等奖。由于 2004 年他调任富阳区青云辅导学校，因此这两招尚未一起使用过。“退休时我就有些许遗憾，没想到，支教给了我实现梦想的机会。”在马钢民看来，虽然富阳和锦屏的经济、文化有差异，但是育人没有差异，治校没有差异，教育管理的基本理念没有差异。

到贵州之前，他就针对学校中层干部、教师、学生三个群体精心准备了三节课。从师德、教育教学到党的方针政策，马钢民把自己从教几十年最想说的话都写进了教案里。出发前，马钢民还熟记了学校 27 位中层管理人员、40 位班主任的情况。“第一天开会，我就喊出了 40 位班主任的名字，你说他们感觉亲切不亲切？”马钢民笑着回忆说。

两年时间，两千多名学生悄然转变

锦屏四中是锦屏县唯一一所全寄宿制学校，2018 年由当地政府投资 1.5 亿元兴办。全校 2100 多名学生都来自锦屏县 4 个被撤并的偏远贫困乡镇的镇中学。其中过半学生来自建档立卡贫困户家庭，留守学生近千人，单亲、孤儿、残疾等特殊学生 250 多人。困难和差距，明明白白地摆在马钢民和全校教师的面前。

虽然提前做了充分准备，初到锦屏四中的马钢民还是有些吃惊——校园很漂亮，校风很涣散。“不少学生染发、文身，学习基础比较薄弱。混到初中毕业证书就出去打工，竟然是不少同学对未来的共识。”马钢民说，让他印象最深刻的是，每天吃完早餐后，差不多过了一节课的时间才是早自修。但是，这一段学习的好时间，几乎没人看书，教室和走廊一片打闹声，甚至还有学生在宿舍睡懒觉。少部分老师则是有课才来，上完就走，对学生德智体美劳的培育完全不考虑。

马钢民意识到改变学风刻不容缓。每天早晚自修前，他增加了让学生朗诵 20 分钟的环节，朗诵的内容由学生自己在课本中选定。晚自修则实行分层教学，愿意学的学生可以留在教室多学 1 个小时。身为校长的马钢民更是每天起床比学生早，查看早自修情况；睡觉比学生晚，巡查每栋教学楼、宿舍楼无问题后才休息。马钢民把学生教育按照日常行为规范养成训练分成勤学守纪、礼仪卫生、体艺活动、文明用餐、寝室自律、综合教育六大块，形成了学生教育全方位、学校管理全时段，师生全员参与、齐抓共管的学校教育新模式。“我不仅要求学校中层干部下沉到班级里，自己每周也一定会给所有学生上一小时的行为习惯养成课。”马钢民毕竟不是年轻人，常常累得疲惫不堪，但只要校园里传来琅琅读书声，看着师生们的精气神越来越足，他就有使不完的劲儿。

两年里，马钢民将自己几十年的教学经验一点点在锦屏四中打下烙印。为提高教师的教学水平，他组织富阳支教教师和锦屏本地教师一起设计丰富有趣的教研活动，互帮互学、共同进步。每学期组织锦屏教师去富阳培训，还开创了锦屏四中中层干部竞聘上岗的先河。

在潜移默化中，量变产生质变。2019 年中考，锦屏四中考入全县前 100 名的学生数从 2018 年的 10 人上升到 18 人，考上锦屏中学的学生从 2018 年的 65 人上升到 86 人。而参加 2020 年中考的这届学生，一段时间语文、数学两门课总分只有 5 人进全县前 100 名；中考时，有 15 名学生进入全县前 100 名，1 名学生还排在全县第 5 名。虽然考试成绩不代表一切，却证明了马钢民的辛勤付出没有白费。

马钢民和学生在一起总是笑逐颜开

学校就是孩子们温暖和快乐的“家”

初中阶段是学生形成世界观、人生观、价值观的重要阶段。锦屏四中学生当中的留守儿童多，不少孩子长期与父母分隔两地。普遍缺少父母关爱，会影响孩子们健全人格的形成。

每到星期五，学生们会回家过双休日。马钢民发现有个学生每次回家都要拎一个大箱子，一问才知道，里面全是方便面。因为父母都不在家，留守学生周末回家后只能一日三餐凑合着吃。一部分离学校比较远的学生，往返车费 100 元，一个月下来也是一笔不小的开支。

马钢民决心为孩子们建一个周末活动基地。他多方求助，富阳派驻锦屏挂职的副县长俞小康也热心支持，争取到富阳区慈善总会 100 万元资金支持，建成了双休日活动基地。从此，每到周末，学生可自愿报名留校参加免费的基地活动。最高峰时，有 670 多名学生选择留校过周末。有学生在日记里写道："我在四中感受到的是'家'的温暖和快乐，校长和老师就是我的亲人。"

马钢民刚到锦屏四中的第三天，就去家访一名辍学学生小吴。小吴家不仅是单亲家庭，其父亲还是残疾人，经济极端窘迫，这让小吴不得不辍学去广东打工。马钢民当场拿出自己的 2000 元工资帮助小吴，接着组建"手拉手基金"，帮助其他贫困学生继续完成学业。如今，已有 51 位热心人士和两个团队结对帮助 132 名贫困学生，这一数字还在不断攀升。

马钢民在校园的显著位置挂上"校长信箱"，这成为他与学生笔谈沟通的重要渠道。学生们来信的开头，基本都深情地写着"马爷爷"，简单的三个字里充满了感谢和信任。

"马爷爷，您让我们第一次穿着锦屏四中的校服走在大街上，我突然有一种特别自豪的感觉。"

"马爷爷，您是否记得，这学期刚开学时，您来过我家一次。得知我的眼睛出问题，家里经济很困难后，您帮我筹集了手术费。我眼睛恢复后，第一件事就是写信感谢您。"

"马爷爷，您联系了这么多爱心人士帮助家庭困难的同学，我就是其中之一。1000 元，是我整整一年的生活费。我一定会好好学习，长大后回报社会，回报他人。"

两年时间，马钢民播下教育大爱的种子，不仅在锦屏四中硕果累累，也给全县教育带来一股清风和暖流。中共锦屏县委、县人民政府领导对马钢民的支教工作给予了"成功来之不易，成效有目共睹，经验值得推广"的高度评价。

“学在南明” 均衡发展

教育是最大的民生工程、民心工程。2021 年 9 月，贵阳市南明区教育局与首都师范大学附属实验学校签署“合作共建”协议。首都师范大学附属实验学校将与南明区携手合作共建 1 所初中、2 所小学，南明区在推动义务教育优质均衡、教育提质发展方面又迈上一个新台阶。

多年来，南明区紧紧围绕学位补短、师资队伍建设、学前教育公益普惠、义务教育减负提质等工作，强化保障能力，突出教育质量，大力推进教育均衡优质发展。“十三五”期间，全区教育投入 60 多亿元，新建、改扩建学校 47 所，提升改造学校 58 所，新增学位 3.2 万余个，名列贵阳市前茅。学前教育公办率、普惠率大幅提升，自 2017 年全市实行教育质量监测以来，南明区连续 4 年名列全市第一。

2021 年，南明区继续扩大优质教育资源供给，拟新建、改扩建中小学、幼儿园 10 所，新增学位 5640 个；85 间标准化考试教室改造已全部完成；持续推进第一批 24 所学校创新课程建设，全面启动实施第二批 20 所学校创新课程建设；全力以赴推动学前教育普及普惠发展，学前教育公办率达 60.18%、普惠率达 91.22%。

目前，南明区已开办高起点优质学校 30 余所，涌现出贵阳十一幼、甲秀小学、贵阳十八中等一批优质幼儿园、小学、初中，并以“名校领办、集团办学”为理念，扩大优质教育资源的辐射带动作用，先后打造了 13 个品牌教育集团，涵盖 172 所学校。

百年大计，教育为本；教育大计，教师为本。南明区着力加强师资队伍建设，不断优化教师年龄结构，注重教师的专业成长和学科建设，加强教师专业培养，搭建专业化发展平台，实行教师发展进阶式培养。以“国培”“省培”“市培”计划为抓手，全面实施全区教师培训，严格落实 5 年一周期不少于 360 学时的规定，进一步完善科学规范的培训制度，构建开放灵活的教师终身学习体系，促进教师专业化发展。2021 年，南明区已安排国家级培训 888 人次、省级培训 57 人次、市级培训 98 人、区级培训 18576 人次。

南明教师在各种层次的教学技能比赛、教学科学研究、专业课题研发等方面，获得国家级、省级、市级、区级表彰2000余项。2016年以来，南明区各学校骨干教师每年递增5%。2021年，骨干教师增长率更是超过10%。荣获教坛新秀、骨干教师、“三名”领衔人、市级创新人才、特级教师等称号的教师增至1200余名，他们成为南明区基础教育高质量发展的领跑者。

南明区教育系统积极回应人民群众的重大关切，持续推进实事办理、突出师资培训、强化细节管理，全力打造有特色、高质量、高水平的示范性品牌学校，提高教育服务水平，倾力打造“学在南明”教育品牌。

紧盯义务教育优质均衡、教育提质发展目标，南明区出台了《南明区关于推进县域义务教育优质均衡发展实施方案（2021—2023年）》《南明区关于深化教育教学改革全面提高义务教育质量实施方案》《南明区学前教育扩大公办率　提升普惠率三年发展计划实施意见》，持续抓紧夯实教育基础，持续推动教育创新，努力办好人民满意的教育。

聚焦“三新”　优化教育

确保“小升初”一个都不能少

从江县丙妹镇大歹村是月亮山下一个苗族同胞聚居的村寨。由于特殊的历史和文化，曾经有多少学龄儿童、有多少辍学学生都搞不清楚的大歹村，不仅有了一所拥有教学楼、师生宿舍、食堂和标准化运动场等高标准配置的完全小学，这所小学还成为教育部公布的全国首批100所乡村温馨校园建设典型案例学校。2021年7月7日，贵州省小升初整班移交现场观摩会在大歹小学举行，全省9市（州）教育局主要负责同志、基教科负责同志，省教育厅相关处室负责同志，黔东南州各市（县）教育局主要负责同志、相关学校校长和幼儿园园长参加了观摩会。

大歹小学曾经是全省基础教育的“最洼地”，这次小升初整班移交，67 名小学毕业生一人不漏地升入初中就读，教育的火种在大山深处赓续传递。曾经最滞后的大歹小学交出了一份亮丽的“成绩单”，这一惊天巨变让来自全省教育系统的干部和专家们在赞叹之余，暗下决心搞好自己区域内的教育工作。连最滞后的大歹小学都发展起来了，其他学校没有任何借口来拖延教育优化的各项工作。

观摩会指出，全省教育系统要始终把习近平总书记七一重要讲话、视察贵州时的重要讲话和关于基础教育的重要论述作为贵州基础教育高质量发展的重要指导，始终把办好人民满意的教育作为践行全心全意为人民服务宗旨的检验标准，始终把巩固教育脱贫攻坚成果同乡村教育振兴有效衔接作为学党史、办实事的重要行动，牢固树立人民至上的发展理念，坚持以学生为本，让每一名适龄儿童少年都能有学上、上好学。

观摩会强调，要一如既往地抓实抓紧抓好控辍保学工作，不断增添脱贫攻坚的成色，牢牢守住脱贫攻坚的底色。要落实主体责任。落实义务教育以县为主的管理要求，不断夯实县级人民政府控辍保学主体责任，细化“双线”责任制和“七长”负责制控辍保学责任分工，县级教育行政部门和义务教育阶段学校要主动扛起控辍保学责任，实施素质教育，让全体学生都喜欢学校、愿意来学校。要强化小升初整班移交。盯紧招生入学关键环节，精准到人抓好小升初整班移交，精准摸清移交学生底数、跟踪移交落实，确保小学毕业学生一人不漏地升入初中学校就读。要落实日调度。县级教育行政部门对所属义务教育阶段学校学生每天到校情况进行日调度，对未到校学生实行台账管理，及时发现疑似辍学学生。要落实因材施教。精准分析学情，开展差异化教学和个别化指导，通过课后辅导服务、教师“一对一”帮扶、同学“手拉手”学习等方式帮扶学习困难学生，帮助他们树立信心。初中学校在学生完成国家规定课程学习的基础上，结合学校实际可开办普职体验班、音体美兴趣班等，让每一名学生都能学有所长、学有所成。

要坚持向管理要效益，向管理要质量，通过教研服务支持、发挥责任督学作用等方式，督促和指导乡村学校落实好教学常规管理。帮助乡村学校抓住“五项管理”等有利契机，突出抓好作业管理和手机管理。要建立“以城带乡、整体推进、城乡一体、均衡发展”的义务教育发展机制，利用好集团化办学、教育联盟、结对共建、空中课堂、师资交流等多种形式，实现城区优质学校辐射农村薄弱学校，发挥优质教育的带动力，让每一所农村学校都成为优质学校，让每个农村孩子都享受到优质而公平的教育。

观摩会上，举行了北京市北海幼儿园贵阳分园与大歹幼儿园合作共建的启动仪式。

高考综合改革促进平安高考、阳光招生

普通高等学校招生全国统一考试是国家选拔人才的重要途径，事关广大考生的前途命运和人民群众的根本利益，涉及千家万户，社会各界高度关注。高考的组织保障工作事关党委、政府的公信力，责任重大、使命光荣。

为实现“平安高考、阳光招生”的总目标，2021 年高考工作安排周密细致，各环节加强流程管理，勇于改革创新，圆满顺利完成高考各项工作任务。全省普通高考报考人数 46.67 万人，共录取 41.29 万人（含高职分类招生录取人数）。

2021 年 2 月 4 日，贵州省教育厅发布 2021 年工作要点，提出促进学生身心健康发展、强化家庭教育、提升学前教育保教质量等 50 项工作内容。明确提出 2021 年贵州将制订和完善《贵州省高考综合改革实施方案》及相关配套改革方案，启动实施高考综合改革。

我省出台了《贵州省教育厅等八部门关于印发〈贵州省深化高考加分改革实施办法〉的通知》，并在高考报名中平稳落地。经过审慎而积极的调研，起草《贵州省全国普通高校本科专业选考科目要求》《选择性考试科目转换赋分办法》《贵州省全国普通高校考试招生录取工作方案》贵州省高考选择性考试科目计分办法

三个高考综合改革工作的配套文件。首次实施高考体检无纸化改革。

六个方面落实强化管理：一是完善制度及工作流程。进一步完善招生考试各项制度，制定各项工作流程。二是压实工作责任。充分发挥省招生委员会的作用，协调各部门形成工作合力，严格落实逐级培训、全员培训要求，落实各级考试招生机构责任。三是严格资格审查。严格执行政策规定，完成 8154 名外来人员随迁子女学生、15.06 万人各类高考加分考生的资格审查、公示工作。四是严肃考风考纪。通过开展考生诚信教育、严格考生入场检查、严格选聘监考人员、严肃监考环节督促管理、强化督考检查等举措，严明考风考纪。全年依法依规查处各类考试违纪违规考生 293 人。五是强化评卷组织。严格选聘评卷教师，科学设计评卷流程，严格评卷工作质量监控，确保评卷结果准确、公正。六是录取过程透明。录取工作全过程流程化、制度化，任务明确、责任到人，招生录取工作零差错；加大宣传力度，多渠道及时公开招生录取信息，举行录取开放日等活动，录取全过程阳光透明，对组织负责，让人民群众满意。

三项举措优化高考服务：一是公开信息更全面。省招生考试院网站各栏目共发布各类信息 700 余条，微信平台推送信息 500 余条；向媒体记者发布新闻信息 100 条；向考生发送手机短信 80 余万条。2021 年较 2020 年发布的各类招生考试信息均有大幅增长。二是宣传服务更丰富。除通过网站、微信公众号、主流媒体、手机短信等多渠道及时发布政策咨询外，还开展“评卷开放日”“录取开放日”活动，全方位、多角度开展考试招生宣传。三是高考服务更贴心。举办贵州省高考网博会，420 余家高校参加；开设微信公众号“院校在线”专栏，60 余所院校在专栏开展宣传，阅读量达 90 余万次；录制《我为群众办实事——高考志愿填报公益讲座》8 个小视频在贵州电视台、动静贵州 APP 和考试院官微等平台播放，阅读量达 340 万次。

贵阳市“三新”改革促进教育高质量发展

2021年9月26日，由贵阳市教育局与国家教育行政学院教育管理杂志社共同举办的“贵阳市新课程新教材新高考改革主题研讨会”在贵阳市第二中学召开。研讨会以“推进‘三新’改革，促进教育高质量发展”为主题，贯彻落实全省教育高质量发展大会精神、全省高考综合改革精神，推进贵阳市“三新”改革，促进贵阳贵安高中教育的高质量发展。

贵州省教育厅党组成员、副厅长周进做主旨演讲，国家教育行政学院副司级干部、《中小学校长》副主任韩旭，教育部中学校长培训中心主任代蕊华，贵阳市教育局党委书记、局长李华荣致辞。贵州省教育科学院院长赵敏，国家教育行政学院教育管理杂志社副社长、《中小学校长》副主编高政，省教育厅名师名校长管理办公室主任谢笠，教育部首期领航校长、四川省名校长、成都七中校长易国栋，教育部第二期领航校长、河南淮滨高级中学校长李明，教育部中学校长培训中心人力资源部主任王俭，国家教育行政学院教育管理杂志社策划发展部主任柏丹，贵阳市政府督学于和平，贵阳市教科所所长赵兵等出席。贵阳市教育局副局长齐忠主持开幕式。

韩旭代表国家教育行政学院对研讨会的召开表示祝贺。他说，《中小学校长》杂志作为国家教育行政学院主办期刊，有效帮助校长及时了解国内外教育发展形势与动态，掌握最新高考改革政策，学习借鉴同行先进的高中教学改革实践经验。与贵阳市教育局合作举办本次研讨会，是杂志理论联系实际的一次尝试，杂志社将提供广阔平台，展现贵州省特别是贵阳市各位校长办学治校与推进“三新”改革的优秀经验。

周进在主旨演讲中说，贵州省普通高中教育已经进入以内涵发展、提高质量为重点的新阶段，新高考带来的创新变革，对普通高中的职能、教学、评价与管理提出了严峻挑战。如何在课程创新、教学改革、教育评价、学校特色发展和学生个性全面发展等方面取得突破，是每一所学校必须在“三新”改革背景下思考和解决好的问题。学校要统筹规划建立课程体系，从学校定位、师资实际和生源特点出发，突出学生发展核心素养，构建层次清晰、递进有序、开放有致的学校课程体系；统筹规划三年课程修习安排，在确保课程学习的完整性、均衡性、连续性和选择性的同时，突出以减轻考试压力为导向，形成各具特点的课程修习和考试安排；统筹规划指导学生进行生涯规划，在日常教育教学中将生涯规划教育课程与职业体验有机结合，持续贯穿高中三年教育过程，唤醒学生的生涯意识，帮助学生掌握生涯规划方法。

李华荣在致辞中说，近年来，贵阳市对照“新课程新教材新高考”要求开展了一系列工作，改善了高中学校的办学条件，对教师结构进行预见性调整，开展了相关课题研究，实施了综合素质评价试点、高考改革样本校及分项实践工作，组织教育管理干部、教师到高考改革先行地区观摩培训，开设了普通高中强基计划班，实施了选课走班试点，搭建了新高考改革一体化服务信息平台等，为迎接改革奠定了一定的基础。

作为普通高中新课程新教材实施国家级示范校，贵阳市第二中学校长段丽英等也做了大会发言。

开幕式后，研讨会还进行了主旨演讲、专家微报告、贵阳二中大讲堂揭牌、优质观摩课、献课教师说课等活动。

修文县第一中学：推行“良知教育”，弘扬传统文化

明朝杰出的思想家王阳明在贵州修文龙场参学悟道，创立了流传千古的阳明心学。修文县在弘扬传统文化方面有着独特的优势。

修文县第一中学（以下简称“修文一中”）以弘扬中华优秀传统文化为己任，推行“良知教育”，积极创办“省级特色示范性普通高中”。修文一中是一所公

办全寄宿制完全中学，是阳明教育集团——修文一中集团的牵头学校，是清华大学生源学校。2015 年，为促进良知教育改革的实施，中共修文县委、县人民政府在原修文中学老校址的基础上，整合县城周边三所农村薄弱学校，压缩两所乡镇高中，建成一所全寄宿制完全中学。

修文一中是贵州省首批特色项目示范校，也是以传统文化传承为特色的学校。校园坐落于修文县城龙冈山，这里曾经是龙冈书院、修文学宫、民国省立高级中学旧址，有着悠久的文化历史沉淀。学校占地面积 70.8 亩，现有学生 1557 人、教职工 131 人、教学班级 33 个。1508 年，王阳明谪居贵州修文，在此“龙场悟道”，并创办龙冈书院讲学授徒，大启西南教化，广开黔中学智，首论“知行合一”，修文由此成为阳明心学的发源地。

赓续五百年厚重文脉，修文一中建校以来，高质量实施以中华优秀传统文化——阳明文化为切入点的良知教育改革。修文一中以“四四三”工程为支点，开展“修文修心、立德正心、教学同心、家校一心”的“四心计划”，做足“立志、勤学、改过、责善”的“四训之功”，实践“校长领航、良师大爱、大我成长”的“三大行动”，将教育教学方式从“追求分数”转向“培根铸魂”，从“传授知识”转向“启智润心”。

王阳明在《教条示龙场诸生》中讲道：“志不立，天下无可成之事。”良知教育最突出的路径就是立志。为引导学生“立鸿鹄志，做奋斗者”，申办“省级特色示范性普通高中”以来，修文一中以“人人皆可成才”为办学理念，以“笃雅”为校训，以“知行合一、立德树人”为办学特色，将王阳明治学方略“立志、勤学、改过、责善”创造性转化、创新性发展。通过开学立志、教师立志、晨读暮省、“352”小班会、考德大班会等一系列研学、研讨活动，让中华优秀传统文化在校园内潜移默化。修文一中校园时时处处充满着传统文化气息，全校师生内心的强大动力不断被唤醒、被点燃。

“立终身之志，定终身之事。未来 3 年，我将不懈奋斗，不断努力，不畏任何艰难困苦，考上大学，学习我心仪的电气工程及自动化专业，未来为建设祖国贡献力量。”修文一中学生杨晓阳如是说。

心学圣地，薪火相承。良知教育改革让修文一中的教育理念、教育方法取得重大突破，教育质量不断攀升。学校先后获得“贵阳市文明校园”、贵州省“三生四爱五心五好”示范学校、“贵州省民主管理示范单位”、贵阳市推进教育改革“教育工作先进集体”、“贵州省高考综合改革样本校”、清华大学2020年生源学校等荣誉。学校中考质量处于全市一流水平；高考一本、二本上线人数逐年攀升，近3年每年本科上线率超全省平均水平10个百分点以上。

5

第五章 大黔匠 融产教 连山海

2021年10月12日，中办、国办印发《关于推动现代职业教育高质量发展的意见》，凸现了职业教育是国民教育体系和人力资源开发的重要组成部分，肩负培养多样化人才、传承技术技能、促进就业创业的重要职责。

2021年11月，贵州省统计局发布的最新统计数据显示，前三季度全省新兴产业保持强劲发展势头。全省高技术制造业增加值比上年同期增长7.0%。新兴产业强劲增长的背后，一大批具有现代制造理念的技术工人奋战在各行各业，贵州职教系统悉心培育的“黔匠”品牌功不可没，每年为全省培养输送技术技能人才20余万人。由此，做大“黔匠”品牌，释放人才红利，为百姓富、生态美的多彩贵州新未来奠定了坚实的人才基础。

上 /2021 年 6 月 8 日，中共贵州省委书记、省人大常委会主任谌贻琴考察台江县中等职业学校
下 /2021 年 5 月 30 日，副省长郭锡文调研清镇职教城建设情况，邹联克厅长汇报总体规划

上 / 省教育厅一级巡视员鞠洪调研贵州开放大学综合改革方案推进情况

中 /2021 年 11 月 18 日，省教育厅党组成员、副厅长杨天仪到贵州工业职业技术学院调研

下 /2021 年 9 月 23 日，贵州建设职院承办东盟教育交流周建筑环境夏令营，省教育厅督学（副厅长级）何秀黔出席并讲话

“大黔匠”——“黔”程似锦

2021 年 10 月 14 日，第七届中国国际“互联网 +”大学生创新创业大赛总决赛赛场传来捷报：贵州交通职业技术学院（以下简称“交通职院”）参赛项目“月乡苗伊——月亮山下加勉苗绣与牙周陶的古艺新生”从全国 200 多万个项目中以决赛小组第一的成绩脱颖而出，勇夺大赛金奖！作为贵州职业教育系统在“互联网 +”大学生创新创业大赛中第一块国赛金牌，这块沉甸甸的金牌背后是贵州职教人的梦想与奋进。

交通职院不仅 2021 年收获佳绩，在往年的“‘双创’互联网 +”大赛中，也获得过国赛 1 银 2 铜；在数学建模国赛中，获奖数排名全国高职第一；在中国第一届职业技能大赛上获 8 个优胜奖，2 名选手入选国家集训队，1 人被授予“西部技能之星”……

2021 年 6 月 17 日，世界交通运输工程技术论坛（WTC2021）在陕西西安举行。会上，贵州省平塘特大桥的承建方贵州桥梁集团荣获被誉为业内诺贝尔奖的第 38 届国际桥梁大会（IBC）最高奖——古斯塔夫斯·林德撒尔奖。平塘特大桥为贵州省平塘至罗甸高速公路的控制性工程，横跨槽渡河峡谷，主桥为 249.5+2×550+249.5 米三塔双索面钢混组合梁斜拉桥，桥梁全长 2135 米。平塘特大桥为山区最大跨径的三塔斜拉桥，被誉为“最高、最美、最奇”桥塔。项目于

平塘特大桥凝聚了交通职院毕业生的智慧和心血

2016 年 4 月 29 日开工建设，2019 年 12 月 31 日建成通车。

大桥通车 8 天后，平塘特大桥工程项目部常务副经理刘胜高、工程科长张营、主管技术员邱赛文，邀请自己母校交通职院路桥工程系的全体教师来到平塘特大桥现场。参与平塘特大桥建设的 50 余名交通职院校友，满怀自豪地向老师们汇报了他们在大桥建设中创新超高墩塔钢筋模块化施工、山区大跨斜拉桥栓接叠合梁整节段架设、高墩钢筋骨架整体分块安装施工、高墩机制砂泵送混凝土施工等贵州原创高墩大跨桥梁施工新工艺、新工法、新材料、新技术，并郑重地将陪伴他们 3 年 8 个月的平塘特大桥建设模型捐赠给了母校。刘胜高等一批又一批交通职院校友的名字，不仅留在交通职院荣誉榜上，更是以桥梁建设者的落款书写在多彩贵州大地上。

不仅仅是平塘特大桥，当下世界最高桥的前 100 名中，有 40 多座屹立在贵州大地上；目前，贵州已建成桥梁 2.5 万座，在建 2000 多座。贵州桥梁的结构型式，几乎包揽了当今世界的全部桥型，桥的梁高、墩高、单跨等指标一次又一次刷新

交通职院教学实训

了世界纪录，“世界桥梁博物馆”的美誉名副其实。这些桥梁的设计建设过程都有交通职院（含原贵州省交通学校）历届毕业生的心血和汗水。不仅交通职院逐步成为“建桥大师摇篮”，全省高职高专、中职学校纷纷打造各行各业的“黔匠”品牌，进企出山，蓄势以待，厚积薄发。

“师传徒受”是中国传统技艺传承的主要载体，传道授艺的历史积淀与现代职业技术教育视域下的校企“双师”交替培养相碰撞。“双师型”教师与现代学徒的教学相长，不仅是学校与企业“双主体”合作培养技术技能人才的重要模式之一，也是当今世界培养技术技能人才的重要方式和有效途径之一。贵州职教人瞄准国家级大数据综合试验区、内陆开放型经济试验区、国家生态文明试验区的发展，以提供复合型人才为导向，深入推进育人“双高”“双元”“双轮”“双融”“双创”“双进”工程，深化“校校、校企、校地、校政”协调育人机制，倾力打造人才培养高地，淬炼“黔匠”品牌，释放人才红利。

张国军：“喷涂”精彩的职业人生

“进入交通职院学习之前，我的想法就是学汽车专业，会修车，以后能找个地方上班，根本没想到自己会获得今天这样的成绩。”2012 年，张国军从贵州贫困山区来到省城贵阳，就读交通职院下属的贵州交通运输学校。当时年少懵懂的他，看到大街上五颜六色、斑斓亮丽的汽车飞驰而过，不由得心潮涌动、激情澎湃。那不经意间的一瞥，开启了张国军在汽车喷涂领域的成长成才之路。

进入交通职院后，张国军得到老师们的鼓励和帮助，迷上了汽车喷涂，每天都会花八九个小时泡在实训室琢磨喷涂技术。“老师教了方法以后，自己必须多练习，琢磨出一套适合自己风格的打磨和刮涂技法，这样喷涂出来的平整度才能达标。”调色、损伤处理、中涂底漆喷涂、面漆前处理、面漆喷涂，喷涂的 5 个步骤他每天都会练习很多遍，从中获得新的体验和感悟。

“师者，所以传道受业解惑也。”张国军的进步，离不开交通职院优秀毕业生、留校教师王庆的倾心指导。王庆孜孜不倦地、手把手地向学生们传授喷涂技艺。他很赞许张国军的钻研精神：“这个孩子很上进，很能吃苦，进步很明显。”三个“很”字也透露着王庆身为教师的骄傲。

刻苦钻研、勤学苦练的张国军很快在各种技能比赛上崭露头角，在贵州汽车喷涂行业脱颖而出。2014 年，张国军作为世界技能大赛汽车喷涂赛项第一名，加入国家集训队，得到更高层次的训练。在喷涂专家的悉心指导下，他取得了世赛选拔第六名的好成绩。2016 年，他又代表贵州省参加集训，获得了第四名的好成绩。他不仅成为“贵州省青年岗位能手”“贵州省技术能手”“贵州省五一劳动奖章”的获得者，还荣获“全国青年岗位能手”“全国交通技术能手”的称号。2021 年更是荣获了“全国五一劳动奖章”，这一年，张国军才 24 岁。

这些年来，张国军在汽车喷涂工艺上精益求精，在打磨机的嗡嗡声中历练了心性。优异的成绩使张国军在汽车喷涂行业内声名大振，二十出头的小伙子已然成为行业内大受欢迎的“香饽饽”。高职毕业后，不少名车4S店都向他抛出了橄榄枝，且都是月薪过万的岗位。出于对母校的感恩和对职教事业的热爱，他拒绝了高薪岗位，选择留校任教，成为一名普通的人民教师。他说这样可以帮助更多的职教同学成才，实现梦想。

立足教师岗位，把参加国内外大赛的经验应用于教学工作中，帮助更多怀有“技能梦”的青年成长成才，培养更多的青年成为高级技师，这是张国军对母校最深的感恩。交通职院与贵州省百强民营企业——贵州通源汽车集团有限公司达成汽车喷涂高技能人才培养意向，汽车系发挥在行业中的“领头雁”作用，将国际一流标准和最新技术注入汽车喷涂高技能人才的培养过程。张国军积极组织实训教学和考核，和学生们打成一片，和企业导师紧密配合，严格按照行业标准，防护服、护目镜、劳保鞋、“7S”管理……事无巨细地帮助学生们在提升喷涂技能的同时，也养成良好的职业习惯。正是张国军的专心、细心和耐心，让企业接收到满意、合格的学生，毕业生也能够在企业“留得住、干得好、有发展”。

交通职院助力学子成长成才

徐海燕：24 岁的国家白酒评委

2009 年，徐海燕进入贵州轻工职业技术学院（以下简称“轻工职院”）2009 级轻工系学习。2012 年毕业后，她在贵州董酒股份有限公司工作，担任酿造工程师。2016 年，年仅 24 岁的徐海燕就拿到了国家白酒评委的证书，成为当时贵州省最年轻的国家白酒评委；并于 2016 年 11 月开始担任中国食品工业协会第九届白酒国家资格评委；2017 年获得国家一级品酒师资格证，成为凤毛麟角的“90 后”国家白酒评委。

徐海燕 24 岁成为国家白酒评委

在轻工职院的学习为徐海燕打下了人生事业的坚实基础，学院的谆谆教导为未来的酿造“黔匠”积累了深厚的专业技术。2011 年，徐海燕奔赴贵州董酒股份有限公司开始实习之旅。对刚踏入社会的实习生来说，第一份工作是充满挑战的。实习期间虽然很辛苦，但她将在学校中学习到的基础知识与生产实践完美结合，从而使自己的专业能力得到一个质的升华。2012 年，公司开展品酒培训，刚刚踏出校园的徐海燕带着一股热血，酒量不好，就练，在品酒培训期间，她识酒、认酒、品酒，在学习白酒知识的同时也对品酒产生了浓厚的兴趣。一名优秀的品酒师应具有敏锐的视觉、嗅觉、味觉以及分析、推理、判断的能力。长时间的品评训练再加上一开始所掌握的品酒经验不足，有一段时间她的上颚都破皮了，火辣辣地疼，吃饭的时候别人都吃得津津有味，而她却是食不知味。但品酒是自己的一个喜好，她从来没有想过要放弃，她认为坚持了就一定会有所收获。功夫不负有心人，在公司品酒培训结束之后，她参加了“茅台杯”职工技能大赛白酒品评赛并成功取得国家二级品酒师资格证。2013 年，徐海燕被调到品酒室工作。身为品酒师，她有以下工作职责：对入库半成品酒进行分级和质量评价、对基酒贮存过程进行质量鉴定、对成品酒勾调小样进行品鉴、对出厂成品酒进行品鉴、对新产品的感官质量进行鉴定、对公司员工进行品酒培训等。

繁重的工作会使人乏味，徐海燕静下心来，在工作中寻找乐趣，如此，工作就会越来越轻松和有趣。“兴趣是最好的老师”，徐海燕把工作当成自己热爱的事业来做，努力朝着心中的美好理想而奋斗。

“意志贵在磨炼，成功贵在坚持。”这是徐海燕的人生感悟，也是她对师弟师妹们的学习建议。

陈兰惠：仰望“南丁格尔奖章”而逐梦前行

在贵阳市公共卫生救治中心（原贵阳市第五人民医院），一名叫陈兰惠的护士正在为病人服务，她娴熟的护理技能赢得众多病患的好评。原以为她是一名工作时间较长的护士，其实她是 2021 年 7 月才从贵阳护理职业学院护理系护理专业毕业的职场新人。

刚刚应届毕业就有稳定工作和较好收入，并不是命运特别青睐陈兰惠，而是职业教育大发展让她找到了适合自己的领域，再加上她自身不懈努力的结果。

2014 年，中考失利让陈兰惠对以后的生活充满迷茫，在家人的鼓励下，她进入中专学习护理专业。她机缘巧合进入贵阳护理职业学院，开始了真正意义上的护理专业学习。贵阳护理职业学院是一所具有优越教学环境和优秀师资的职业院校，陈兰惠在护理系老师的带领下，以十足干劲刻苦学习并掌握护理专业技能。

凭借扎实而娴熟的护理技能，陈兰惠通过层层校级选拔，代表学校参加省级技能大赛，由此开启“魔鬼式”训练。每天除了正常上课时间，其余时间都在老师指导下和小伙伴们一起在实训楼培训、看书，每天面对的都是模型人和厚厚的书籍。经过几个月的刻苦训练，陈兰惠在 2017 年贵州省职业院校护理技能大赛中荣获个人“二等奖”。

2018 年开始新一轮的培训，陈兰惠再次代表学院参加贵州省职业院校护理技能大赛。她认真总结第一次比赛的经验得失，这次终于荣获个人一等奖，并得到代表贵州省参加“全国职业院校护理技能大赛”的机会。凭借在技能大赛中的出色表现，陈兰惠得到了免试推优高等专科的机会，顺利升入专科就读。2019 年 4 月，陈兰惠得到与各省优秀老师和同学们一起学习培训的机会，并担任“第二届全国医科类院校护理技能教学能力提升培训班”的操作表演者。在国家级专家的指导下，她对操作技能的认知又提升了新的高度。

贵州省护理学会理事长苏雅香是第 39 届南丁格尔奖章获得者，她曾多次到贵阳护理职业学院为陈兰惠和同学们讲学。苏雅香告诉同学们：“不要小看一名护士，

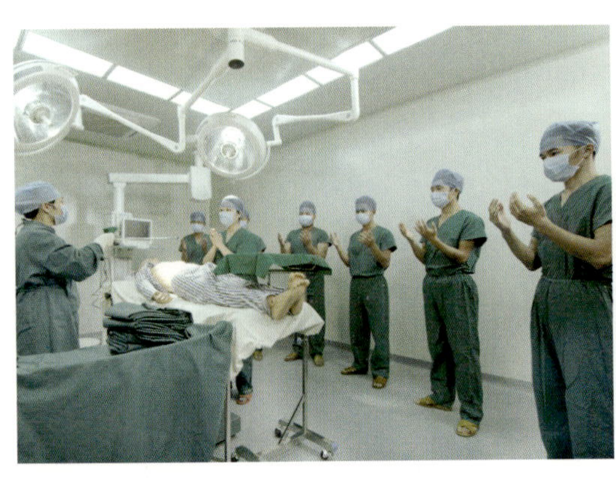

贵阳护理职业学院仿真手术室

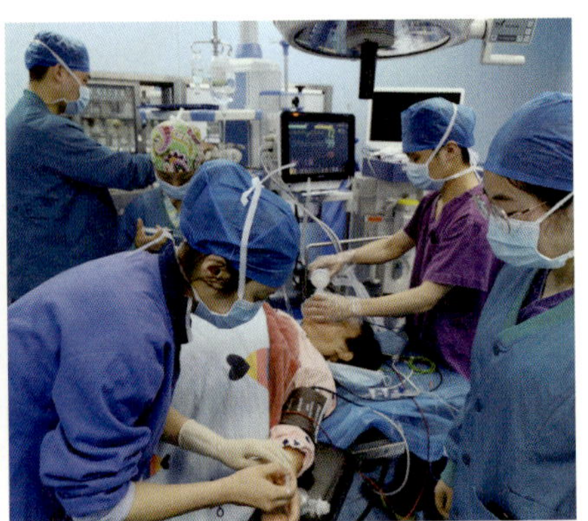

贵阳护理职业学院学生在医院实习实操

患者无医无助，患者无护无望，你们应该好好学习扎实的理论基础和实践技能，今后成长为一名能帮助万千病患的优秀护士。国家的职业教育政策这么好，同学们一定要珍惜、一定要好好学习。”

毕业前有 8 个月的实习期，陈兰惠高超的护理技能得到了实习医院贵阳市第五人民医院护理部的高度认可。毕业之际，陈兰惠参加医院的考核与面试，被贵阳市第五人民医院顺利录取，成为一名正式的护理工作者。进入临床实际工作后，陈兰惠吃苦耐劳，积极提升护理技能。2021 年，她代表医院参加“贵阳市护士岗位技能竞赛”，再次取得优异成绩，为医院增光添彩。

陈兰惠将苏雅香等南丁格尔奖章获得者作为自己的偶像，她说：“虽然我不一定能像前辈那样获得那么高的荣誉，但是我决心干一行爱一行，仰望着人道、博爱、奉献的南丁格尔精神，更好地为祖国、为人民做好医疗护理工作。”

朱海丽：刺梨小果成就省赛金奖

2021 年秋季学期，轻工职院化工系的实验室中有一个忙碌的身影，她就是朱海丽。虽然她还是在校学生，却已经拥有 5 项国家专利，她和创业团队打造的“七度刺猬”创业项目已经开业 1 年多，目前每个月线上线下营业额也突破万元，还荣获“互联网 +”创新创业大赛贵州省赛金奖和国赛铜奖。

朱海丽就读食品营养与检测专业，进校以来，她刻苦学习、勤奋钻研，不仅学习成绩名列前茅，还对在校创业有了清晰规划。轻工职院结合我省十二大特色产业，建立了 12 个产学研平台，学生从大学二年级开始就可以选择其中一个方向开展创业实践。故乡漫山遍野的刺梨花，给朱海丽留下了美好的童年记忆。刺梨虽为“维 C 之王”，却“养在深闺人未识”，朱海丽决心用所学知识包装好刺梨，所以选择了刺梨饮料作为研究和创业方向。

指导老师王涛回忆说：“大一时，朱海丽就到我们实验室了，她对我说，想

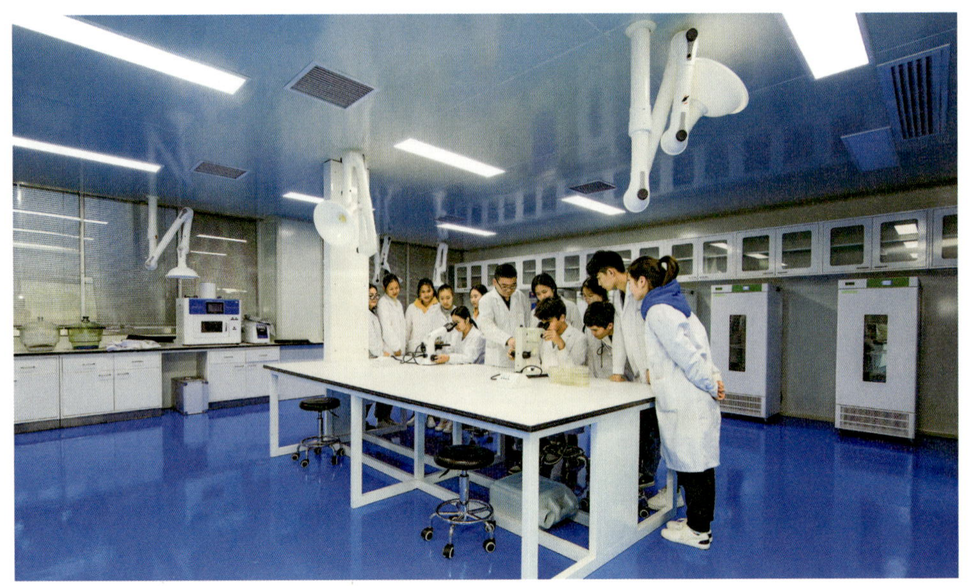

朱海丽和同学们学习食品检测技术

改变家乡的贫困面貌。结合家乡盛产的刺梨，她在我们这里重点学习了食品质量安全、怎样更好地把刺梨中的营养物质提取出来、怎样调配出更好口感的刺梨饮料……”

学理论、练实操之余，朱海丽也开始了关于刺梨饮料的更多尝试和创业。她和同学自主创业，开办了一家名为“七度刺猬”的饮品小店。这是一个贫困大学生创业项目，制作、销售各类基于刺梨的现调饮品。朱海丽向记者介绍，7 摄氏度是刺梨饮品最佳的温度，不会破坏刺梨里面的营养物质，同时饮品口感非常好。刺梨浑身都是刺，就像可爱的小刺猬一样，所以就有了“七度刺猬”的品牌。朱海丽和同学们进行了 300 多次的调配试验，巧妙地让刺梨原汁与碱性果汁相结合，除却了酸涩的口感，保留了“维 C 之王”的营养成分。

看着充满创业激情的年轻人，学校图书馆免费提供了一块场地，另一家企业赞助了设备和原料，实实在在地将创业之初的年轻人“扶上马、送一程”。

贵州联大检测技术有限公司是为“朱海丽们”提供设备和原料的企业，负责人张弢说，公司是一个产学研结合的机构，是山地特色水果制品研究中心的一个共建单位。像朱海丽这样的创业项目，有助于学生的知识提升和技能培养，资助他们不仅是献爱心，也是为贵州山地特色水果产业培养后备人才。

“朱海丽们”不负众望，“七度刺猬”创业项目不仅赢利、摘金获奖，朱海丽参与的刺梨果味啤酒酿造装置等成果还获得了 5 项国家专利。

一份份成绩，成为朱海丽每次回到家乡送给父老乡亲最有意义的礼物。这几年，朱海丽一家的喜事儿越来越多，家里修起了三层小洋楼，一家人团团圆圆、幸福满满。

罗焕楠：26 岁的“全国脱贫攻坚先进个人”

2021 年 2 月 25 日是罗焕楠 26 年来人生的高光时刻。当天上午，全国脱贫攻坚总结表彰大会在北京人民大会堂隆重举行。中共中央总书记、国家主席、中央军委主席习近平向全国脱贫攻坚楷模等荣誉称号获得者颁奖并发表重要讲话。10 时 30 分，解放军军乐团奏响《义勇军进行曲》，铜仁职业技术学院（以下简称“铜仁职院”）农学院优秀党员毕业生罗焕楠与现场代表全体起立，高唱国歌。激越的歌声与幸福的泪水，让罗焕楠永生难忘。

1995 年 1 月出生的苗族青年罗焕楠，2013 年 9 月就读于铜仁职院农学院设施农业与装备专业，2016 年 9 月参加工作，现任万山区丹都街道跨区县易地扶贫搬迁旺家社区党总支书记。在铜仁职院 3 年求学期间，罗焕楠积极上进，不断提高政治素养，锤炼坚韧不拔、服务人民的政治品格。积极申请加入中国共产党，他学习刻苦认真，成绩一直名列年级前茅。担任班干部，团结同学，乐于助人，团结并带领身边青年学子共同进步。踊跃参加学生会和各类社团的志愿服务工作，曾任农学院学生会副主席，组织并参与了形式多样、内涵丰富的思政教育活动，

铜仁职院毕业生罗焕楠
荣获“全国脱贫攻坚先进个人”称号

如公民道德建设活动月、五四青年节表彰、“一二·九”长征火炬节等，锻炼了组织、协调、沟通、协作能力，增强了集体荣誉感。高职3年，他始终铭记“明德、求真、笃行、自强”的校训，围绕“五元文化”（先进文化、传统文化、红色文化、职业文化、黔东文化）、“四项主题”（热爱生命、艰苦奋斗、立志成才、感恩教育）德育体系严格要求自己，逐渐成为一名自信坚强、踏实肯干、奉献社会、有强烈责任感的高职毕业生。他曾获得 2015—2016 年度国家奖学金、2016 年优秀毕业生等荣誉，多次获得校内先进个人、优秀学生干部等称号。铜仁职院的教育精神激励着他更坚定、能吃苦、善作为。

毕业以后，罗焕楠成为一名扶贫干部，负责万山区丹都街道旺家社区的易地扶贫搬迁工作，这个社区安置了来自思南县、石阡县、印江土家族苗族自治县（以下简称“印江县”）的搬迁群众 4232 户 18379 人。面对易地扶贫搬迁千头万绪的繁重工作，罗焕楠不退缩不叫苦，用初心践行使命，用行动诠释忠诚，把中央、省、市、区的减贫好政策宣传到易地扶贫搬迁群众家里，把在职院学到的专业技能和战斗精神带到脱贫攻坚第一线，挥洒青春的智慧和汗水。

为发挥好基层党组织的战斗堡垒作用和党员的先锋模范作用，筑牢党在易地扶贫搬迁社区的执政根基，罗焕楠强化党建引领示范力，着力打造一支敢管、会管、能管的“三管”社区干部队伍，并在旺家社区探索推行“124”网格化管理工作模式，探索出了一条易地扶贫搬迁安置型社区的综合治理道路，制定出“两长四员制”组织架构，以党组织为核心示范引领，明确社区党员干部为网格长，并为每栋楼配备一名党小组长和楼栋长，下设就业协管员、民警服务员、矛盾调解员、物业服务员，有效实现旺家社区62栋居民楼网格化综合管理全覆盖，构筑起党群“连心桥”，提升了基层党支部服务群众的能力，实现了“人在网中走，事在格中办”。先后妥善化解处理群众纠纷1200余起，代办完成群众事项4300余件。

为加强易地扶贫搬迁群众的精神文明建设，丰富群众的业余文化生活，罗焕楠还牵头创办了旺家夜校，组织党支部每星期开展一次“党员讲党课”活动。截至目前，支部先后主持召开各类大小党员群众会议100多场次，发放易地扶贫搬迁后续政策宣传资料1万多份。为让易地扶贫搬迁群众“搬得出、稳得住、有就业、能发展”，旺家社区建起了扶贫微工厂产业园，引进入驻景航服装、锦绣坊、阿里巴巴“AI豆计划”等7家企业，多渠道开发就近就业的工作岗位，就近安置群众就业2200余人，务工人员人均月收入2600元，实现了搬到新社区、家门口就业。通过对外招商，成功打造了一个集物业管理、家政服务、劳务输出等服务业于一体的社区集体经济旺家物业有限公司，帮助80余名半劳力、弱劳力、残疾人实现稳定就业，实现了“楼上安居、楼下乐业”的美好愿景。罗焕楠还积极鼓励群众多渠道就业，针对困难群众实行专人帮扶，帮助困难群众对接就业培训和就业管理。已在旺家社区组织开展就业培训21个班次，涉及制衣、制鞋、水电工、家政、厨师、刺绣等，培训1600余人，向东部地区有序输出务工人员3500余人，确保了搬迁群众稳定就业、稳定增收、稳定居住。

旺家社区创新实行的“小区建工厂，农民变工人”的减贫实践得到时任中共贵州省委副书记、省长，现任中共贵州省委书记谌贻琴同志的肯定性批示，全国性、全省性现场观摩会多次在旺家社区举办，将旺家社区的好经验推向全国。罗焕楠在2019年被评为铜仁市脱贫攻坚优秀共产党员，2020年被评为全省脱贫攻坚优秀基层党组织书记，2021年荣获“全国脱贫攻坚先进个人”称号。罗焕楠回到母校铜仁职院，为师弟师妹们讲述自己的学习生涯和投身脱贫攻坚的真情故事，感动了铜仁职院的师生员工，带动了更多的高职学子献身脱贫攻坚和乡村振兴的伟大事业，为百姓富、生态美的多彩贵州新未来的美丽画卷再添光彩。

融产教——知行合一

顾昌华：“菇仙姑”带动万名群众增收致富

2021 年 11 月 24 日，铜仁职院教授顾昌华荣获首届“贵州杰出人才奖”提名奖。近几年，贵州食用菌产业实现了裂变式增长，市场巨大、前景广阔，在推动全省按时高质量打赢脱贫攻坚战、持续巩固脱贫攻坚成果和推动乡村振兴方面做出了贡献。在铜仁各县（市、区）讲起食用菌产业的发展，人民群众无不为“菇仙姑”点赞，这个很接地气的“菇仙姑”就是铜仁职院教授顾昌华。从教 35 年，秉持依托特色资源做科研、服务产业促发展的理念，顾昌华将自己的全部精力和心血都倾注到食用菌菌种资源研发、栽培技术攻关和开展科技服务上来了，在食用菌良种引进、选育、驯化等研发领域做出了突出贡献，并实现了高效的成果转化，助推贵州食用菌产业驶入发展“快车道”。

得到国家财政支持，铜仁职院建起了面积约 3000 平方米，集教学、科研、服务于一体的食用菌菌种繁育、生产示范基地，组建了铜仁市梵净山食用菌菌种资源研发工程技术中心。通过开展食用菌优良菌株引种试验等技术攻关，建立区域食用菌产业发展储备菌种资源库，探索出政校企科技合作的创新机制和高效模式，向全市农民群众提供优良菌种，为当地食用菌产业发展提供了坚实保障，顾昌华也被聘为铜仁市食用菌产业首席专家。如今，顾昌华和她的团队不仅与铜仁市的印江县、玉屏侗族自治县和万山区等开展食用菌科技合作，还为其他区域编制食用菌发展规划，指导各地因地制宜发展食用菌产业。

开展食用菌技术服务是顾昌华每天都在做的事，菌菇行业的微信群她加了 10 多个，除了线上指导、交流，她更多时候还会赶赴现场手把手地进行培训和指导。万山区敖寨侗族乡（以下简称“敖寨乡”）获得“食用菌之乡”这块金字招牌，其中就有顾昌华的不懈努力。2015 年起，食用菌产业在该乡中华山村落地生根，

铜仁职院顾昌华教授（右）在梵净山采集野生菌标本

顾昌华夙兴夜寐、风雨兼程，将自己的教研工作与敖寨乡食用菌产业和脱贫攻坚捆绑在一起，示范给菇农看、指导菇农干、帮着菇农赚。6 年来，技术指导食用菌产业共 1100 万棒，累计实现产值近亿元，纯利润近 2000 万元，有效带动精准扶贫户 260 户 782 人直接受益，辐射带动 1 万多名贫困群众增收致富。

多年来，顾昌华及其团队不辞辛劳地奔赴农业生产一线解决技术难题，将科研成果转化到实际生产中，每年开展各类技术培训，培训 2000 多人次，先后负责 33 个专业村（合作社）的技术指导，受益人口近 3 万人，为地方食用菌等产业培养了大批技术能手。如今，菌菇已经成为当地促民增收致富的特色产业。

任林：因为热爱，将“专业”进行到底

任林，贵州装备制造职业技术学院（以下简称“装备职院”）第一届高职学生，汽车制造与试验技术专业毕业生，现在吉利汽车集团任职。“毕业后，我进入了与学校有校企合作关系的公司上班，现在主要从事汽车售后服务、机电维修相关工作，待遇和福利都不错。”谈及自己的工作，任林充满自豪。

装备职院教师指导学生进行实训

任林从小就对汽车充满浓厚兴趣，进入装备职院汽车制造与试验技术专业后，他学习格外起劲，貌似枯燥的汽车原理和零部件知识，在他眼中却异常生动。实训实操时，他珍惜每一次机会，遇到不懂的马上请教指导教师，直到把原理、性能和运用方式摸熟摸透。寒假暑假、周末节日，他从不浪费时间，善于抓住各种机会去校企合作单位观摩学习。付出总有收获，在校期间，他不仅成绩优秀，还多次获得优秀班干部称号及各种技能大赛奖项。

升入高年级后，任林和其他准毕业生一样，进入企业开始实习。所有同学都非常珍惜实习的机会，因为可以通过实战培养打磨技能，进一步提升自己的专业水准。进入实习单位后，任林开启了“疯狂学习”模式，看着真实的生产车间，触摸着各种汽车零件，他感觉自己离梦想更近了。在这里，他废寝忘食地学习、一丝不苟地实操，优异的实习表现，让他获得了指导教师和实习单位的双重认可。

“先做人再做事，学习历练出更多本领”是任林常挂在嘴边的话，步入工作岗位后，他还保持着学生时期勤学好问的习惯，同时乐于帮助他人，同事有问题向他请教，他热心解答，同专业的学弟学妹求助，他手把手地指导。“大家好才是真的好，希望学弟学妹们都能拥有一技之长，将专业进行到底！”任林笑着说。

装备职院学生在实训操作

实践，是职业教育的生命线。学生只有在课堂上学到真本领，在岗位上经历过真考验，才能在就业中具有竞争力。近几年，为更好地契合产业需要，探索更加科学的人才培养方式，装备职院下大功夫投入校企合作、订单培养，为企业培养了大批“用得上、留得下、干得好、有发展”的高素质技能人才。

目前，装备职院汽车制造与试验技术专业已成为省级骨干专业，新能源汽车技术专业人数位居全省第一。10年砥砺前行，汽车制造与试验技术专业从最初的1个专业83名学生，发展到如今全系学生近1800人，拥有价值2000多万元设备及实训设施的优质专业。一步一个脚印走出的，是一条产教深度融合发展的新路，也是职教服务社会的累累硕果，更是万千职教学生成就精彩人生的“梦工厂”。

李小聪：受益于校企“双师”交替培养

李小聪是“精准扶贫订单班”（以下简称“订单班”）的一名学生。上午学习理论知识，下午在企业进行实操培训，李小聪总是学得认认真真、干得兢兢业业。

李小聪所在的“精准扶贫订单班”，是轻工职院与贵州数联科技有限公司（以下简称“数联公司”）共同达成的人才培养创新合作模式。双方共同开展管理、实习、培训、科研合作，该院根据企业用工实操需要与企业共同商讨调整定向培养专业、规模和合作方式，数联公司也将优先录用“订单班”毕业生，助力原建档立卡贫困家庭的学生顺利就业，反哺家庭。

“有了‘订单班’，不担心就业问题，可以安心进行理论知识学习和实操技能培训，为今后就业打下坚实基础。”给李小聪进行实操培训的老师是比他大几届的学长，因为校企合作培养方式进入数联公司工作，毕业后短短3年时间就从最初的信息编辑成长为组长三级，学长的正面榜样给了李小聪极大的鼓励。

“让学生成为校企合作‘订单式’人才培养模式的受惠者，‘订单班’就是希望达成职教一人、就业一个、脱贫一家的目标。”数联公司行政人事总监张宇

轻工职院校企合作“订单式”培养人才

介绍说。该公司自 2016 年入驻花溪大学城以来，不断加强与轻工职院等大学城各高校的校企合作，助力高校毕业生顺利就业创业。

近年来，轻工职院通过整合建设政府产业园区、行业协会、企业等社会资源，以大数据专业群建设为核心，围绕区域经济发展战略规划的支柱产业和新兴产业，构建了酿酒技术、智能制造、文化旅游、现代服务的专业群梯队，形成了产教深度融合，与区域产业发展高度契合，相互依存、错位发展的专业群生态链。同时，结合办学专业的特色和优势，先后在帮扶单位建立了食用菌“产学研”基地、民族服装工作室、“云上乃寿农产品加工基地”、“红绣”合作社等多个产业实体，有效构建了农村内生发展机制，为帮扶单位巩固脱贫攻坚成果、推进乡村振兴提供了可持续性的发展保障。

截至目前，该院成功构建国家级协同创新中心 2 个、国家级技能大师工作室 1 个、国家级生产性实训基地 2 个、省级协同创新中心 3 个、省级技能大师工作室 3 个、贵州省学会标准化分会 1 个。从专业群建设视角出发，开发群系列教材 14 本，完成 10 门课程资源及配套资源库的建设，线上课程专业课覆盖率达 60%。

轻工职院先后与高端产业、龙头企业——谐云科技、新华三、中软国际、京东、苏宁易购、吉利新能源汽车、中伟新材料等企业耦合联动，共同设计人才培养方案，重构课程体系、课程内容，打造集人才培养、社会服务、研发于一体的产教融合育人平台，推动教育链、人才链和产业链有机衔接，切实提高人才培养质量。近年来，该院学生在职业技能比赛中获国家级一等奖 13 项、二等奖 20 项、三等奖 24 项，在创新创业大赛中获国家级三等奖 6 项。同时，累计为贵州社会经济发展培养紧缺人才 6827 名。其中，2020 届毕业生月平均薪资为 3859 元，较 2019 届上涨 23.21%，起薪点为 3334 元，较 2019 届上涨 24.08%，毕业生总体就业满意度为 85.03%。用人单位对毕业生总体满意度为 100%，对毕业生岗位胜任力（包含工作态度、专业水平、在职能力）的评价较高。

校企合作、产教融合、创新模式、订单培养……轻工职院打出了一套学得好、稳就业、有前途的学生培养“组合拳”。

连山海——进企出山

秦鹏：“山娃子”圆梦广州港

“山娃子”秦鹏来自毕节市大方县普底彝族苗族白族乡（以下简称“普底乡”）跑马村的一户建档立卡贫困家庭，兄妹 4 人，父母在家务农，山区恶劣的自然条件让他的家庭此前一直摆脱不了贫穷困顿。秦鹏幸运地进入毕节职业技术学院（以下简称“毕节职院”）就读，22 岁的他如今成为广州港集装箱码头“抢手紧俏”的塔吊司机，在中国一线城市的产业第一线开启了人生的拼搏与梦想之旅……

作为广州港集团和毕节职院开展职业教育合作的“广州港扶贫班”的首届毕业生，秦鹏和来自贵州省毕节市建档立卡贫困家庭的其他 33 名学子顺利毕业，他们幸运地入职广州港集团。东西部扶贫协作将学子们送出苍苍莽莽的乌蒙山区，同时也使得他们的人生出现重大转机。

因为乌蒙山区的千年贫困，秦鹏初中毕业后，到当地一家餐馆干杂活，月薪2000 元。“当时的我非常迷茫、苦恼，如果没有职业教育，我一辈子就是一个餐馆的小工了。当时非常自卑，贫困限制了我对未来人生的想象。只能得过且过，混日子。”秦鹏回忆说，而他心底也非常渴望走出大山，摆脱贫困。

大方县普底乡的村干部知道毕节职院开设“广州港扶贫班”的消息后，就告诉了秦鹏的父亲，还介绍了贫困生可以免费就读的好政策。父亲立马打电话告诉他这个好消息，正在餐馆打工的秦鹏，一边接电话一边淌下热泪。辞去餐馆的工作，秦鹏满怀憧憬地赶赴毕节职院报名，从此开启了另一种人生。

“广州港扶贫班”采用“2+1”模式，学生前两年在毕节职院进行理论学习，第三年到广州港集团下属的广州港技工学校进行实操培训，毕业后如通过考核，将优先招聘到广州港就业。学生在校期间享受国家学费减免、生活补助等扶贫政策。广州港集团还设立了专门奖学金，对表现优异的学生进行奖励和资助。

毕节职院“广州港扶贫班”学生在广州港顶岗实习

秦鹏在校3年，获得“一等奖学金”3次。“我不一定很聪明，但是我一定要很努力。”他说。

为了让贫困家庭的子女能够安心就读，广州港集团联合毕节职院为他们提供了一系列保障措施，包括为每届“广州港扶贫班”提供每年8万元的奖学金、免费为学生提供岸桥司机等职业资格培训及考证机会、学生在广州港顶岗实习期间每月实习补助不低于1500元等。

广州和毕节两地政府牵线搭桥，广州港集团和毕节职院开展“订单式培养”合作项目，以举办“广州港扶贫班”为试点，面向毕节市建档立卡贫困家庭的初、高中应往届毕业生招生。近几年来，毕节市大力推广“广州港扶贫班”模式，引导当地职业院校与广汽集团、广州地铁集团、广药集团等企业开展教育合作，分别实施了“广东技工”“粤菜师傅”“南粤家政”等扶贫协作工程，累计开办校企合作订单班41个，惠及学生1600多人，有力带动了毕节市就业扶贫相关工作。

毕节职院“粤菜师傅”校企合作订单班开班

“山海”相连，职教“为媒”。积极推进东西部扶贫协作，通过职业教育阻断贫困代际传递，让乌蒙大山里更多的“秦鹏”开启崭新的人生，成为乡村振兴的“风景眼”。

姜庆民：大连“飞”来个“姜太公”

“谁也别劝，去六枝支教，我已经准备一个月了，明天就走。”69 岁的姜庆民在身边所有人的反对中，坚定坐上飞往贵州的航班，由此开始了在六盘水市六枝特区的职教支教之路。

“马上 70 岁的老人了，在大连颐养天年多好，去六枝，千山万水的，万一有个闪失……”身边的亲戚朋友劝阻姜庆民，也是人之常情，毕竟他不是年轻人，毕竟南去 3000 千米。

姜庆民的执着来源于“东西部对口帮扶”，因为脱贫攻坚，把大连与六枝这两个相隔 3000 千米的滨海都会与乌蒙山区紧紧相连。

早在 2014 年，六枝特区已然谋划教育扶贫中的职教发展问题。六枝教育扶贫攻坚计划的长期目标中提出：基本公共教育服务水平要接近全国平均水平。中职在校生与普通高中在校生的比例达到 1:1，基本形成现代职业教育体系。

有实操经验的专业师资的缺乏，是六枝职业教育的最大瓶颈之一。各类失业者、从业人员、贫困户不同程度存在劳动技能单一、学习能力薄弱等问题。东西部对口帮扶后，六枝急切地向大连市甘井子区人力资源和社会保障部门开出清单，需要相关行业的专业技术教师赴六枝开展有针对性的培训工作，促进受训者真正学到能实际动手的技能，最终实现一人就业、全家脱贫。

辽宁省高职教师、大连市技能鉴定考评员、汽车维修高级技师……这些都是姜庆民的技术头衔。重要的是，姜庆民所精通的汽车维修正是六枝职教清单中急需的，更重要的是姜庆民有一颗乐于助人、扶危济困的火热的心。

所以，“姜太公”不是来钓鱼的，而是来教人修车挣钱的。职教一人，就业一个，脱贫一家。

姜庆民得知急需清单后，主动请缨，作为队长带领大连市甘井子区充满活力和热情的 10 名专业技术人才飞赴六枝。更让人没想到的是，姜庆民的背包里竟然揣着一块沉重的焊板，他觉得十几年用惯的东西用着方便顺手。这个沉甸甸的包之前谁也没有留意过，他自己默默地背了一路。

既来之，则干之。

“咱们不能白来，得给六枝群众留下点儿东西。”

认真调研职业教育和贫困户的情况后，姜庆民决心干好四件事：一是了解六枝特区职业技术学校汽修专业的“家底”后，组织双方老师重新设置汽修课程；二是在六枝特区人力资源和社会保障局的支持下，将培训效果由学校向社会辐射，利用学校的平台和资源，发挥团队优势，把六枝特区汽修行业整体向前推一把；三是引进“隐形车衣”这项时下流行的汽车延伸产业，并在六枝特区落地生根；四是为六枝特区选拔和培养一批扎根当地的汽车美容的专业人才。

为了干好这四件事，姜庆民带着团队没日没夜地干，因为白天课程太密没时间，所以他中午和晚上的休息时间就和全体汽修教师在一起。为了方便交流，他的寝室也成了教研室，每天都能扫出一堆烟头，他每天都给汽修教师们毫无保留地传授经验。

为了将新技术辐射到当地汽修行业，他亲自上门和修配厂谈合作，许多汽修厂因为这个“东北活雷锋”的到来而业绩猛增。在他和其团队的努力下，六枝职教界学校、行业、企业的一潭静水开始泛起小高潮，汽车维修、旅游管理、学前教育、数控技术等项目处处开花、枝头挂果。

“外来和尚”把“职教经”念得如此之好，六枝特区职业技术学校的老师们在佩服的同时也备感压力大。姜庆民的敬业和认真极大地带动了职校教师们钻技术、比奉献、教学生的积极性，一扫以往“三流”学校混日子的颓势。

姜庆民和职校教师们聊天时常说："我们这些上了年纪的老同志，不管在什么地方，就想多做点实事，多做点有意义的事，在自己闭眼的那一天，无憾无悔。"

"姜太公"的弟子们学到一技之长后，双方的政府部门还要组织弟子们"走出去"。六枝特区职业技术学校与大连市轻工业学校签订"校校合作"协议，学生在六枝特区职业技术学校学习两年，输送到大连市轻工业学校，由对方统一安排学生实习和就业。其中特别倾斜原来自建档立卡贫困户家庭的学生，让他们学成后就业不再难，为经济困难家庭找到一条稳定增收的致富路。

出山奔海：贵州职教主动融入大湾区

"来贵州旅游和避暑，每次都是满意而归。"2021 年 7 月中旬，安顺市迎来了一批来自广州的游客，随着航班 AQ1527 稳稳降落在安顺黄果树机场，广州直飞安顺的新航线正式开通，按下两地人流、物流、文化交流、教育合作的"快捷键"。王皓第一时间带着家人来贵州旅游避暑，这是他和家人第三次来安顺旅游了。

东西部扶贫协作带来了全新机遇，大湾区成为贵州第一大旅游客源地。随着"百万老广游贵州"活动的重启，粤黔两地的旅游业快速复苏。为迎接今年的避暑热潮，安顺市在 2021 年 5 月发布了 10 条"清凉一夏"线路，黔南州以免景区门票与政府补贴的优厚政策热情迎接大湾区游客，深化粤黔两地文旅产业的交流与合作。

步入"十四五"，粤黔两地在深化协作上不断有新进展。其中，人才双向交流培养是一大举措。广东省向贵州省选派党政挂职干部 221 名、专业技术人才 792 人。为深化结对帮扶，贵州也向广东选派出 173 名党政挂职干部和 655 名专业技术人才。

得益于"广东技工""粤菜师傅""南粤家政"三大扶贫工程的拉动效应，广州、深圳、佛山、中山等中心城市创建了一批家政扶贫安置基地，吸纳贵州省贫困劳动力前往就业。广东企业也致力于与贵州的各家职业院校合作办学，帮助贵州贫

“广州港扶贫班”学生顺利毕业就业

困学生就读“广汽班”等“订单式”职教班，毕业后在帮扶企业优先就业。先进的理论学习和技能培养就由贵州各家职业院校在本地实施，推动劳务就业的精准对接。

2021 年以来，通过点对点输送、岗位推送、培训转化等方式，截至 8 月底，广东省已帮助贵州农村劳动力实现就业 8.35 万人。

2021 年 4 月，广东省佛山市调整对口帮扶黔东南州，开设施秉县、黄平县的“广东技工”班。2021 年 11 月，大湾区产教联盟东西部（铜仁）职业教育协作基地在广东科技学院揭牌。以该协作基地为平台，东莞、铜仁分别设立办公室，常态化开展“校校合作”与“校企合作”、学术交流、师资培训、学生研学等活动。

借助东西部扶贫协作的东风，广东、贵州已牵手 25 年，成果丰硕。按照国家新一轮东西部协作战略部署，“十四五”期间继续由广东省帮扶贵州省。明确广东省 6 个市帮扶贵州省除贵阳市以外的 8 个市（州）的 66 个脱贫县，从单向帮扶转向协作共赢，山海携手向更高水平和更深层次迈进。这给两省的职业教育合作提供了宽广舞台和无限可能。

山海奔新程，职教劲扬帆。贵州职教主动融入粤港澳大湾区，将成为贵州建设特色教育强省的重大机遇，为东西部协作实现双赢互惠奠定坚实基础。

6

第六章

强贵大 扩省属 彰特色

作为国家“双一流”建设高校，近年来，贵州大学牢牢把握“部省合建”、“双一流”建设和“做强贵州大学”的历史新机遇，大力实施人才立校、人才兴校、人才强校战略，成效显著。2021 年 3 月 25 日，艾瑞深中国校友会网公开发布了 2021 校友会中国大学排名（主榜）：贵州大学排名从 2020 年的 142 位上升至 2021 年的 87 位，进入全国百强大学之列。为进一步提升我省普通本科高校办学水平，实现省属本科高校高质量发展，贵州省教育厅研究制订并印发了《关于做大省属本科高校实施方案》，各省属大学乘此东风，内涵发展。

强贵大
——为高质量发展提供人才支撑和技术支持

彰显“贵”的定位　贡献“大”的作为

“实施高校提升行动，做强贵州大学。”这是2021年年初贵州省《政府工作报告》中提出的一件教育大事。2021年11月，贵州省教育厅等十一部门联合印发《关于做强贵州大学的实施方案》，提出将贵州大学由世界一流学科建设高校提升为世界一流大学建设高校，使贵州大学在围绕“四新”主攻“四化”中发挥更大作用，为全省高质量发展提供更强的人才支撑和技术支持。

2021年3月25日，艾瑞深中国校友会网公开发布了2021校友会中国大学排名（主榜）：贵州大学排名从2020年的142位上升至2021年的87位，进入全国百强大学之列。

贵州大学紧紧围绕“感党恩、听党话、爱祖国、强贵大”主题，全面贯彻落实习近平总书记关于教育的重要论述和视察贵州时的重要讲话精神，以习近平新时代中国特色社会主义思想为指导，深入贯彻党的教育方针，落实“立德树人”根本任务，高质量推进党的建设、人才培养、科学研究、社会服务等各项工作，并取得了相当成绩，实现了预期发展目标，高水平大学的建设步伐正稳步迈进。

2021 年 7 月 22 日，中共贵州省委副书记、省长李炳军在贵州大学调研

贵州大学党委书记李建军介绍说，将倍加努力，不辱使命，全力推进贵州大学成为世界一流大学建设高校，使贵州大学成为全省高等教育的“领头雁”和“排头兵”，为贵州高质量发展奠定坚实的人才基础。

全过程顶层设计　坚持高位推动

“大家要把党的政策视为‘生命线’，党章党纪视为‘警戒线’，法律法规视为‘高压线’，不断强化责任担当，忠诚捍卫党章，用党章、党规、党纪从严管党治党。”12 月 3 日，在贵州大学党委理论学习中心组 2021 年第 10 次学习会议上，校党委书记李建军这样强调。

贵州大学党委以强烈的使命担当，坚持高位部署推动“五级书记抓党建”工作，

2021 年 3 月 29 日，贵州大学党委党史学习教育动员会、2021 年度党风廉政建设暨警示教育大会召开

不断强化顶层设计、健全完善工作机制，以党建工作为载体，将育人实践贯穿于党建工作中，用党的建设新成效推动学校高质量发展。

2021 年，贵州大学获批国家自然科学基金项目 159 项，总直接经费 5796 万元，立项数和立项经费均实现历史性突破。其中，国家杰出青年基金项目实现贵州省高校零的突破；获得国家社科基金项目立项 28 项，位列全省第一。

为促进科学技术人才的快速成长，打造人才成长新高地，贵州大学以荣获“全国党建工作示范高校”、教育部“三全育人”综合改革试点单位为契机，探索出把骨干教师培养成党员，把党员教师培养成教学、科研骨干的“双培养”模式，教师党支部书记“双带头人”比例达 100%，博士比例达 73.23%。党员教师在教学科研工作中的先锋模范作用充分显现。

“一栋楼一个总支，一层楼一个支部。”贵州大学利用研究生中党员群体占

2021 年 9 月 10 日，贵州大学召开教师节表彰大会

2021 年 12 月 22 日，贵州大学党建进宿舍项目启动仪式暨贵州大学“溪山雁”研究生辅导员工作室揭牌

左 / 2021 年 7 月 1 日，贵州大学校长宋宝安院士作为全国先进模范人物代表参加庆祝中国共产党成立 100 周年大会

右 / 贵州大学农学院党委书记杨刚作为“全国先进基层党组织”获奖单位负责人领奖

2021 年 6 月 11 日，全省高校“光荣在党 50 年”纪念章首场颁发仪式在贵州大学举行

比高、集中住宿的优势，在研究生宿舍区建立“宿舍党支部”，不仅提高了党组织覆盖面，更创新了基层党建模式，为基层党组织注入了强大的战斗力。

“博士村长”“高校青年·思想论坛”……研究生党员带头将青春融入国家发展战略，投身脱贫攻坚和乡村振兴战略中；他们积极开展研究生党日活动、跨学科学术研讨等，为共建美好的菁菁校园建言献力，也吸引了更多优秀的学子向党组织靠拢。2021 年 8 月，贵州大学精细化工研究开发中心 2019 级博士研究生张建入选全国“百名研究生党员标兵”创建名单，12 月入选 2021 年度“最美大学生”（全国仅 10 人），成为贵州首个获此殊荣的高校学子。

2021 年是中国共产党成立 100 周年，贵州大学加大党员发展力度，全年发展党员 4200 余人，相较 2020 年增幅达 68%。

2021 年 7 月 2 日，贵州大学庆祝中国共产党成立 100 周年文艺会演

强校之基　其根在人

“部省合建”汇聚一流人才

曾经担任贵州大学副校长、在植保学科深耕 20 余年的杨松介绍说：“学科建设的核心就是人，没有一支高层次的、有很强创新能力的学科队伍，学科建设是难以推进的。”

在引进人才初期，贵州大学不可避免地遇到了中西部高校共同的困境——没有区位优势、科研基础设施落后、引才待遇偏低等，从而导致对人才的吸引力不足。“不拘一格用人才”成为贵大的破题之法。“我们的一流学科特区人才计划，主要面向青年新生力量，不唯‘帽子’，不论‘出身’，更看重人才本身的学术能力和学术潜力。”杨松说。作为国家“双一流”建设高校，近年来，贵州大学牢牢把握“部省合建”、“双一流”建设和“做强贵州大学”的历史新机遇，大

2021 年 10 月 13 日，贵州大学“双一流”建设方案专家论证会举行

力实施人才立校、人才兴校、人才强校战略，实施“引才引智”“培育锻造”“立德树人”等工程，一支素质优良、结构优化、作用突显的人才队伍正加速集结。

“5 年内拟引进和培养院士、长江学者、杰青等杰出领军型人才 20 名，引进海外毕业的优秀博士 100 名，引进和培养学术学科带头人 100 名，引进和培养学术骨干 400 名。”这是贵州大学从 2019 年起大力实施的“2114”高层次人才引培计划。

贵州大学及时调整充实人才工作领导小组，出台系列引才和培才制度，精心组织线上线下人才引聘活动，聚焦学科发展和师资队伍建设，列出引才计划清单，签订引才年度目标责任书，探索特岗聘用模式等，一系列引才政策和举措纵深推进。

通过不断健全人才工作体制机制，贵州大学开创了人才工作新局面。近 3 年，共引进博士 400 余人，博士专任教师占比由 2018 年的 38.95% 增长至 49.5%，拔尖人才新增人数占现有国家级人才总量的 50% 以上。

2021 年 5 月 22 日，12 位院士为贵州大学“院士林”揭牌

黔地成“高地”　“贵漂”正当时

盘州市重重大山里，走出了首位贵州自主培养的大数据领域国家级人才——田有亮。田有亮本科、硕士、博士皆就读于贵州大学，如今已成长为贵州大学计算机科学与技术学院副院长、省部共建公共大数据国家重点实验室学术带头人，正在密码学与数据安全领域畅游大数据“蓝海”。

田有亮满怀着青春的朝气和激情全身心地投入教学和科研工作中，每天绝大部分时间都是工作时间，整个生活都是教学生活和科研生活，他在教书育人和科学研究上都取得了优异的成绩。

在教学上，他深入钻研教材，领会数学学科主旨思想。他的课堂以学生为主体，将科研成果融入教学实践中，激发学生的求知欲望。他致力于以培养学科核心素养为目标的“思维课堂”的研究和实践，将教学理论与科研方法相结合，提升学生的动手能力和实践能力，培养学生的科学素养。近 5 年，他先后获得贵州省研究生教学成果二等奖、贵州大学卓越基金青年教师三等奖、贵州大学理学院青年教师教学竞赛二等奖。他指导的 20 余名研究生先后获贵州省优秀毕业生、国家奖学金、贵州大学特等奖学金、贵州大学校级奖学金。有 10 余名同学在中国科学院信息工程研究所、西安电子科技大学、上海交通大学、华中科技大学攻读网络空间安全领域的博士学位。

在繁忙的教学和管理工作之余，他潜心科研工作，先后承担了国家自然科学基金重点项目、国家自然科学基金面上项目、教育部联合科研基金项目、贵州省科技重大专项等项目 10 余项，在理性密码学、数据共享安全、可组合安全模型、数据安全防护关键技术等方面取得了一系列创新成果。近年在 *IEEE Trans*、《中国科学》、INFOCOM、GLOBECOM 等国内外重要期刊和会议上发表论文 100 余篇，1 篇论文获国际会议最佳论文奖，撰写《博弈论与信息安全》学术专著 1 部，申请国家发明专利 15 项。先后获得贵州省拔尖人才项目、贵州省高层次创新人才“百”层次人才项目等的支持，获贵州省科技进步二等奖、贵州省自然科学二等奖、贵州省科技进步三等奖、贵州省青年科技奖，是贵州省密码学与安全协议科研创新团队、贵州省大数据安全与隐私保护创新团队的核心成员之一。

“必须全省一盘棋，在领军人才上实现多点开花。”田有亮认为，大数据领域竞争尤为激烈，要在国际舞台上抢先机，学科多个方向都要产出领军人物，从而支撑关键技术攻关和国家级平台建设。

“贵州杰出人才奖”提名者周少奇的贵大时间

2012 年，国际欧亚科学院院士、贵州大学副校长周少奇从广州来到贵州工作。翻越一座座科研高峰，作为国家级领军人才，周少奇始终坚信：无论长得多高，都要铭记“根在土地，人不忘本”是成功的关键。2021 年，周少奇有关城市污水同步脱氮除磷的新技术成果，获得联合国世界知识产权组织专利杰出发明奖 / 最佳发明奖 2 项、中国专利金奖 1 项。

做强贵州大学，最根本的是人。2021 年，贵州大学深入实施“2114”高层次人才引培计划，新增国家级人才 10 余人，3 人荣获首届“贵州杰出人才奖”入选者和提名者，专任教师中博士比例增长至 49.5%，新增农业农村部农业科研杰出人才培养计划入选人 1 人、国家林业和草原局科技创新青年拔尖人才 1 人……“头雁领航、雏雁展翅、雁阵齐飞”的人才新格局，在贵州大学逐步形成。

中国工程院院士、贵州大学校长宋宝安说，坚持科技为先，发挥科技创新的中坚作用，贵州大学将最大限度广聚人才、留住人才、用好人才，奋力推进“人才大汇聚”。

强校之核　其本在新

党建高端智库落户贵州大学

贵州大学人文楼始建于 1957 年，青瓦红窗、岁月悠悠，2021 年 11 月启动建设的全国唯一一家“中国共产党人‘心学’与推进党的建设新的伟大工程”高端

2021 年 9 月 29 日，党史学习教育中央第八指导组在贵州大学开展调研指导

智库坐落其中。

“哲学是时代精神的精华，要有所创新，须先进入这个时代，再走出这个时代。”智库主任、贵州大学哲学与社会发展学院院长陈艳波说。

2021 年 12 月 11 日下午，为了深入阐释习近平总书记关于中国共产党人“心学”和推进党的建设新的伟大工程的重要论述，深入挖掘和转化贵州本土文化资源，深入研究和探讨中国共产党人“心学”和推进党的建设新的伟大工程的理论和实践问题，深入总结和探索贵州的实践经验和创新做法，促进贵州省哲学社会科学做好咨政服务工作，贵州大学组织 15 名国内权威专家、6 名省内知名专家、20 多名校内相关学科的骨干学者，以“中国共产党人‘心学’与推进党的建设新的伟大工程高端智库”为名申报贵州省第二批新型特色智库，并成功入选。力争打造一个以中国共产党人“心学”为核心，集咨政研究平台、党建信息资源平台、党性教育培训平台于一体的新型特色智库，为推进新时代党的建设新的伟大工程

2021 年 9 月 29 日，党史学习教育中央第八指导组指导贵州大学党建工作

2021 年 12 月 16 日，中共贵州省委常委、省委宣传部部长、省委教育工委书记卢雍政调研贵州大学马克思主义学院建设情况

提供高水平的咨政服务，提升贵州省哲学社会科学在全国的学术影响力。

以中国共产党人“心学”为支点，智库将服务国家重大战略需求、激活贵州红色文化精神、展示新时代贵州精神，力争实现全省教育部人文社科重点研究基地“零突破”。

科研创新　硕果累累

贵州大学大力实施本科教学质量“六大提升行动”、“博学计划”、通识教育和本科教育教学改革等项目，不断提高人才创新能力。学校国家级一流本科专业建设点共 29 个，省级一流专业建设点共 46 个，一流专业建设点总数达到 75 个，位列全国第 12，国家一流专业建设点占全省建设点的 31.5%。“绿色农药与有害生物控制”基地入选国家创新人才推进计划——创新人才培养示范基地和全国教育系统先进集体。发明专利 96 件，获全国科技竞赛奖 29 项。大学生创新创业团

2021 年 10 月，贵州大学在第七届中国国际“互联网 +”大学生创新创业大赛中夺得 1 金 3 银 6 铜，并获“先进集体奖”

队连续在第六、第七届中国国际"互联网 +"大赛中勇夺金奖。

贵州大学在研究生发表高水平论文上大幅提升。截至 2021 年 11 月底，研究生第一作者发表 SCI 论文 1062 篇、哲社类 CSSCI 35 篇、高水平 SCI 论文（一、二区）412 篇，在国际顶级期刊 *Advanced Materials*（IF=30.849）、*Nature* 子刊 *Nature Plant*（IF=19.20）等期刊发表影响因子 IF ＞ 10 的论文达 14 篇。

贵州大学农学院植物保护专业建设负责人乙天慈常常与研究生探讨植物保护与生物入侵问题。作为全省高校唯一的植保专业，乙天慈认为，要在科研创新上取得新突破，既要推动传统植物保护专业内涵式发展，还要满足大生态战略背景下的病虫害防控需求。

在 2020 年 9 月 16 日举行的贵州大学"双一流"建设周期总结自评会上，由 10 余名院士、专家组成的专家组一致认为，学校植物保护学科核心竞争力和国际影响力显著提升，整体达到国际先进水平。其中，新农药创制研究、农药及功能分子制备前沿探索等方向达到世界一流水平。

2021 年，贵州大学获批国家自然科学基金项目 158 项，位列全省第一；4 个学科进入 ESI 全球前 1%，居全省第一；全国唯一的大数据国家重点实验室、省部共建公共大数据国家重点实验室揭牌……既实现多个"第一"，也有若干"零突破"。

前不久，2020 年度贵州省科学技术奖授奖名单出炉，在全部 125 项奖项中，贵州大学囊括 28 项。其中，贵州大学贵州省森林资源与环境研究中心主任丁贵杰获贵州省"最高科学技术奖"。

强校之根　必践于行

贵州大学博士把论文"写"在多彩贵州大地上

2017 年，贵州大学绿色农药与有害生物绿色防控创新团队首创"博士村长"理念，希望通过实用技术转化、集成示范、技术培训和定点帮扶等方式，攻关茶产业发展共性关键问题。自"博士村长"计划启动以来，贵州大学共组织 300 余支队伍、万余人次深入全省开展科技、产业、教育和文化扶贫等工作。

向上的青春，要向下扎根。在校长宋宝安院士倡导的“博士村长”计划的号召下，贵州大学精细化工研究开发中心博士研究生张建刚入学就毫不犹豫地加入了这个充满情怀和担当的团队，真正“把论文写在多彩贵州大地上”。

2019 年，德江县楠杆土家族乡古寨茶叶种植专业合作社种植了 1000 亩茶苗，但缺乏专业管护，茶苗大面积死亡。张建闻讯后，带领“博士村长”德江小分队调查茶苗病因，采取有效措施，挽回经济损失 300 多万元，茶农亲切地称呼他为“茶医生”。在抗击新冠肺炎疫情保春耕的关键时期，张建作为“博士村长”的核心成员，深入贵州平塘、贞丰、沿河、纳雍、石阡等贫困县，通过与农户“攀亲戚”“结对子”，做给农民看、带着农民干、帮着农民赚，建成茶叶病虫害绿色防控示范基地 1000 亩，示范带动 1 万亩，培训 500 多名茶农，带动茶农人均增收 2000 元。张建也因此荣获“书记校长特别嘉奖”，其事迹被省级媒体多次报道。作为核心成员参与的“博士村长”和“稻蛙香”项目，荣获第六届中国国际“互联网 +”大学生创新创业大赛金奖、银奖和逐梦小康奖。他参与的“博士村长”计划被《光明日报》和《中国教育报》头版头条报道，荣获教育部第三届省属高校精准扶贫精准脱贫典型，所在团队获得“全国脱贫攻坚先进集体”“全国专业技术人才先进集体”“全国教育系统先进集体”、第 19 届“贵州青年五四奖章集体”等荣誉称号。

在导师宋宝安院士的指导下，张建创造出拥有自主知识产权的“香草硫缩病醚”和“氟苄硫缩诱醚”绿色农药新品种，并分别以 1500 万元和 1000 万元转让给国内骨干农药企业进行产业化开发，参与的项目获得 2018 年贵州省科技进步一等奖。参与编写的《农药产业》获 2020 年中国石油和化学工业优秀出版物・图书奖一等奖。

“十三五”以来，贵州大学以植物保护世界一流学科为牵引，聚焦全省 12 个农业特色优势产业，创新实施“博士村长”计划，聚力科技帮扶、教育帮扶和“校农结合”，探索出具有贵州大学特色的三套“组合拳”帮扶模式和“大地论文工程”模式。

服务脱贫攻坚与乡村振兴

2018 年 2 月，教育部与贵州省人民政府签订部省合建贵州大学协议。榕江县是贵州大学协助教育部发展规划司定点结对帮扶的国家挂牌督战未摘帽深度贫困县，老百姓大多生活在深山腹地，对外交通较为不便。深加工链条长、收益短平快、劳务用工需求大，除了作为水果本身的应用方式多元外，百香果作为产业开发所具有的多重优点，这就是贵州大学教授黄剑决定将其运用于脱贫产业的主要原因。

“2020 年，我们的百香果品质非常好，鲜果可以卖到 16 元一斤，供不应求。”首战告捷之后，黄剑计划扩大百香果在榕江的生产规模，“百香果是一种需要精细管理的水果，以 1 亩需要 10 名工人来计算，1 万亩就需要 10 万名工人，可以给老百姓创造很多的就业机会。2021 年我们计划发展 4 万亩，需要 40 万名工人，这对于我们一个总人口为 37 万的县来说会有多大的改变，这是不可想象的”。

2021 年 7 月 16 日，贵州大学 2021 年暑期“三下乡”社会实践活动出征仪式

“潘核桃”“龙猕猴桃”“蔬菜女神”……黄剑的付出并非孤例，农民为奔走于田间地头的贵州大学专家们所起的昵称便是实证之一。他们取得的成绩不是偶然，秘密就藏在全员积极参与、打破沟通壁垒之中。驻守乡村振兴一线的“黄百香果们”成为桥梁，将教育部，中共贵州省委、省人民政府和贵州大学等各级脱贫指示精神与贫困县的需求直接相连。

贵州是我国唯一没有平原的省份，93% 的土地由丘陵和山地构成，很难实行规模化农业生产，所以就必须因地制宜发展特色农业。部省合建政策推进以来，植保学科作为贵州大学的传统优势学科，得到了更大幅度的政策和资金倾斜，围绕特色产业从上级部门争取科研项目 30 余项，经费总计 2024 万元，为贵州大学参与贵州脱贫攻坚、农村产业革命和乡村振兴实践、解决农民的关键需要提供了有力支持。

近年来，贵州大学与贵州省农业农村厅和全省产业重点县开展全方位战略合作，组建 12 个农业特色优势产业专班，培训农民及技术人员 8.7 万余次，辐射带动 50 余万农户脱贫致富，累计新增农业产值近 71 亿元。在贵州省教育厅着力推进的 100 项农村产业革命项目中，贵州大学主持 49 项，位居各高校榜首，探索出了具有贵州大学特色的产业扶贫模式。

仰望星空的贵大人　天文大数据研究

2021 年 12 月 20 日，在贵州省黔南州 500 米口径球面射电望远镜（FAST）观测基地，国家天文台与贵州大学签订合作协议，双方就大数据人才培养、科技合作与交流、共建天文大数据联合实验室等工作开展合作，推动天文大数据研究快速发展，充分发挥 FAST 综合效应服务地方，促进贵州大学公共大数据国家重点实验室和相关学科的发展，助力贵州大学“双一流”建设和高质量发展。

中国科学院院士、国家天文台台长常进表示，国家天文台和贵州大学携手同行，共建天文大数据联合实验室，将有助于充分发挥两家单位的各自优势，实现强强合

2021 年 10 月 28 日，贵州大学省部共建“公共大数据国家重点实验室”揭牌仪式举行

作、资源共享、优势互补、合作发展、共创佳绩，推动中国天文与大数据事业的发展，着力打造一支在国际社会具有一定影响力的天文大数据科研团队，助力贵州提升射电天文等相关领域的创新能力，为贵州经济建设和大数据发展注入新活力。2021 年 9 月，省部共建公共大数据国家重点实验室获批建设，这是大数据领域我国首个也是迄今唯一的一个国家重点实验室，进一步巩固了贵州大数据的先行优势。

据统计，自建校以来，贵州大学累计向社会输送 55 万余名优秀毕业生，其中 70% 奋战在贵州省工业、农业、教育、科技、文化等领域，成为服务贵州经济社会发展的中坚力量，在人才支持和科技支撑中展现贵大作为。涌现出像马克俭、宋宝安、赵元龙等扎根贵州数十载的学术科研带头人，形成了优良的“传帮带”人才培养方式和示范引领效应。学校国家级高层次人才、省级高层次人才达 220 人次。

高层次人才占全省高层次人才总量的 60% 以上，对全省人才培养的贡献度占

2021 年 11 月 24 日，贵州大学校长宋宝安院士获“贵州杰出人才奖”
副校长周少奇、森林资源与环境研究中心主任丁贵杰获提名

左 /2021 年 9 月 10 日，贵州大学学子与“排雷英雄”杜富国面对面交流
右 /2021 年 10 月 23 日，贵州大学学子奔赴遵义抗疫一线

2021 年 12 月 8 日，省领导慕德贵、王世杰见证北京大北农科技集团向贵州大学捐款一个亿

全省高校的 60% 以上，对全省科学研究与成果转化运用的贡献率占全省高校的 60% 以上……这是贵州大学未来 5 年的目标。贵州大学党委书记李建军表示，学校将以“双一流”建设为契机，全面贯彻党的教育方针，坚持立德树人根本任务，坚守为党育人、为国育才的使命，充分发挥“聚才谷”和“领头雁”作用，助力全省人才大汇聚，为服务地方经济社会发展持续发力，助力“四新”“四化”，彰显贵大担当。

贵州大学提出，到 2035 年，植物保护学科建成世界一流学科，4—5 个学科达到国内一流学科水平，形成 3—5 个服务国家战略及区域经济社会发展需求的交叉学科群。到 2050 年，与国家建设高等教育强国同步，2—3 个学科进入国际先进行列，10 个左右学科进入国内一流行列，成为国际知名大学。

扩省属
——不仅提升办学规模更要提升办学质量

贵州省教育厅会同中共贵州省委组织部等十一部门联合印发《关于做强贵州大学的实施方案》，印发《关于做大省属本科高校实施方案》《关于做特市（州）本科高校实施方案》，推动本科高校分类发展、特色发展。

2021 年 10 月，贵州省人民政府对省教育厅《关于核定贵州财经大学等 3 所省属高校办学规模的请示》做出批复：原则同意省教育厅研究提出的“十四五”期间将贵州财经大学办学规模提升至 25000 人，贵州医科大学办学规模提升至 40000 人，贵州轻工职业技术学院办学规模提升至 20000 人，请按国家关于高等教育办学规模的规定和程序完善相关手续。这不仅是办学规模的提升，更是办学质量和人才培养质量的飞跃。

为深入贯彻落实习近平总书记视察贵州的重要讲话精神，实现 2027 年建成特色教育强省、2035 年与全国同步实现教育现代化的战略目标，推进省属普通本科高校提升办学水平，实现高质量发展，进一步提升我省普通本科高校办学水平，实现省属本科高校高质量发展，贵州省教育厅研究制订并印发了《关于做大省属本科高校实施方案》。

为进一步推进省属普通本科高校提升办学水平，贵州将实施高质量人才培养计划、高质量研究创新建设计划、高质量社会服务体系支持计划、高质量文化传承创新计划、高质量交流合作计划五项重点任务。通过“十四五”期间的建设，贵州大学、贵州师范大学、贵州民族大学、贵州财经大学、贵州医科大学、贵州中医药大学等 11 所省属高校将实现培养规模逐步扩大、学科专业不断优化、交叉学科实现特色发展、创新平台能力显著提升、人才引培优势更为凸显的目标。

2021 年，各省属高校都在致力于思想建设教育行动、立德树人教育教学行动、乡村振兴支持行动、科研与人才强校行动、国际国内交流合作互惠行动。不断提升办学水平，助推贵州新型工业化、新型城镇化、农业现代化、旅游产业化发展。

贵州师范大学：积极服务高质量发展大业

2021 年 9 月 25 日，贵州师范大学体育学院 2020 级学生卢小运与队友奋力拼搏，最终以 2 分 5 秒 394 的优异成绩夺得中华人民共和国第十四届运动会的皮划艇静水比赛女子 500 米双人划艇银牌。卢小运的成功是贵州师范大学教学科研捷报频传的一个缩影，其学科专业建设不断加强。

该校获批哲学、天文学 2 个硕士学位授权点，汉语国际教育等 8 个硕士专业学位授权类别。制定并落实《贵州师范大学学位授权点动态调整实施办法（试行）》，

中共贵州省委常委、省委宣传部部长、省委教育工委书记卢雍政参观贵州师范大学智能机器人项目

对学科学位点进行动态调整。优化学科学位点布局，自主设置“党的建设、天文大数据与计算物理、教师教育学、非物质文化遗产学、人工智能”等 5 个目录外二级学科，“俄语语言文学”1 个目录内二级学科。统筹博硕士学位授权点申报布局，开展博硕学位点预审。印发学校党政班子成员领衔推进一流本科专业建设工作方案，持续做好“双万”计划的申报培育，28 个本科专业通过省教育厅审核推荐报送教育部参评国家级一流专业建设点。遴选推荐 15 门课程参加第二批国家级一流课程评选。

2021 年，贵州师范大学获国家级科研项目 57 项。其中，国家社科基金项目立项数与立项经费居全省第一，实现“五连冠”；国家自然科学基金项目立项数和立项经费为近 4 年同期最高。咨政见成效，欧阳恩良教授在《光明日报》理论版发表署名文章《中国共产党百年来领导文化建设的基本经验》，入选中宣部“学习强国”理论学习频道“思想理论研究”栏目，这是贵州学者第一篇入选该栏目的文章。《关于制定〈贵州省社区工作者管理办法〉的建议》《贵州省易地扶贫搬迁效益分析及后续可持续发展研究调研报告》获中共贵州省委领导同志的肯定性批示。马克思主义中国化“两个结合”的地方实践推动高端智库获批贵州省第二批新型特色智库。

贵州师范大学从党建扶贫等 7 个方面 34 条明确责任单位。新选派驻村干部 11 名赴石阡县轮换。打造校农结合 9.0 版，截至 12 月初，对省内农产品的采购金额占比达 91.2%，采购数量占比达 86.6%。发挥区位优势，服务大数据战略。与中国科学院国家天文台联合成立“中国天眼联合研究中心”“中国科学院南美天文研究中心天文数据中心——贵州师范大学镜像中心”，共同开展研究，着力推进对大数据核心技术的突破。聚焦绿色贵州，服务大生态战略。承办 2021 生态文明贵阳国际论坛“气候变化、全球碳汇与生态保护”主题论坛，促进校企战略合作，推动一批项目合作。

贵州民族大学：建构民大特色科研话语体系

2021 年 2 月，教育部公布 2020 年度国家级和省级一流本科专业建设点名单，贵州民族大学 3 个专业获批国家级一流本科专业建设点，12 个专业获批省级一流本科专业建设点。这是贵州民族大学推动学校高质量发展的又一标志性成果。自教育部 2019 年启动一流本科专业建设“双万计划”以来，贵州民族大学共有 27 个专业入列“双万计划”一流专业建设点。其中，6 个专业入选国家级一流本科专业建设点，21 个专业入选省级一流本科专业建设点。

2021 年 5 月 17 日，贵州民族大学迎来建校 70 周年。从新中国创建最早的五所民族院校之一，到加快建设人民满意的特色鲜明的高水平一流民族大学，70 年来贵州民族大学历经一次并校、两次搬迁、四易校址；新世纪以来，该校已实现

中共贵州省委副书记、省长李炳军调研贵州民族大学民族学研究矩阵

“五步走”发展战略的前四步。贵州民族大学的苗学、布依学、侗学、彝学、水家学等学科研究达到国内一流水平，对整体中华文明具有重大补益，具有国家层面的战略意义；学校先后主持或参与“六山六水”民族调查、全省民族识别调查、中国百村经济社会调查，参与“水书文献、彝族文献、布依族文献”整理，出版了《苗族简史》《布依族简史》《侗族简史》《仡佬族简史》《贵州民族关系史》《百苗图抄本汇编》《民族学纲要》《水书抢救保护与开发利用研究》等大批具有开创性的补白之作。“民族历史文化与社会治理学科群”入选贵州省国内一流建设学科Ⅰ类学科群；民族学、社会学、法学、中国语言文学成为区域一流建设学科；国家民委重点学科增至4个，省级重点学科增至12个；学校“服务国家特殊需求人才培养博士项目”全票通过国务院学位委员会中期验收……

贵州财经大学：紧扣国家战略，服务地方需求

贵州财经大学自2003年获批硕士学位授予单位以来，2018年获批博士学位授予单位并同时获批“理论经济学”和“工商管理”两个博士学位授权一级学科，2021年获批“公共管理”博士学位授权一级学科。

对标对表，补短板强弱项。2017年，贵州财经大学公共管理学科第一次参加申博工作，深知各项指标达到国家条件才是成功申博的关键。因此，贵州财经大学公共管理学院的学科团队，对照博士学位授权审核条件，全面逐条梳理指标，从学科方向到研究领域，从科学研究到人才培养，从成果转化到社会服务，从学术交流到平台搭建，找准差距与不足，制订方案与计划。通过数年的精心筹备和不懈努力，公共管理学院夯实了学科基础，提升了学科优势，强化了学科特色，学科整体竞争力显著提升。

超前谋划，紧扣国家战略。服务国家战略是学科发展的生命线。紧扣国家战略、凝练学科方向和研究领域是博士学位授权一级学科获批博士学位点的重要前提。

2021 年 6 月 16 日，百万学子学百年党史决赛在贵州财经大学举行，杨著清同志为一等奖代表队颁奖

公共管理学院凝练了行政管理、社会保障、土地资源管理、公共政策 4 个学科方向，同时紧扣国家战略，特别是大数据、积极应对人口老龄化等国家战略，凝练了数字政府治理、大数据治理、老龄政策等特色研究领域，并围绕这些学科方向和研究领域获批了一批国家级项目、产出了一批高水平学术成果、打造了 3 支省级教学科研团队。

服务地方，形成标志成果。服务地方经济社会高质量发展是学科学位点建设的重要使命。2018 年开始，公共管理学院的营商环境学科团队，围绕优化贵州营商环境这一议题，研究指标、优化程序，连续开展了 3 年贵州省 88 个县（市、区）营商环境评估，评估结果获得政府部门的高度肯定和认可，研究成果还荣获贵州省哲学社会科学优秀成果奖一等奖。

紧扣国家战略、服务贵州经济社会高质量发展是贵州财经大学不变的初心和永远的使命。

贵州医科大学：每一帧都凝聚贵医人的心血

贵州医科大学以融合创新促进教学科研高质量发展，2021 年新增药学一级学科博士学位授予权。申博过程的每一帧都凝聚了贵医人的心血和智慧。

2019 年 11 月 21 日，时任省教育厅科研处处长熊星一行到贵州医科大学开展博、硕士学位授权点建设专题调研。生物医学工程学科带头人曾柱教授就“博点申报”工作进行了详细汇报。省教育厅专家对照国家对博、硕士学位授权点专项评估及新增博、硕点的基本要求，对学位点建设和学科优劣势进行了深入剖析，肯定了工作成绩。贵州医科大学学科带头人曾柱教授带领工作组成员，先后赴浙江大学、电子科技大学、重庆大学等国内生物医学工程领域的知名高校走访，学习学科建设先进理念，进一步提炼学科特色和方向。同时，学校党政领导班子走访近几年获得生物医学工程一级学科博士点的河北工业大学、温州医科大学等高校，向兄弟院校虚心学习与交流，对申博工作有针对性地取舍，突出优势和特色。

2021 年 7 月 3 日，贵州医科大学附属医院贵安医院投入使用，开设 32 个诊疗科室，设置床位 1499 张

2020 年 10 月 25 日是上报申博材料的最后一天，申博专班所有工作人员都早早地来到会议室，各司其职对申报材料进行最后把关。大家逐字逐句反复推敲。这一天是短暂的，总感觉时间太快，还有太多资料需要修改；这一天也是漫长的，漫长到每一分、每一秒都可能发现还有材料需要修改。一不留神，最后定稿时，已是 26 日凌晨两点半。听到研究生院负责人成功提交的消息，所有参加申博工作的人都会心一笑，终于可以休息了。“博点申报”专班人员凌晨 3 点走出办公室时，他们面对星光灿烂的夜空，长舒一口气。3 年来，无数个挑灯苦战的夜晚，无数个和衣而睡的黎明。3 年来，细致、精致、极致做好申博的每一个细节，心怀感恩而无愧于心。2021 年的新增博士学位授予权对此做出了回答。

贵州中医药大学：漫漫申博路，今朝启新程

2021 年，贵州中医药大学学科建设喜结硕果，获得了中医学、中药学、中医专博 3 个博士学位授权点，由此开启学科建设新征程，为贵州中医药高等教育再添光彩。贵州中医药大学（原贵阳中医学院）1978 年开始研究生教育，1981 年获硕士学位授予权，是国务院学位委员会批准的首批具有硕士学位授权的单位之一，40 年后在博士学位授权点上获得突破。

2020 年，新一轮新增博士学位授权学科点申报工作启动。该校果断决策由二附院牵头中医博士专业学位授权点申报工作，医院迅速成立办公室设在科研科，开展数据摸底工作。2020 年 5 月完成了第一轮基本情况梳理工作，着力查缺补漏，完善数据；7 月开展第二轮基本数据梳理，进行反复论证、核实，落实每一数据的原始材料，同时指定博士培养方案；10 月着力《简况表》文字部分撰写，每一个字都反复推敲，不漏过一个错误，不放过一个亮点；12 月完成《简况表》及支撑材料，提交国务院学位办。申博过程紧锣密鼓，环环相扣。

夜深人静的申博办公室里，在明亮的灯光下，一沓沓堆放整齐的资料格外显眼；

2021年1月14日，中共贵州省委常委、省委宣传部部长、省委教育工委书记卢雍政听取贵州中医药大学基层党建工作汇报

一台台电脑桌前，十几个工作人员正在一丝不苟地查阅资料、核对数据、填写表格，困了就趴在桌子上打个盹，累了就站起身来伸伸腰，既没人叫苦，也没人叫累，这是药学院的教师们正在为申请中药学博士学位授权点辛勤工作的缩影。申博资料一个数字也不能错，一份支撑材料也不能少，这是全体申博人员的口头禅。从医院领导到普通员工无不为博士点申报付出了艰辛努力。第二附属医院党委书记张敬杰、院长肖政华，第二临床医学院院长黄礼明靠前指挥，身先士卒，亲自修改博士申报材料，陪着工作人员度过了申报过程中最艰难的时刻。

筚路蓝缕，以启山林。该校将围绕中医博士专业博士学位授权点建设，培育博士研究生导师，培养一批中医专业学位博士，回馈社会。将对标中西医结合一级学科博士授权点建设条件，进一步凝练涵盖基础和临床的学科研究方向、明确学科特色，持续引进、培养中西医结合高层次人才、学科带头人，对标研究生核心课程指南，加强研究生课程建设，全面落实导师立德树人，构建师德师风建设长效机制，为把贵州中医药大学建设成国内知名、有特色、高水平的大学而奋斗。

遵义医科大学：廿载申博，今朝圆梦

2021 年 10 月 26 日，遵义医科大学获批博士学位授予单位，临床医学获批专业学位博士授权点。近 20 年来，经过数代遵医人坚持不懈的努力，遵义医科大学终于成为博士学位授予单位，博士点建设实现了从无到有的突破。遵义医科大学（原遵义医学院）从 1955 年开始招收研究生，是 1981 年恢复高考后全国首批硕士学位授权单位。早在 2002 年贵州省内具有硕士学位授权的高校还不多时，遵义医科大学已开始启动申报博士学位授予单位的相关工作，经 2005 年、2008 年、2015 年、2017 年“四次”近 20 年的申博历程，几代遵医人的申博梦最终实现，为早日建成特色鲜明、国内一流、国际有影响力的高水平医科大学奠定坚实基础。

高等教育“双一流”建设的大背景下，遵义医科大学调整“申博工作领导小组”，领导小组办公室与发展规划处合署办公，抽调精干人员充实申博办力量，负责申请新增博士学位授予单位工作；申报学科同步成立申博办，负责本学科申请新增博士学位授权点工作。反复研读分析国家政策，不断理清理顺思路；一周一次推进会，全面梳理学校和学科的短板。通过对照国家公布的申请基本条件，发现学校专任教师博士占比、临床医学“双师型”教师数、具有博士学位人数占比、博士生兼职导师、专硕指导教师中获得过省部级以上课题、获省部级以上科研成果奖、发表 SCI 论文等与国家要求还有不小差距。这让遵医人深刻认识到这些短板不可能仅靠学校现有的资源来弥补，必须通过优化存量、扩充增量来解决。

学校聚焦申报的各种短板，由校领导牵头成立综合协调、师资队伍建设、科技创新与科研管理、人才培养等 10 个工作组，按照“学校主抓、学科主建、协调推进”原则，各司其职，全力对标对表推进各项建设。申博办制定了单位和申报学科4张战略推进图，以任务清单形式开展“强优补短”，实行销号管理。定期召开申博推进会和工作例会，有效推进全校各部门、各单位整体“一盘棋”的协调联动，及时解决各类问题；人事处和人才办全力加快博士人才引进和高层次人才队伍建设，积极开展临床“双师”转聘等工作；科技处围绕SCI论文发表、科研成果、科研经费、重点实验室建设全力对标开展建设；研究生院聚焦博导数量不足，积极向苏州大学、上海交通大学、大连医科大学、贵州大学等兄弟院校申报兼职博导，提前开展培养方案制订和课程建设等。本校的珠海校区、各附属医院、各院系、各职能部门都全力支持申博工作。遵义医科大学在狠抓内涵建设的同时，积极拓展外延，不断夯实办学基础和条件，遵义市第一人民医院成为遵义医科大学大家庭的一员，加速推进“一体两翼六中心”办学格局的形成。经过2019年的强力建设，学校各项条件在不打折扣的情况下已全部建设达标，部分指标超过国家要求。2021年3月，遵义医科大学收到国务院学位办对2015年、2016年学校

遵义医科大学培养了一代代医护人才

科技报表分开上报的问题反馈，学校深入挖掘数据，全面分析数据构成，省教育厅领导和学校主要领导赴教育部科学技术与信息化司进行数据验证并获得支持。2021 年 4 月，国务院学位办收到关于一些问题的质疑，学校有力有据地逐一解释说明，并提供了坚实可靠的材料依据，得到国务院学位办和评审专家的认可。

作为抗战胜利后中国共产党创办的第一所医学本科院校，遵义医科大学扎根红色沃土，辛勤耕耘、砥砺奋进，为国家输送了近 8 万名优秀医学人才。遵义医科大学也成为贵州省第一家非省会城市的博士学位授予单位，有力填补了我省区域博士研究生教育的空白。

贵州师范学院：加强教育教学，提升科研能力

“虽是初冬时节，久违的阳光给校园带来一片春意。”2021 年 11 月 24 日，贵州师范学院第二届“教学节”在学校综合实训大楼开幕。历时 3 周的“教学节”活动精彩纷呈，全校深度聚焦教育教学改革和人才培养创新，充分展示了学校奋力书写教育改革发展新时代答卷的信心和决心。

“教学节的成功举办，展示了全校师生积极向上、改革创新、乐于探究的教育教学精神风貌，营造了具有师院特色的教学质量文化氛围。”校长韦维在闭幕式上如此总结。人才培养是大学的第一职能，本科教育是大学的根和本。贵州各省属高校牢固树立“以本为本”理念，围绕“立德树人”根本任务，牢牢把握办学定位，积极立足优势特色，勇于突破改革难点，不断提升教育教学质量和人才培养质量，为各省属高校的高质量内涵式发展贡献智慧和力量。

“教学节”吸引全体师院人积极参与，来自各二级学院的 25 位教师以公开课的形式展示了自己课堂教学改革的成果，提升了“课堂革命”的向心力；“院长谈教学——我的本科教学主张”的教育思想大讨论，在思想碰撞中进一步弄清了“为什么讨论、谁来讨论、该怎么做”三个基本问题，引导了教师回归教书育人的初心；

贵州师范学院培育师范类专门人才

学生劳动技能展示弘扬了新时代劳动精神，培养了新时代劳动观念，提升了青年人的劳动技能；在“优师”项目拜师仪式上，黄俊琼带领147名师生面向贵州教育誓词宣誓，发出了争当“四有”好老师的最强音。

通过精品展示、示范引领等措施“淘汰水课，打造金课”，树立质量意识，引导全体教师积极投身于高质量课程建设，推动学校教育教学的改革创新，引领高质量人才培养。

贵州开放大学：推进综合改革，助力乡村振兴

贵州广播电视大学正式更名为贵州开放大学后，积极推进开放大学综合改革，制订《贵州省开放大学综合改革方案》报请省人民政府批准。通过办学体系再造、职称评定纳入、绩效考核优化等抓手，按照“大学 + 系统 + 平台”的办学模式，持续打造以学历继续教育为主体，以社区教育、老年教育、社会培训为支点的终身教

育公共服务学习平台，以优质资源、人本服务不断提升办学品质。2021 年，该校获国家级终身教育品牌 3 个、国家百姓学习之星 5 个，省级终身学习品牌项目 10 个。

从江县是贵州最后脱贫的县之一，位于月亮山深处的苗族村寨——大歹村，曾经是“最难啃的硬骨头”。贵州开放大学将 37 名因在外打工或在家务农面临辍学的大歹初三毕业生组成了“大歹班”。2021 年 6 月 4 日，贵州开放大学在大歹建立了远程教育学习支持服务站暨乡村振兴社区教育示范点。通过定向组班、订制教学、定点支持，依托贵州开放大学远程教学资源，配备电子触摸屏播放远程教学资源；还结合当地实际和学生意愿，配备书画桌、书画用品及刺绣架、刺绣用品等。以“民族刺绣”为主要内容开设技能课程，请专业教师现场指导学生苗族刺绣技法，推动大歹村苗绣等传统技艺与创新创意产品相结合，意在培养一批具备非遗文创旅游产品生产技能的手工艺人，帮助大歹班学生及村民掌握一技之长。同时，持续开展一对一帮扶及家访等活动，重点进行思想引导和学业帮扶，鼓励学生坚定学习信念，学生参与的积极性高，取得了较好的教学效果。乡村振兴离不开知识和人才，需要大力发展教育事业培养人才。26 年来，贵州开放大学坚持实行扶贫和扶志、扶智相结合，推动终身教育高质量发展，不断增强乡村发展的内生动力，阻断贫困代际传递。

贵州开放大学的菁菁校园

贵州商学院：以评促建，评建结合，重在建设

为迎接教育部本科教学工作合格评估，2021 年，贵州商学院遵循“以评促建、以评促改、以评促管、评建结合、重在建设”的工作方针，加大软硬件办学条件的建设、不断提炼完善各项迎检材料。注重校内协同联动，全校师生厉兵秣马，努力攻城拔寨，层层压实责任，拟定“补课清单”，对标对表“72039”指标体系，在努力改善办学条件、加快内部质量保障体系建设，努力提升教学质量上下功夫，针对发现的问题，做到及时整改清零。落实“推门听课”安排，压实教学责任，提高教育教学质量。注重校外联动，积极主动争取上级部门的支持和帮助，积极主动对接地方政府落实征地工作。

该校进一步规范教学管理，提升教学质量，转变教风学风，提高人才培养质量。师生获国家级教学大赛奖 4 项、省级 1 项，获省级“优秀指导教师（团队）”1 个；组织学生参加“互联网 +”大学生创新创业等竞赛，获国家级奖 2 项、省级奖 45 项，

贵州商学院深入开展党史学习教育

获全省“优秀组织奖”1 项。进一步规范高校本科专业建设与管理，新设专业评估和本科专业评估合格率达 100%。有序推进校级、省级、国家级课程的分级分类建设和培育工作，立项国家级“金课”1 门，实现了国家级课程立项“零”的突破。

精心美化校园环境，努力打造商科文化。加快推进校园二期建设进度，在安全有序、科学合理、保质保量上下功夫。通过校园文化景观建设，校园内部道路改造修复，用好环湖步道红色资源、图书馆、尚能楼等学生教育基地。线上线下齐发力，大力营造迎接本科教学合格评估的良好氛围，全面展现学校的办学亮点和特色，确保高质量通过教育部本科教学工作合格评估。

■ 彰特色 ——做特市（州）本科高校

为深入贯彻落实习近平总书记视察贵州的重要讲话精神，实现 2027 年建成特色教育强省、2035 年与全国同步实现教育现代化的战略目标，推进市（州）本科高等学校提升办学水平，实现特色发展，各高校坚持以高质量发展统揽全局，按照“做强贵大、做大省直高校、做特市州本科高校”定位，以一流学科专业建设为引领，打造优势学科专业特色。

贵阳学院：强化内涵建设，落实高质量发展

在中共贵阳市委、市人民政府的领导和支持下，贵阳学院按照学校转型发展、高质量发展的总体要求，制定《贵阳学院“十四五”发展规划纲要》，进一步明确了学院的办学指导思想、办学定位、发展思路和发展目标。

学科专业建设质量全面提高。深入推进省级专业评估工作和师范类专业认证工作。4 个专业参加省教育厅组织的专业评估。汉语言文学、学前教育 2 个专业作

为第二批拟认证师范专业，接受教育部专家组的进校考察。

学科专业结构进一步优化。围绕凝练打造的7个学科专业群，加快实施国家级、省级“一流专业”建设工程。科学教育等7个专业通过省级评审，已获推荐申报国家级一流本科专业建设点。组织开展人工智能、应用统计学、智能制造工程、生物信息学、数字经济5个本科专业的申报工作。2021年新增硕士学位授权点5个，硕士学位授权点达到7个。

课程建设推进有力。组织申报省级课程思政示范项目，“大学体育与健康”获批立项，其中8名授课教师、团队被认定为课程思政教学名师和教学团队。“民族传统体育”获批课程思政示范课程，7名授课教师被认定为课程思政教学名师。获批2021年贵州省普通本科高校“金师”4名。

上／2021年新学期开学，贵阳学院领导迎接新生入学
下／2021年9月10日，贵阳学院举行庆祝第37个教师节暨优秀教师、优秀教育工作者表彰大会

教育教学改革持续深化。积极推进线上线下融合教学模式的改革和应用。学校教师在首届全国高校教师教学创新大赛省赛中获省级二等奖、三等奖各 1 名。

校地合作产教融合硕果累累。“贵阳学院数字科技现代产业学院”申报建设首批省级、国家级现代产业学院。启动与华为、腾讯等标杆全面合作，开展大数据人才培养，推动“产业学院”建设，加强校企合作培养高层次应用型人才。

积极投入高水平科研创新平台建设。正式启动 2020 年度贵阳市科技局–贵阳学院科技专项资金，投入 300 万元进行国家级项目和平台培育；获省教育厅支持专项资金 320 万元培育高水平科研创新平台。新设立了“数字经济（科技）领域专项”研究项目，投入 100 万元，支持相关学院、平台开展数字经济（科技）领域的研究。

服务产业革命，助推乡村振兴。选派 26 名省级科技特派员深入基层，为派驻干部提供服务和保障，新设立“科技助力乡村振兴”专项课题，按每人 2 万元的标准安排资金，支持驻村干部开展乡村振兴相关研究。鼓励以应用为导向，将论文写在大地上。新增教师高水平论文 147 篇（SCI 收录 124 篇、CSSCI 收录 23 篇），所发表的教师高水平论文当年累计引用次数为 75 次。与地方、企业开展横向合作，已签订和洽谈中的技术合同超过 50 份，年度技术合同到账总金额 171.47 万元。

遵义师范学院：打造践行红色育人模式

作为革命圣地的本科院校，遵义师范学院积极打造践行红色育人模式，以红色文化“立德树人”。一是红色研究有突破。承担国家社科基金项目“长征精神研究”并将出版专著《长征精神研究》。立项教育部社科重大课题“习近平总书记关于长征、长征精神的重要论述研究”。《打造“长征课堂”，弘扬红色文化，推进新时代高校爱国主义教育》成为全省唯一入选中宣部组织编撰文集的案例，《一体两翼：红色文化融入高校爱国主义教育的实践探索》入选贵州推广示范教材。

遵义师范学院创作的《遵义会议精神永放光芒》在贵州省第七届少数民族文艺会演中荣获银奖

二是红色创作有精品。教师创作的中国画《赤水奇兵》被中国共产党历史展览馆永久收藏。师生创作的《红军水马》《苟坝马灯》等剪纸作品在新华社等平台展示。创作的党史故事视频《文化将军陈沂》《探寻遵义 1935》，在教育部、团中央、新华社相关平台和“学习强国”学习平台展播。三是红色活动有影响。学校“红色育人十个一”特色实践活动贯穿教育教学全过程，“红色育人模式”被写入新华社内参清样文章，引起上级领导关注并做出重要批示。

2021 年，遵义师范学院学生获全国大学生数学建模竞赛本科组一等奖；参加第五届贵州省师范生教学技能大赛和“田家炳杯”第七届全国师范生教学技能竞赛，获省赛一等奖 1 名、二等奖 4 名、三等奖 2 名，国赛入围决赛 2 名、三等奖 4 名、优胜奖 2 名。获得大学生创新创业训练计划国家级立项 17 项，省级立项 49 项；参加“互联网 +”大学生创新创业比赛获省级铜奖 6 项；2 支团队进入教育创新创业大赛决赛；学生以第一作者发表论文 10 余篇。

六盘水师范学院：借助“外脑”，苦练“内功”

2021 年 9 月 23 日，贵州六盘水师范学院与中国科学技术大学在中国–东盟教育交流周永久会址会议中心签署合作协议，副省长郭锡文见证签约仪式。根据协议，中国科学技术大学将通过学科专业建设、队伍能力建设、科研社会服务等多方面的对口帮扶，帮助六盘水师范学院提升办学层次和办学水平，提升管理能力，推动转型发展；通过联合开展帮扶工作，服务农业农村现代化，巩固脱贫攻坚成果，助力乡村振兴。

在借助“外脑”的同时，该校苦练“内功”。对标贵州省一流本科专业遴选条件和建设标准，分类、分层次构建校级、省级本科一流专业建设体系，化学专业获得贵州省一流本科专业建设点；英语、汉语言文学、学前教育等 10 个专业培育为校级一流专业建设点，全年投入一流专业建设经费达 200 万元；结合专业认证要求，在 2021 版本科专业人才培养方案指导意见中构建通识教育课程、专业教育课程、实践教育课程三大模块课程体系。

六盘水师范学院与中国科学技术大学签署合作协议

安顺学院：彰显乡村振兴的高校担当

2021年5月18日，贵州省高校乡村振兴研究中心在安顺学院揭牌，标志着市（州）本科高校正以时不我待的使命感，努力在新时代乡村振兴大战略中担当作为。贵州省高校乡村振兴研究中心将创造研究条件、集结研究人才，提高农业农村专业研究水平、培育乡村振兴人才队伍，以切实行动研究乡村，为贯彻落实乡村振兴战略建言献策，为贵州和西南地区在乡村振兴上开新局提供高校方案，贡献高校智慧。

中共贵州省委教育工委副书记，省教育厅党组书记、厅长邹联克在揭牌仪式上指出，民族要复兴，乡村必振兴；乡村要振兴，教育必先行。全面推进乡村振兴，人才是根本。首先迫切需要解决的就是补齐推动乡村振兴人才支撑这个短板。大力实施乡村振兴战略，加快推动农业现代化步伐，贵州正勠力同心、奋力前行，贵州教育也要主动作为、真抓实干，贵州高等教育更要积极投身、深入参与，充分发挥自身优势，在乡村振兴这个大舞台有所作为、大有作为。贵州省高校乡村

2021年5月18日，贵州省高校乡村振兴研究中心在安顺学院揭牌

2021 年 12 月 9 日，省教育厅督学（正厅长级）王碧海到安顺学院调研

振兴研究中心的成立是贯彻落实中央战略部署，服务党和国家经济社会发展的一项重要举措，意义深远而重大。要牢记责任担当作为，发挥学科优势，主动服务乡村，为乡村振兴战略的实施建言献策；要找准定位服务决策，把大力推进农业现代化作为主攻方向，聚焦乡村振兴的阶段特征和实践难题寻求破解之策、拿出可行之举，充分发挥高校在乡村振兴战略实施中的科技创新策源地作用。要凝聚力量塑造品牌，要在乡村振兴学术研究上办出特色，打造理论研究品牌；要在乡村振兴实践指导上办出特色，打造新型智库品牌；要在乡村振兴学科专业建设上办出特色，打造新农科品牌，努力形成高等教育内涵式发展与推动经济社会发展紧密结合的新局面。

2021 年 1 月，依托该中心，批复组建“贵州乡村振兴 2021 协同创新中心”。安顺学院面向乡村振兴研究和服务，从人才、经费和制度等方面强化保障措施，强化建设责任，着力引才留才，推出系列支持政策，进行配套经费支持、绩效激励与体制改革，制订并实施中心具体建设计划和中长期科研发展规划，组织和支持中心重大学术活动，通过系列措施和持续建设将中心做大做强。

服务乡村价值认知、乡村产业振兴、乡村人才振兴、乡村文化振兴、乡村生态振兴、乡村组织振兴等方面，推动实现城乡和谐，乡村有厚度、乡村有力量、乡村有“乡愁”、乡村有颜值、乡村有善治，扎根黔中，放眼全国，办好高等教育，服务乡村振兴。

贵州工程应用技术学院：深耕思政责任田，画好育人同心圆

贵州工程应用技术学院坚持以“立德树人”为根本，兴学育人为抓手，以培养服务工业化、城镇化建设等需要的一线工程师和服务基础教育需要的一线教师为目标，立足毕节、服务贵州、面向全国，不断深化产教融合、校企合作，深化教学改革、提升教学质量和办学水平，努力建设特色鲜明的高水平应用技术大学。

近年来，该校高举习近平新时代中国特色社会主义思想伟大旗帜，把习近平总书记系列重要讲话精神作为学校思想政治教育的指导思想和行动指南，不折不扣地深入贯彻落实。该校通过深入挖掘地方红色文化资源，充分发挥地方党史和革命文化的育人作用，将思政课堂搬到红色文化基地，积极与地方高校联合开展思政开放课堂，不断探索“大思政课”教学改革创新，全力打造各种思政“精品”课程。同时，学校注重加强思想政治理论课教师队伍建设，通过培养培训、社会实践、挂职锻炼、学习考察等途径，常态化开展思政课教师教学水平提升工作、不断推进思政课教学改革创新，做到“课程门门有思政、教师人人讲育人”，把思想政治教育贯穿本科教育全过程，为进一步推进新时代思政课高质量发展奠定了基础。

铜仁学院：增列为硕士学位授予单位

2021 年 10 月 26 日，国务院学位委员会批准铜仁学院增列为硕士学位授予单位，该校成为省会贵阳以外的市（州）高校中第一家获得硕士学位授予单位的学校。马克思主义理论一级学科硕士点、材料与化工、农业专业硕士三个点同步增列为硕士学位授权点。该校健全完善了硕士研究生培养制度，遴选了首批硕士研究生导师，由此开启该校教学科研、内涵发展的全新一页。

上 / 2021 年 3 月 11 日，省教育厅党组成员、省教育工会主席王慧到铜仁学院调研
下 / 扎根并服务武陵山区的铜仁学院

2021年11月9日，铜仁学院举行学科建设与研究生教育大会

该校坚持“铜仁需求·国家标准”，推进“育人为本、科研先行”发展战略，有序培育重点科研平台、重大项目和标志性成果。2021年获批项目235项，总经费2086万元；其中，国家级项目6项、省部级项目30项。获2021年度贵州省基础研究项目15项，立项数位居全省市（州）高校第二。获贵州省科学技术奖4项，实现省科技进步二等奖零的突破，获奖数位居全省第五、市（州）高校第一。获贵州省第五届教育科学研究成果奖5项（其中一等奖2项）、贵州省哲学社会科学规划课题立项4项，获奖数和立项数均位居市（州）高校第一。报送的咨政报告“关于加快推进我省高校一流学科建设的建议”获李炳军省长的肯定性批示。

该校不断优化专业结构布局，构建竞争性教学激励机制。扎实推进一流学科建设。建有省级一流本科专业6个、省级一流课程2门，是贵州省“三全育人”示范标杆高校，主流媒体重点报道了该校“三全育人”工作典型案例。学科竞赛成绩持续提升，在“挑战杯”和“互联网+”创新创业大赛等学科竞赛中获省级以上奖励80项。其中，全国性奖励3项，省级一等奖16项、二等奖10项。特别是在土木类权威赛事——全国大学生结构设计竞赛中获得国家级三等奖，实现突破。学生培养质量日益向好。2021 届毕业生初次就业率达 80%，高于全省平均水平。毕业生考研录取 132 人，录取率居全省市（州）高校前列。

铜仁学院作为武陵山区重要的本科高校，充分发挥大学的智库职能，在文化传承与创新发展上积极服务地方经济、社会、文化建设，彰显了“扎根武陵 服务地方”的办学特色。

凯里学院：坚持“以本为本”，提升人才培养质量

凯里学院长期坚持“以本为本”理念，努力提升人才培养质量。教育教学质量持续提升，组织编制《凯里学院“十四五”教育事业发展规划（2021—2025 年）》、6 个专项子规划和《凯里学院“十四五”时期发展蓝图》；思想政治教育、汉语言文学两个师范类专业，顺利通过国家二级认证工作；3 位教授获 2021 年全省普

2021 年 9 月 30 日，凯里学院党建广场落成

通本科高校“金师”称号，1 名教师案例获全省高校美育改革创新优秀案例三等奖；成功获批贵州省第五批“省级双创示范基地”，学生在全国各类创新创业大赛中获奖 10 余项；学生考取研究生人数达 123 人，创历史新高；毕业生就业去向落实率达到了 92.59%。

凯里学院坚持创新引领，努力提升科学创新能力。科研工作稳步提升，2021 年获得立项项目 201 项，比 2020 年增加 58 项。立项中，国家级项目 4 项、省部级项目 7 项、地厅级项目 49 项、横向项目 22 项，项目总经费近 1800 万元；《原生态民族文化学刊》连续三次进入 CSSCI 扩展版来源期刊目录，被评为“2020 年度民族学与文化学最受欢迎期刊”。贵州苗绣文化保护与发展研究中心获批成为贵州省高等学校人文社会科学研究基地。

黔南民族师范学院：深化“校农合作”，服务乡村振兴

2017 年，黔南民族师范学院在平塘县卡蒲毛南族乡探索出“公司 + 贫困户（农户）+ 合作社 + 营养厨房”的“校农结合”扶贫模式。以该校后勤部门提出采购需求及负责收购，各村级合作社组织收购、配送，农户生产并向合作社出售农产品的方式，约时定点定量向学校配送农产品，有效解决了贫困群众农产品销售难题，逐步发展成“订单”农业。黔南民族师范学院成为全省“校农结合”发源地，一校肇始，风行全国。

2021 年 11 月 28 日，西部地区首个“山地乡村”振兴标准《新时代贵州乡村振兴标准》（以下简称《标准》）学术发布会在黔南民族师范学院举行。该《标准》是西部地区首个理论与实践、定性与定量、学术性与实操性、前瞻性与可行性结合，真实刻画“山地乡村”振兴和城乡新型融合、城乡均衡发展的标准。《标准》全面对接《贵州省乡村振兴战略规划（2018—2022 年）》，注重普适性与发展性、指导性与实操性、保基本与促提升、抓共性与显特色有机结合，持续深化推进贵

重点打造新型城镇化、旅游产业化、农业现代化、民族地区乡村治理现代化等 8 个团队

州省“十百千”乡村振兴示范工程，全面提升新时代贵州乡村振兴水平，旨在建设百姓富裕、产业兴旺、社会和谐、乡风文明、舒适宜居、环境优美、治理有效的美丽乡村。

2021 年 7 月 9 日，校农结合助推乡村振兴行动计划发布会暨产教融合推进会在黔南民族师范学院举行。来自中国国土经济学会研究室、湖南农业大学、东华大学、河北农业大学、广西大学、中央音乐学院、贵州省农业科学院、黔南州政协等单位和高校的专家学者汇聚一堂，共话乡村振兴。时任该校党委书记杨未主持大会。

杨未在大会开幕致辞中表示，党史学习教育开展以来，学校坚持问题导向，把学习党史同总结经验、推动工作结合起来，在“校农结合”中突出抓好基层党建“强”基础、抓好消费采购“稳”生产、抓好科技服务“强”产业“三个抓好”，巩固拓展脱贫攻坚成果同乡村振兴有效衔接，切实为群众办好实事。该校副校长翁庆北代表学校分别与深圳中商产业研究院有限公司、贵州成宇益丰生态农业发展有限公司、贵州胜威福全化工有限公司、贵州贵广惠教科技有限公司、黔南农业投资发展有限责任公司签署“乡村振兴”产教融合合作协议。

黔南民族师范学院创新打好“1258”组合拳——以“校农结合”为抓手；建设“贵州高校乡村振兴研究中心”和“贵州民族乡村治理共同体 2011 协同创新中心”两个平台；深入实施党建强基、稳产兴业、教育帮扶、文明提升、绿色美化“五大行动”；发挥人才优势，重点打造新型城镇化、旅游产业化、农业现代化、民族地区乡村治理现代化等 8 个团队。

“1258”组合拳，立足黔南、辐射全省，多措并举、全面发力。“校农结合”全年线上线下采购农产品总金额 594 万元，其中本省采购总金额 577 万元，占比 97.1%；农产品采购数量 82 万公斤，其中本省采购数量 80 万公斤，占比 97.5%。建设“校农结合”蔬菜大棚基地，指导高标准规范化蔬菜种植 700 亩，扩大“校农结合”蔬菜面积 3000 亩，推行早熟辣椒 2500 亩，单项创收 1500 多万元。两个“中心”八个团队，发挥人才和科研优势，着力科研成果转化和科技服务，扎实开展“五大行动”，深入推进服务乡村振兴创新试验，推动构建服务乡村振兴的科技创新体系。在独山县麻尾镇麻尾组开展《新时代贵州乡村振兴标准》试点；开展技术转让、技术服务、人才培养合作，开展黔南州七大特色优势产业“卡脖子”技术攻关，承担全省农业重大专项、“三大战略行动”重大招标课题等 6 项，全省服务农村产业革命科研项目 21 个，申报建设重大科技项目 1 个，重大科技成果转化平台 2 个，“磷钛化工中试基地”“贵州省国储林林下经济产业工程技术中心”等重大科技创新平台 4 个；扎实推进“荔波县红光村农产品产销对接创新群体”“荔波县董亥村中药材山豆根产业创新群体”等特色农业创新群体项目 5 个。扎实推动巩固拓展教育脱贫攻坚成果同乡村振兴有效衔接，取得良好开局。

兴义民族师范学院：学科建设绘蓝图，不负韶华启“兴”程

2021 年 1 月 5 日，兴义民族师范学院举行学科建设大会暨申硕攻坚推进会。会议主题是“布新局、优结构、突特色、强组织、创路径、明目标，开创学科兴校新局面，全面推动学校高质量发展”，凝聚共识、明确目标，科学谋划学科建设，全面推进硕士点立项建设工作，汇聚全校智慧和力量为“十四五”规划谋篇布局，努力把该校建设成为三性一型特色鲜明的区域“双一流”大学。

该校聘任吕国富等 7 名教师为学科带头人，毛建军等 17 名教师为学科方向负责人，聘期 3 年，并颁发了聘书；对在学科建设方面做出突出贡献的教职工进行了表彰，为 14 人颁发了学科建设突出贡献奖，为 6 人颁发了优秀学科方向负责人奖。会议现场为山地旅游教育与推广中心、民族文化教育研究院、少数民族非物质文

2021 年 11 月 12 日，中国-东盟文化艺术教育发展论坛在兴义举办，兴义师院与菲律宾克里斯汀大学签约

化研究遗产研究中心、绿色精细化学品研发中心、人工智能研究院5个体化科研机构揭牌。

学科建设是高校建设的龙头，该校将以提升内涵和凝练特色为目标，以对标新增硕士学位授予单位指标为抓手，以科教协同、产教融合、服务地方为途径，围绕6大特色学科群，形成高水平学科团队，打造高水平学科平台，力争更多标志性的教学科研成果，以提高办学层次，实现学科建设高质量发展，提升服务区域发展需求的能力，为地方经济的发展提供学科支撑。

7

第七章

行普惠 稳兜底 惠师生

为全面贯彻党的教育方针，落实立德树人根本任务，按照“1358”工作重点，紧扣高质量发展一条主线，不折不扣地抓好任务落实，2021年，贵州省教育厅继续推动全省学前教育普及普惠、优质发展。大力发展公办幼儿园。公办幼儿园建设持续被列为省人民政府民生实事项目，全省各地完成新建、改扩建公办幼儿园459所，新增学位4.4万个，公益性学前教育资源不断扩大。广大师生和人民群众得到实实在在的教育“红利”，无不欢欣鼓舞。

公办幼儿园入托费用节省 70% 左右

贵阳市民赵先生原先在南明区工作，因公司搬迁，全家人搬到观山湖区居住生活。因为居住小区旁边就是观山湖区第一幼儿园，孩子顺利地入园就读。2021 年 12 月初，赵先生通过手机交纳本月的保教费、伙食费、取暖费，一共才 500 来元。赵先生感慨地说：“幼儿园的暖气从早开到晚，每个月只需要 25 元取暖费，孩子们暖暖和和的，太幸福了，我家的入托费用节省了 70% 左右。前两年我家孩子是在私立幼儿园，每个月需要 4000 多元，比现在多了七八倍。真心感谢国家的好政策！”

“入园难”“入园贵”曾经是贵阳一部分家长最头疼的问题，大部分私立幼儿园每月收费为 3000 元—5000 元。对于普通家庭，这是一笔很大的支出；再除去日常生活支出、还房贷或者租房费，一个家庭基本没有余钱用来储蓄或者发展。

云岩区新建、改扩建 11 所公办幼儿园

2021 年秋季学期开学，贵阳市云岩区新开办了 10 所公办幼儿园，改扩建 1 所公办幼儿园。这些幼儿园分别是云岩区第一幼儿园中天分园、云岩区第二幼儿园、云岩区第三幼儿园杨惠分园、云岩区第十六幼儿园、云岩区第十七幼儿园、贵阳市第三实验幼儿园恒大帝景分园、贵阳市第五幼儿园甜蜜分园、贵阳市第八幼儿

云岩区幼儿园在贵阳市幼儿园课程实施方案评比中佳绩频频

园甜蜜分园、中天未来方舟 D9 幼儿园、云岩区小花幼儿园浣纱分园、贵阳市实验幼儿园（改扩建）。

新增的 11 所公办幼儿园均正式开学，新增学位约 3000 个，共设置 99 个班级，已开设 80 个班级，招收 3—5 岁幼儿共计 2100 余人，极大地缓解了周边片区适龄儿童的入园压力。2000 多个家庭因此受惠，家长和孩子们幸福感爆棚。

长期以来，云岩区不断提高学前教育办园质量，加大学前教育建设力度及财政投入，努力扩大学前教育资源总量，逐步提高公办、普惠幼儿园覆盖率和保障率。2021 年云岩区学前 3 年毛入园率达 90.80%，普惠率达 91.06%，公办率达 58.10%。

“为贯彻落实好中共云岩区委、区人民政府提出的‘优化公共服务供给，集中全区力量建设高水平美好云岩成果共享区’的要求，区教育局紧盯‘让儿童健康成长’这一民生重点，积极与多个职能部门联合协作，加大学前教育的资金投入，不断提高学前教育的毛入园率、普惠幼儿园覆盖率及公办幼儿园占比率，努力提高办园质量，强化建设管理体制、办园体制和政策保障体系，促进云岩区学前教育优质发展，让适龄儿童家庭真正得到实惠，让人民群众真正满意。”云岩区教育局党委书记、局长林晓凤介绍说。

全省公办幼儿园新增学位 4.4 万个

2021 年，贵州省教育厅围绕普及普惠，不断扩大学前教育资源，让广大人民群众享受教育普惠。一是不断扩大普惠性学前教育资源供给。以学前教育普及普惠国家督导评估为抓手，在全省范围内启动部署县域学前教育普及普惠工作，制定出台《贵州省县域学前教育普及普惠督导评估指标体系》，明确云岩区等 8 个县（区）纳入 2021 年普及普惠评估验收县单位。二是大力发展公办幼儿园。公办幼儿园建设持续被列为省人民政府民生实事项目，全省各地完成新建、改扩建公办幼儿园 459 所，新增学位 4.4 万个，公益性学前教育资源持续扩大。三是小区配套幼儿园治理工作全面完成。督促各地同步规划、同步建设、同步交付、同步使用小区配套幼儿园，按月调度小区配套幼儿园建设项目，除两所配套幼儿园因开发建设单位资金链断裂停工外，其余全部完成建设任务。

围绕立德树人的根本任务，不断丰富“幼儿园一日活动”的形式和内容，指导幼儿园科学安排一日活动。将德育教育有机渗透在幼儿园各项教育教学工作中，帮助幼儿学会遵守基本行为规范，喜欢并适应集体生活，为幼儿形成健全人格奠

全省农村幼儿园集团化管理资源中心现场观摩培训会议在六盘水市水城区召开

定基础。围绕建党 100 周年开展系列活动，指导各级各类幼儿园听红色故事、绘英雄人物等，感念革命先辈的辛苦付出，让孩子们铭记历史、心怀感恩，激发幼儿爱家乡、爱祖国的情感。为促进幼儿身心健康发展，指导各级各类幼儿园严格落实“每天户外活动 2 小时，其中体育锻炼 1 小时”的要求，促进幼儿身体发育，强健幼儿体质。将劳动教育融入幼儿园课程，注重培养幼儿生活自理能力，鼓励幼儿承担力所能及的劳动任务，培养幼儿基本生活自理能力。

幼儿园围绕内涵发展要求，保教水平不断提高。各地以农村幼儿园集团化管理资源中心建设为抓手，新建农村资源中心 400 个，同时开展资源中心专项检查并召开现场观摩培训会，农村学前教育质量稳步提升。深入推进集团化办园和教研指导责任区建设，覆盖全省所有公民办幼儿园。以“优质园 + 薄弱园、优质园 + 新开园”等形式充分发挥龙头园的带动作用，促进集团幼儿园共同发展和区域联动教研，形成集群效应，构建“一体化、全覆盖”的区域联盟和教研网络，不断提升科学保教水平和质量。建立省、市、县三级专家指导制度，加强专家引领。定期组织专家赴幼儿园开展专项指导工作，助推幼儿园科学保教，以点带面提升办园品质。加强省级示范园建设。2021 年，对 70 所幼儿园开展省级示范幼儿园评估，创建省级示范园 19 所。目前，贵州省共创建省级示范幼儿园 96 所，优质学前教育资源不断扩大。遴选 21 个“安吉游戏”和幼小衔接国家级、省级实验区开展“安吉游戏”推广和幼小衔接试点工作，召开全省“安吉游戏”推广工作和幼小科学衔接试点工作推进会，指导各地在试点经验的基础上全面推广，深入推进入学准备和入学适应工作。

围绕专项工作，学前教育保障水平不断提升。以“砥砺十年　奠基未来”为主题开展宣传月活动，顺利完成第十个学前教育宣传月活动，在厅门户网上开辟“贵州学前教育发展十年巡礼”专栏。中国教育电视台专题介绍贵州学前教育发展经验和成果。与厅财务处一道对各地公办园生均公用经费财政拨款落实及保教费使用等情况开展专项督导检查，并对公办园生均公用经费财政拨款及保教费使用落实不到位的 79 个县（市、区）下达督办通知。截至目前，各县（市、区）退还幼

2021 年 11 月 8 日，省级示范幼儿园评估组专家在天柱县一幼开展评估

儿园上缴的保教费 58862.4 万元（不含 2019 年以前补拨）。与督导办一道对以“兴趣班”“实验班”“特色课程”等名义违规收取费用的行为进行查处，进一步规范幼儿园收费管理制度。围绕普及普惠目标任务加强督导检查。与督导办一道实地调研指导并开展“回头看”工作，确保提高普及普惠水平。

2021 年，在满足“有园上”的同时，贵州省不断提升学前教育质量。一是转变教育观念。指导教师学会尊重、聆听儿童，充分把握儿童的身心发展规律，坚决避免“小学化”教学行为。二是坚持以游戏为基本活动，让孩子在玩中学、在玩中成长。贵州省全面推广以“安吉游戏”精神为主导的教学实践和幼小衔接工作，希望通过这两项工作的实施，提升保教质量。三是扩大优质资源。贵州省已建立省、市、县三级示范幼儿园工作机制，现有省、市、县三级示范幼儿园 2071 所，学前教育优质资源不断扩大。四是实现集团化办园、教研责任区、农村资源中心在公民办幼儿园“三个全覆盖”。规范办园行为，提升幼儿园教研水平。五是启动学前教育普及普惠督导评估工作。从 2021 年起，贵州省 88 个县将逐年接受国家学前教育普及普惠督导评估。

学前教育“从有到优” 公平质量整体提升

教育，事关千家万户，是国之大计、党之大计。学前教育作为终身教育的开端，“幼有所育”是广大人民群众共同的期盼，事关群众的切身利益，事关劳动力素质的提升，事关经济社会高质量发展最为核心的动力变革。“十四五”期间，贵州提出学前教育要由“从无到有”向“从有到优”转变和发展。

“小朋友们，要怎样保护眼睛？”“不用手揉，不边吃饭边看书，多看蓝天和绿树。”孩子们纯真稚嫩的嗓音开启了贵阳市实验幼儿园未来方舟分园的“幸福晨会”。

享用果点时间，遵义市播州区龙坑中心幼儿园八里园区的孩子们吃着香甜可口的猕猴桃，小脸花花却意犹未尽。在学前儿童营养改善计划的支持下，这所村级幼儿园的每个孩子每天有 3 元政府补助；家长每个月只需要交纳两三百元，就能让孩子们每天吃饱吃好。

凯里市适龄儿童在公办幼儿园健康成长

2021 年贵州省《政府工作报告》中提出，要促进教育更加公平更有质量，推进学前教育普及普惠发展，推动学前教育向“从有到优”转变。

“以前一个月的入托费，现在够花半年！”对贵阳市白云区第二幼儿园三分园的家长班丽而言，现在最舒心的事，莫过于孩子的保教费从每月的 2000 元降到了每月的 400 元。

随着城镇化水平的不断提升，小区配套幼儿园有效满足了就近入园需求，但是曾经的高收费、应建未建以及建成后闲置等问题，成了广大幼儿家长的心病。2019 年起，贵州启动城镇小区配套幼儿园治理工作，共新增 16.8 万个小区配套普惠性学前教育学位。同时，省教育厅还联合 7 部门共同印发《贵州省城镇小区配套幼儿园建设管理办法（试行）》，大力规范小区配套幼儿园建设管理。点滴改变，都是为了回归教育服务人民群众的初心。

贵阳市白云区第二幼儿园三分园正式降费转普，得到周边小区群众的热烈欢迎。“幼儿园实现了从追逐盈利向回归教育初心的根本转变。”三分园园长税春艳说，“治理前，幼儿园曾一度存在教师资质不符、‘小学化’倾向、兴趣班过多等等问题。如今，教室不再只有桌椅，而是划分为美术、玩具、阅读等多个区域；教学也不再只是读与写，而是在生动活泼的教学与游戏中践行‘一日环节皆课程’的理念。”

2021 年年初，闲置多年的遵义市播州区龙坑小学成功改建为播州区实验幼儿园培英分园，周边社区的 68 名适龄儿童实现了就近入园。时间紧、任务重、工期赶，改建过程并不容易。“大大小小的协调会开了几十次，实地查看、社区走访也跑了几十次。”培英分园园长雷旭说。功夫不负有心人，经过一年多的努力，这所闲置小学改建成为可以容纳 6 个班级的幼儿园。雷旭介绍说，小学改建幼儿园只是应急之策，首先考虑的是实现学位覆盖。周边社区配套建设完成后，当地还将新建 3 所、改建 1 所幼儿园，以满足周边适龄幼儿的入园需求。

集团化办园是贵州农村提升学前教育办学质量的重要途径之一。截至目前，

凯里四幼——民族文化进校园

贵州省共建成1168个农村幼儿园集团化管理资源中心，农村学前教育迎来新发展，学前教育进入普及普惠新阶段。

农村幼儿园集团化管理资源中心建设启动于2019年，是实现乡、镇、村、学前教育一体化管理，快速提高农村学前教育质量的有益实践探索。根据规划，到2025年，贵州每个乡镇将至少建成1个农村幼儿园集团化管理资源中心，每个县（市、区）至少创建1所省级示范幼儿园。

为推动全省学前教育迈入高质量发展新阶段，“十四五”期间，贵州学前教育将继续坚持农村以公办幼儿园为主体、城市新增幼儿园以公办为主的原则，以学前教育普及普惠国家督导评估为抓手，大力发展公办幼儿园，不断扩大普惠性学前教育资源供给，推动公办学前教育扩容提质。

全力推进普及普惠工作，建立健全工作推进机制，强化责任落实，强化普及普惠目标，推动构建覆盖城乡、布局合理、公益普惠的学前教育公共服务体系；树立标杆引领带动事业发展。总结全省各地资源中心建设有益经验，引领带动其他地区学前教育普及普惠优质发展；全面落实“三个全覆盖”“二加强”“一规范”，整体提升幼儿园办园水平和保教质量。实现集团化办园、教研责任区、农村资源中心“三个全覆盖”，实现教研引领和幼小科学衔接“二加强”，实现规范办园行为“一规范”。

每天清早，家住凯里市龙场镇三兴村的潘良彬小朋友在爸爸妈妈的带领下，一路有说有笑，来到三兴村幼儿园。4 年前，潘良彬的父母决定从浙江返回三兴村长期居住。曾在沿海大城市生活过的潘良彬妈妈十分重视学前教育。“这里不仅上学近、学费实惠，教学质量还有资源中心做保障，和沿海地区的城市幼儿园一样好。”

2021 年，凯里市继续通过“学前教育集团 + 农村幼儿园集团化管理资源中心 + 教研指导责任区”模式，推动教研指导重心从城区转向农村，全市率先实现幼儿园集团化管理资源中心全覆盖。

不仅凯里市的资源中心搞得有声有色，遵义市播州区也是可圈可点。

进入遵义市播州区龙坑农村幼儿园集团化管理资源中心，二维码随处可见。

同学们在国旗下健康成长

课程文字、幼教资源、音乐器材、本土资料……每样材料都贴有二维码，掏出手机扫一扫，课程教案、阅读说明、玩法建议等平时老师们关心的问题，全部清清楚楚、一目了然。“有了二维码，中心不仅实现了无纸化管理，还有效降低了村级园老师的交通成本。”资源中心负责人汤瑶婵媛介绍说，“目前，中心首创的‘二维码’教研模式，已在遵义全市 130 个资源中心推广。”推动学前教育资源开放共享，助力农村幼儿园科学发展。目前，全省共建成农村幼儿园集团化管理资源中心 768 个。

沿着遵义市红军街石板路步行 5 分钟，就能看见坐落在红墙黛瓦之中的红花岗区机关幼儿园。

作为省级示范（二类）幼儿园，长期以来，该幼儿园积极发挥“龙头园”的示范引领作用，将红色文化融入教育教学全过程。在遵义市农村幼儿园保教质量提升项目中，该园承担了骨干教师团队、保教质量提升核心园的作用。以项目提升为引领，通过“遵义市三支骨干教师队伍建设”培训骨干教师 60 名、学前教育骨干教师 1500 名，如今，该园已引领务川仡佬族苗族自治县、桐梓、正安三地的近百所幼儿园共同发展；作为龙头园，红花岗区机关幼儿园安排了专人对责任区内幼儿园进行办园理念、办园文化和专业成长指导。高质量的学前教育为孩子们创造了“能呼吸的环境”，让幸福文化引领幼儿发展，星星之火发展为幼儿教育的燎原之势。

在贵阳市实验幼儿园未来方舟分园，每个角落都蕴含着关心关爱的“幸福文化”。2021 年 6 月，该园接受省级示范（一类）幼儿园终评。以“幸福立体课程”为引领，幼儿园依托省级名园长龚燕工作室，通过国培教师专业研修、高校理论课程研修、研究生跟岗实训等方式，领衔教研指导责任区内 12 所公办民办幼儿园共同成长。

目前，贵州省已创建的省级示范幼儿园初步建立了各级示范幼儿园评估体系，引领示范作用逐渐加强，优质学前教育资源覆盖面不断扩大。

提高普及普惠水平　保障学生“幼有优育”

2021 年 4 月 16 日，贵阳市云岩区“创建学前教育普及普惠区”大会启动。云岩区教育局将科学合理制订县级幼儿园布局规划，按照每千人 45 名学前教育儿童、每班平均 30 人测算幼儿园布局，保证幼儿园的规模、数量与城市发展和人口增长相适应。

云岩区各部门和幼儿园把创建学前教育普及普惠区纳入 2021 年的目标考核，建立部门联席会议制度，协调推进创建工作。通过创建学前教育普及普惠区契机，力争让幼儿园在硬件配置、师资队伍建设、保教质量和幼儿园管理等方面得到提升和发展。

2021 年 4 月 20 日，毕节市金沙县召开学前教育普及普惠工作推进会，对创建全国“学前教育普及普惠县”工作进行安排部署。创建国家“学前教育普及普惠县”，旨在努力构建覆盖城乡、均衡发展、体制顺畅、充满活力的学前教育公共服务体系，增加普惠性学前教育资源、提高学前教育普及率，切实解决学前教育“入公办园难”、“入民办园贵”、师资不足以及“监管弱”等问题，不断满足人民群众对学前教育的需求。

金沙县将努力实现县域学前教育普及普惠目标，并确保成功创建全国“学前教育普及普惠县”。到 2025 年，实现学前三年毛入园率达 95%、普惠性幼儿园覆盖率达 84%、公办园在园幼儿数占比达 70%。

毕节市赫章县有幼儿园 307 所，在园幼儿 37228 人，学前教育三年毛入园率为 90.02%、普惠率达 92.53%，实现了社区及有需求的大型村幼儿园全覆盖。大力推进城镇小区配套幼儿园建设，完成 3 所城区幼儿园治理并移交使用，新建或补建 7 所城镇小区配套幼儿园。目前，公办幼儿园占比为 81.1%。

普及普惠优质发展的“道真路径”

遵义市道真县学前教育秉承“幼有所育、幼有优育”指导思想，始终坚持党委领导、政府主导、社会参与原则，汇万众之心，聚全县之力，按照“12345”工作思路，在投入保障、队伍建设、规范管理、资源扩展、保教质量等方面成效显著，走上了普及普惠优质发展的快车道，率先在贵州省首批、遵义市首个创建“国家学前教育普及普惠县”，成为贵州省教育事业发展中的新目标、新任务、新亮点，成功探索出学前教育普及普惠优质发展的“道真路径”。

2021 年投入资金 2000 余万元，通过增位扩容公办幼儿园 8 所，增加学位 1890 个，有效化解幼儿园大班额问题。目前公办幼儿园达 51 所，普惠性民办幼儿园 11 所，实现全县 15 乡（镇、街道）均有 1 所公办中心幼儿园，形成布局合理、规模办学、普惠优质、群众满意的大村独立建园、小村联合办园的公共服务网络，满足群众在家门口就能上好幼儿园的需求。

道真县坚持“抓普及，强规范，促提高，显特色，上水平，创品牌”的原则，制定《关于进一步加强幼儿园规范管理的实施意见》，强化幼儿园各项制度落实，使幼儿园管理实现制度化、科学化、精细化，大幅提高学前教育管理水平，率先成为贵州省“安吉游戏”试点县，鼓励幼儿园开发乡土课程和园本课程，打造出上坝土家族本土课程、旧城镇竹文化课程等。如今，走进道真县任何一所幼儿园，都仿佛走进了童话王国，校园优美而童趣盎然，孩子们幸福入园成长。

为确保幼儿园保教质量，道真县严格落实幼儿园办园许可证审批准入制度和年检制度，对 19 所民办园严格按照“先证后照”的管理制度进行规范管理，全面实现民办园办学许可证和民办非企业法人登记证、民办企业营业执照制度。促进公民办教育协同发展。坚持布局规划同步、扶持奖补同步、师资培训同步、等级创建同步、考核表彰同步的“五同步”原则，采取纳入规划、土地扶持、膳食补助、集团帮扶、免除税收、培养培训等方式支持普惠性民办幼儿园规范发展，极大地激励了社会力量兴办普惠性幼儿园的积极性，形成公办民办协调发展的格局。

道真县成立了由中共道真县委书记、县长任“双组长”的创建县域学前教育普及普惠工作领导小组，及时召开县域学前教育普及普惠县创建启动大会、推进大会，并多次召开专题会议听取工作汇报，研究部署县域学前教育工作，有效解决存在的困难和问题。一是强化经费保障。建立公办幼儿园生均公用经费财政拨款制度的实施意见和普惠性民办幼儿园认定扶持及管理办法，生均补助纳入财政预算，及时划拨。同时根据经济社会发展水平对公办幼儿园收费标准进行动态调整，有效保障幼儿园运转。二是强化安全保障。全面落实教育、公安、生态环境、交通、住房、城乡建设、卫生健康、市场监管、应急等部门对幼儿园园所、食品、卫生、校车、消防等各方面的安全监管责任，建立健全幼儿园安全风险防控体系和安全风险隐患研判评估机制，加强幼儿园“三防”（人防、物防、技防）体系建设，乡村以上幼儿园专（兼）职保安配备率达 100%、城镇幼儿园封闭化管理达 100%、城镇幼儿园一键式紧急报警与公安机关联网率达 100%，实现幼儿园安全

道真县民族幼儿园开展第一届冬季运动会暨“防疫大作战，健康伴我行”主题教育活动

风险防控体系全覆盖。三是强化创新办园保障。坚持“名园带新园、公办园带民办园、优质园扶薄弱园”的工作思路，以“集团化办园”办学模式，发挥学前教育责任区核心园、专家团队指导、市级示范幼儿园、县级示范幼儿园的辐射作用，实现资源共享、优势互补、以强带弱、共同发展。先后建成 2 个公办幼教集团、1 个教研指导责任区、7 所市级示范幼儿园、14 个农村集团化管理资源中心。

以“普及普惠促民生，规范发展提质量，特色成效创品牌”为目标，建立政府统筹抓保障、教育牵头抓落实、部门协作抓配合、行业部门（责任督学）抓督导、专家团队抓指导的五级联动工作机制，形成“定岗、定人、定责、定位、定效”分工负责、上下联动、齐抓共管的创建“国家学前教育普及普惠县”工作体系，成功提炼出可借鉴、可复制、可推广的学前教育发展经验。

荔波县“幼有所育”全覆盖

荔波县紧扣“幼有所育”目标任务，不断完善学前教育“政府负责、教育部门主管、有关部门协作”的体制机制，创新办学模式、深化制度改革，补齐补足学前教育发展短板，强力推进学前教育普及普惠创建工作，率先实现全县城乡学前教育“幼有所育”全覆盖，有效解决了幼儿入园难、远、贵等问题。2021 年，荔波县被教育部列为贵州省首批“国家学前教育普及普惠创建县”。荔波县建成各类幼儿园 41 所，学前三年毛入园率为 103.33%，超评估标准（85%）18.53 个百分点；普惠性幼儿园覆盖率为 95.91%，排名全省前列；公办幼儿园在园幼儿占比为 91.3%。

科学规划布局。荔波县制定了《荔波县“十四五”校点空间布局调整规划方案》《荔波县 2020—2025 年优化教育资源布局结构实施方案》，坚持集中办学与就近就学相结合的原则，根据居住人口和学前适龄儿童的数量、地理位置和交通状况等因素合理规划布局学校，通过“迁、建、扩、改”等途径，在群众聚居地、易地扶贫搬迁安置区科学规划建设幼儿园，有效整合学校资源，优化布局公办幼儿园，有效缓解幼儿入学难、入学贵、入园远等问题。全县通过新、改、扩建县城、乡镇幼儿园（班）24 所，新增幼儿园学位 4020 个。

严格办园标准。出台《荔波县创建“国家学前教育普及普惠县”工作实施方案》《民办学校审批制度》《荔波县民办幼儿园年检工作方案》，优化现有独立公办幼儿园、民办园的办园规模和办园标准，严禁超班数、超班额，小班不超过 25 人、中班不超过 30 人、大班不超过 35 人。同时，按照“准入一批、整改一批、取缔一批”原则，每年定期对办学客观需求、办学条件、办学效益等进行全面严格审核评估和治理，实行“一园一案”，按规准予审批登记或强制取缔，促进城乡幼儿园建设规范化、标准化。荔波县建成各类标准幼儿园 41 所，其中州级以上示范园 3 个。

完善配套建设。出台《荔波县城镇小区配套幼儿园建设管理实施细则》《荔波县城镇小区配套幼儿园治理工作方案》，将配套建设幼儿园纳入老城区（棚户区）改造、新城开发和新住居民建设、易地扶贫搬迁等城镇小区公共管理和公共服务设施建设规划，凡是住户达 3000 户的按要求配套建设幼儿园，鼓励和引导具备办学条件的社会机构在符合条件的小区建设民办幼儿园，并申报为普惠性幼儿园，加强规范小区配套幼儿园使用，做到幼儿园与居民区同步规划、建设、验收、使用。通过建设县城和乡镇早教中心等幼儿教育配套机构，有效增加幼儿教育机构和学位供给。2018 年以来，新建成小区配套幼儿园 1 所、认定普惠性民办幼儿园 2 所，建设早教中心 7 所。

引进幼教人才。实施“归雁行动”计划、“学前教育三年行动计划”等人才引进和人才回流行动，以特招、公招、特岗计划、政府购买服务、学校临聘、调配中小学教师编制、核定增加幼教编制和实行特岗考核合格入编留任制度等方式引进、调配学前教育人才，壮大学前教育师资队伍。全县在职幼儿园职工 231 人、专任教师 545 人、保育员 327 人，实现幼儿园“两教一保”的师资配备全覆盖。

提升幼教水平。在完成国培计划、省培计划基础上，以“走出去”赴外交流

观山湖区一幼（分园）对沿河土家族自治县幼儿园进行点对点帮扶

和邀请专家、名师到校讲授等“请进来”的方式，分区域、分领域、分批次开展幼儿园教师全员轮训和岗前培训，不断提升幼儿教师理论水平和专业知识。同时，通过完善幼儿园教师考评机制、开展“最美幼教”“岗位标兵”等评选表彰活动，将专业能力强、综合素质好的教师在职称评定晋升、后备干部培养、住房保障等方面给予优先考虑和政策倾斜，对专业能力弱的教师采取“斩尾行动”能力提升，自费学习进修，倒逼幼儿园教师自觉学习掌握专业技能和提高自身工作能力。

探索集团化办学。按照“龙头引领、示范带动、试点联动”原则，以州级以上示范幼儿园为龙头，把荔波县 41 所幼儿园划分为 3 个学前教育集团，建立 7 个农村资源管理中心，健全教学质量评估体系和普惠性民办幼儿园认定管理办法，搭建“学、教、研、训、管”一体化平台，通过“学、导、评”等方式促进幼儿园园务规范管理，推动农村幼儿园快速提高办园质量。

建立帮扶式教学。出台《荔波县普惠性民办幼儿园认定扶持及管理办法（试行）》，建立学前教育对口帮扶机制，明确县城和城镇中心幼儿园一对一结对帮扶乡村幼儿园，支持、鼓励和选派一批工作经验丰富、专业能力强、政治素质高的县城和城镇中心幼教教师到农村幼儿园支教，开展学习交流、送课下乡、专题辅导、党建联谊等活动，在党的建设、教育理念、教学业务、学校管理模式等方面对基层幼儿园给予点对点、手拉手帮扶，促进城乡幼儿教育同步健康发展。

实行教研组督学。根据幼儿园办园区域将荔波县划分成 3 个教研指导责任区，建立以教育局班子成员分别作为教研指导责任人的教研指导工作组，对责任区内的幼儿园教育进行定期和不定期调研、指导和督促，并通过成立教学质量提升专班，对全县教学质量进行信息摸底、数据分析、综合评估，拟订改善计划、出台改善措施等，促进各级幼儿园的教育质量逐步提高。

建立学前教育考评机制。出台《规范幼儿园办园行为督导评估方案》，每三年对全县幼儿园的办园条件、安全卫生、保育保教、教师配备、内部管理等方面开展一次县级督查考评，形成县级督查考评自查报告提交州人民政府教育督导室申请州级复评，州、县共同对幼儿园办园行为打分后形成专项督导评估报告，对未达合格等次的幼儿园进行通报并限期整改，保障幼儿园规范管理、健康发展。现已完成第一轮办园行为督导评估。

■　督导评估倒逼　补齐问题短板

2021 年 4 月 16 日，贵州省县域学前教育普及普惠督导评估培训会在省教育厅召开。各市（州）教育局和 2021 年将接受学前教育普及普惠认定的 10 个县（区）教育局分管学前教育、督导办的副局长，相关科室负责同志和省教育厅相关处室负责同志参加会议。会议的主要任务是：进一步抓实我省县域学前教育普及普惠工作，指导各地高质量创建“国家学前教育普及普惠县”。

会议指出，我省自 2021 年 1 月启动全省县域学前教育普及普惠督导评估工作，对各市（州）及试点县开展的前期相关准备工作给予肯定，并从五个方面对我省开展学前教育普及普惠工作提出要求：一是进一步认识学前教育普及普惠督导评估工作的重大意义。二是以普及普惠督导评估为契机，推动我省学前教育高质量发展。三是要对标对表部门联动，确保各项指标全部达成。四是要聚焦重难点问题，采取强有力措施逐项解决问题。五是教育督导部门要主动作为，强力推进学前教育普及普惠督导评估工作。

会上，省教育厅督导办就开展县域学前教育普及普惠国家督导评估工作的内容、程序、方法和资料准备等进行培训。学前处、民办处、教师处等处室就《贵州省县域学前教育普及普惠督导评估指标体系》进行了现场答疑。

4 月 21 日，省教育厅学前处工作人员赴安顺市紫云苗族布依族自治县（以下简称“紫云县”）开展学前教育普及普惠督导工作。督导组深入格凸河镇岩脚幼儿园、格凸河幼儿园、双城小区天真幼儿园以及在建的县第五幼儿园，就师资配备、保育教育、营养餐安全等方面进行督导。

紫云县相关负责人就学前教育普及普惠工作表态：一是对照指标，举一反三，把问题整改到位，把不足补齐到位，把思想统一到位；二是加强统筹，倒排工期，集中力量，确保新建和改扩建幼儿园保质保量按时完工并交付使用。随后的 5 月 6 日，安顺市人民政府教育督导室赴紫云县开展了为期 3 天的学前教育普及普惠过程督导。5 月 8 日，在县人民政府附楼二楼召开了反馈会。督导组通过实地查看、查阅资料、问卷调查、个别访谈等形式对紫云县部分幼儿园开展督导工作。督导组对紫云县学前教育普及普惠工作表示了肯定，同时针对存在的问题，提出了相关的建议。紫云县相关负责人表态：要全面认识普及普惠工作督导验收的意义，以此次督导为契机，全面统筹，全面推进，全面督查，确保全县学前教育普及普惠工作达到国家验收标准。要求要统一思想，提高认识。建立健全工作机构，统一指挥调度，加强部门协作，形成合力，全力抓好全县普及普惠工作。全面推进，重点打造。统筹规划，科学合理布局，在不同区域内重点打造，形成示范园，同时发挥帮扶作用，共同提升幼儿园办园水平。调动力量，组建专班。成立相应的工作专班，明确工作职责，全方位、无死角地摸排问题，建立台账，逐一落实整改。

加强宣传，营造氛围。明确专人负责普及普惠宣传工作，在校园内外利用宣传栏、电子显示屏进行宣传，全力营造普及普惠工作氛围，全力以赴补短板、查找重点难点，找准突破口，形成合力，解决问题，办好人民满意的学前教育。

荔波县冲刺县域学前教育普及普惠国家认定

学前教育普及普惠是指县域学前教育普及普惠水平、政府保障、幼儿园保教质量、社会认可度等相关指标数据达到或超过考核评估要求，涉及3个一级指标、17个二级指标、36个三级指标，分为县级自评、市州级初核、省级督导评估、申请国家认定4个程序。

2021年7月4日—7日，贵州省县域学前教育普及普惠督导评估组到荔波县进行督导评估。荔波县是贵州省第一批、黔南州第一个接受学前教育普及普惠督导评估的县。7月5日，在荔波县县域学前教育普及普惠省级实地督导评估工作汇报会上，荔波县人民政府向督导组汇报了荔波县县域学前教育普及普惠工作的开展情况。多年来，荔波县高度重视学前教育“双普”工作，目前全县有幼儿园41所。其中，公办幼儿园36所、在园幼儿7480人，民办幼儿园5所。幼儿园教职工、保教人员、专任教师与在园幼儿、学前三年毛入园率、普惠性幼儿园覆盖率、公办园在园幼儿占比等相关数据均达到评估指标要求。

7月5日—6日，督导组通过查阅相关资料，分为3个小组实地走访、调研全县12所城乡公办、民办幼儿园，延伸调研1所小学幼小衔接情况，对各指标系数进行复核、比对、评估。

督导组向县人民政府及部门人员现场就荔波县县域学前教育办学水平、党政重视、经费保障、建设用地、教师用编等涉及督导评估体系的指标进行了提问和陈述答辩。

督导组分别从普及程度、政府保障、保教质量等方面进行反馈，对荔波县多

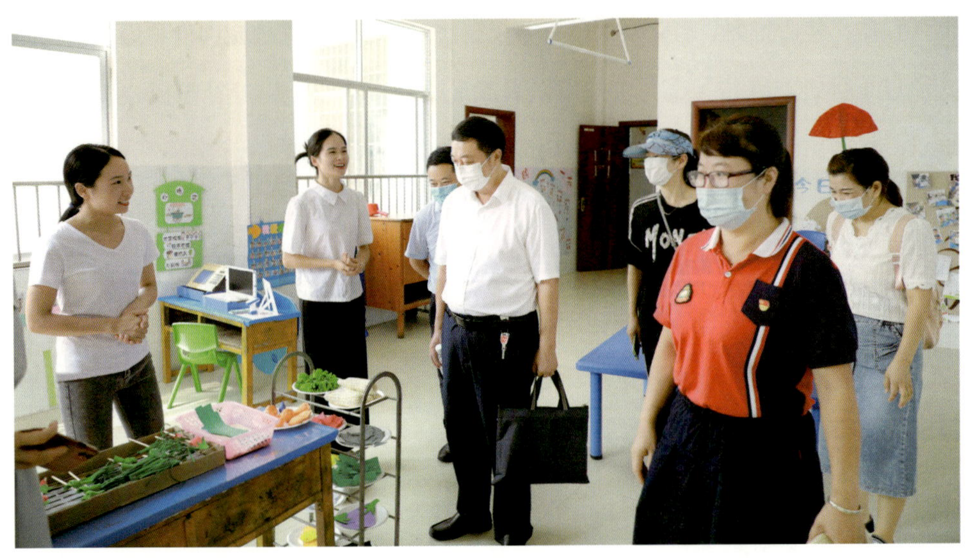

2021 年，荔波县县域学前教育普及普惠工作通过省级督导评估

年高度重视县域学前教育普及普惠给予了充分肯定，并指出了需要加强提高和整改的内容，督导组回去后将形成督导意见公布。州教育局、荔波县人民政府分别进行表态发言，对督导组的整改意见照单全收、立行立改。荔波县要求全县相关部门要提高站位，树立大局意识，积极相互协调配合，在规定时间节点全部完成整改。县教育部门要在教师队伍建设、校园玩具配套、校园安全管理、资料档案建设等方面加强完善，力争荔波县通过国家认定。

8

第八章

固党建 抓作风 重服务

2021年，全省教育系统贯彻落实《中国共产党普通高等学校基层组织工作条例》，相继印发《贵州省高校“五级书记抓党建”工作“五个一批”工程实施方案》《贵州省高校党建带头人、党务骨干、优秀党员选树工作实施方案》，启动实施“全省高校党建品牌”“全省高校党建先进典型”“全省高校党建工作案例”三大工程，激活基层党支部“神经末梢”，提升了高校党建工作质量，形成了可参考可借鉴的高校党建实践经验。贵州通过全面推进教育系统“五级书记抓党建”制度，以高水平党建工作引领高等教育事业高质量发展，为打赢两场战役、夺取两个胜利提供了坚强有力的政治保障。随着“五个一批”工程深入推进，贵州高校围绕“四新”主攻“四化”，走出了“一校一特”的发展之路，成为贵州实施“三大战略”行动的坚实人才宝库。2021年，省教育厅在开展“我为群众办实事”实践活动中，结合教育工作实际，从最困难的群众入手，从最突出的问题抓起，从最现实的利益出发，提出选聘100名各类“产业导师”助推乡村振兴、新建、改扩建公办幼儿园100所、职业院校“订单班”就业不少于1万人、组织各高校新申报本科专业20个等事项并高质量完成。同时，围绕学生营养餐、教育资助、校农结合、高考、教材、推普等重要工作，强化组织、注重实效，切实提高教育服务能力，增强广大人民群众的教育获得感、幸福感。

五级书记抓党建　“五个一批”铸品牌

育才造士，为国之本。

近年来，贵州高校在中共贵州省委、省人民政府的领导下，在中共贵州省委教育工委“五级书记抓党建”工作机制的统筹下，各级党组织书记悉心推动，“全省高校党建示范点”工程、“全省高校党建品牌”工程、“全省高校党建工作案例”工程、“全省高校‘双带头人’”工程和“全省高校党建先进典型”“五个一批”工程精彩不断、亮点纷呈。

如何以党的建设引领和推动高等教育高质量发展，一直是中共贵州省委教育工委、贵州省教育厅思考的重要课题。

随着贵州“五级书记抓党建”工作思路的推出、“五个一批”工程的深入推进，贵州高校围绕“四新”主攻“四化”，走出了“一校一特”的发展之路，成为贵州实施“三大战略”行动的坚实人才宝库。

优秀的人才在贵州高校成批涌现，火红的党旗在贵州高校迎风飘扬。

顶层规划　谋划全局

既有教师，也有学生，高校党建应该怎么抓？

为落实新时代党的建设总要求，2020 年贵州提出建立教育系统“五级书记抓党建”制度，在随后出台的指导意见中，厘清了中共贵州省委教育工委书记、市（州）党委教育工委书记及高校党委书记、院系党组织书记、教职工生党支部书记“五级书记”的职能职责，明确了实施路径，形成书记抓、抓书记，一级抓一级，上下联动、相互衔接、齐抓共管的党建工作责任体系。

五级书记抓，党建蓝图显。以“五级书记抓党建”为核心，从省、市两级教育工委，到高校党委、院系党组织、师生党支部，层层压实责任，全面推动高校党的建设。“五个一批”工程，则是在“五级书记抓党建”工作机制下，落实“书记抓、抓书记”要求，以示范引领的方式，以点带面、广泛辐射，以求不断提升高校党建工作质量的一项重要配套措施。

“五个一批”工程以 3—5 年为一个创建周期，在全省高校范围内创建党建示范点、打造党建品牌、遴选党建案例、培育“双带头人”以及树选先进典型，从而不断强化党对高校的全面领导，不断提升教育系统各级党组织组织力、凝聚力和战斗力，落实立德树人根本任务的坚强堡垒，助力贵州省经济社会可持续高质量发展。

有规矩，成方圆。在 2021 年年初举行的全省高校党委书记抓基层党建述职评议暨五级书记抓党建工作现场推进会议上，参会人员到贵州师范大学、贵州财经大学、贵州中医药大学进行了现场观摩学习，会上全省高校各级党组织围绕“五级书记抓党建”进行了深入交流。

中共六盘水市委教育工委坚持清单管理促进知责明责；

贵州大学党委从严落实年度基层党委书记述职评议制度；

贵州民族大学民族文化与认知科学学院党委把政治建设放在党建首位……

交流方见成效深。随着推进会的召开，全省各高校相互交流学习，推动“五级书记抓党建”纵深发展。

在“五级书记抓党建”工作开展中，高度重视党支部标准化规范化建设，逐步形成以“责任落实”为重点，确保党支部标准化规范化建设压力层层传导、以“五个基本”为内容，确保党支部标准化规范化建设任务逐项落实、以“示范点创建”为契机，以点带面推动基层党建全面提升，多措并举扎实推进高校党支部标准化规范化建设。

火车跑得快，全靠车头带。2021 年，中共贵州省委教育工委遴选多名全省高校党建带头人、党务骨干、优秀共产党员，全省产生了 12 名党建带头人、12 名党务骨干、15 名优秀共产党员，师生党员的先锋模范作用在教学科研、党的建设中得到了充分显现。

在建党百年之际，贵州高校获中央表彰优秀共产党员 1 名、先进基层党组织 1 个，获中共贵州省委表彰的优秀共产党员 14 名、优秀党务工作者 13 名、先进基层党组织 15 个。通过榜样带动，广大党组织分级履职、创新项目、增强交流，认真贯彻落实党的教育方针，牢记立德树人根本任务，践行为党育人、为国育才的初心使命，党的建设成效显著，引领贵州高等教育迈上新台阶。

省教育厅一级巡视员赵廷昌为贵州省高校党建实践创新基地授牌

承上启下　统筹工作

在"五级书记抓党建"推行过程中，市、州教育工委扮演着统筹兼顾的重要角色，既要快速精准地传达上级指示，又要根据各地实际情况让决策落地实施。

遵义市为了更好地使高校工作与业务工作相融合，始终遵循"五级书记抓党建"，从而引领遵义地区高校高质量发展。

"三个促"切实发挥中共遵义市委教育工委的统筹作用。

履职尽责促作为。中共遵义市委教育工委每季度召开 1 次工委会议研究高校党建工作。在 2021 年已召开 4 次高校党史学习教育工作调度会、意识形态和宗教工作分析研判会，有效推动了工作落实。

11 月 18 日，召开了遵义市高校党建暨党史学习教育现场推进会，对学习贯彻党的十九届六中全会精神进行及时动员部署。

督导考核促落实。中共遵义市委教育工委年初制发党建工作要点，工委班子成员常态化深入高校走访调研，全面掌握高校党建工作实际情况，及时下发重点工作提示。

成立领导小组、组建工作专班，抓细抓实市属高校党建工作成效考核、高质量发展绩效考核季度监测、半年评估、年终考核，将考核工作融入日常、抓在平常、严在经常，以考核促落实、促提升。

中共遵义市委教育工委负责人介绍，遵义切实履行中共遵义市委教育工委书记作为高校党建工作"第一责任人"的职责，坚持将党建与教育教学工作同谋划、同部署、同推进、同考核，形成了"抓班子、班子抓，抓书记、书记抓"的一级抓一级、层层抓落实的党建工作格局。

制度建设促长效。出台相关工作规则，明确议事决策程序，更加规范、更加有力强化对高校党建工作的领导。同时制定意识形态工作责任制风险评估制度、约谈制度、问责制度、通报制度，指导高校健全完善党委、二级院（系）党组织决策机制和议事规则，构筑长效机制。

示范引导　质效双升

示范点建设是贵州高校激发基层党组织生机和活力的重要途径。

落实"五级书记抓党建"，全面加强党建示范点建设，贵州大学党委积极开展"三大行动"："堡垒晋级"推进基层党组织对标争先；"头雁引领"培优党务思政两支队伍；"细胞强健"发挥党员先锋模范作用。

"行动"卓有成效，贵州大学党委成为贵州第一家全国党建示范高校，农学院党委获评"全国先进基层党组织"和"全省先进基层党组织"，2个基层党委分别入选"贵州省属高校基层党建示范点"和"贵州省基层党建专项工作示范点"。在参与省属高校示范点和省级示范点评选中，共有3个党支部入选"贵州省党支部标准化规范化建设示范点"、3个党建案例入围2021年全省高校年度最佳案例。

值得一提的是，贵州大学2个党支部通过"行动"获评"全国党建工作样板党支部"。

抓党建质量提升，重点在示范点的打造上。贵州财经大学推出了"五度"计划打造示范点。

有"高度"。该校党委组织部党支部在强化"三会一课"学习的同时，要求个人多形式自学，提高政治站位，打造有"高度"的党支部。

扩"广度"。该校马克思主义学院研究生党支部、贵安新区消防救援支队组织干部科和队务督查科联合党支部建立结对共建，定期开展"结对共建"主题党日活动。

挖"深度"。在对口帮扶的台江县，该校党委组织部党支部牵头做好学校驻村干部选拔、管理和服务工作，让他们在脱贫战场上发挥更大作用，还协调举办"农村经纪人"培训班、乡村旅游从业人员培训班等。

讲"温度"。该校按照"一张笑脸、一声问候、一张凳子、一杯热茶、一个答复"的服务标准，以打造"党员之家、干部之家、人才之家"为目标，用心用情为广大师生做好服务。

升“亮度”。结合高校党员特点，该校创造性地成立了校院两级学生党建工作中心，充分发挥学生党员自我教育、自我管理、自我监督、自我服务作用。

“‘五度’计划对党建示范点的打造起到有力推动作用，有效提升了全校党建质量。”贵州财经大学党委组织部负责人说。

多措并举　全面提升

贵州城市职业学院时刻谨记民办高校师生党员“第一身份是共产党员、第一职责是为党工作”，切实用党的百年奋斗重大成果和历史经验凝聚全院教职工生。

通过共享学“习”日记、开展“入党初心大讨论”活动、坚持每周五下午教师政治理论学习制度……贵州城市职业学院通过优化学习路径，创新方式方法，切实加强政治理论水平。

践行“五级书记抓党建”，实行“三级联动”，健全党委工作部门，完善组织体系，建立完善党委委员联系指导党建和思政工作、政治理论学习、党总支（支部）书记列席党委会等制度，构建一级抓一级工作责任体系。

明晰责任标准，以“一制一表一清单”（“五级书记抓党建”工作机制，党建示范创建、提质创优、标准化规范化建设对照表，党建工作责任清单）为主要载体，开展党总支、党支部书记述职评议，加强党支部规范化、标准化建设，推动基层党组织全面进步、全面过硬。

两手抓，两手都要硬。

一手抓党的建设，一手抓学院事业发展内涵建设。明确工作方向后，贵州城市职业学院在内涵发展上实现了一个个突破，推动了党建工作与学院建设的相互融合、同向同行。

学院获批地厅级及以上科研项目 41 项，发表学术论文 267 篇，主参编教材 100 本、出版著作 7 部，获授权实用新型专利 13 项。

值得一提的是，2021 年学院精心打造了《职业教育“六个一”思政实践育人模式创新》和《“108 工单”产教融合人才培养创新模式的探索与实践》两个教学成果申报省级教学成果奖，实现了学院教学成果奖申报零的突破。

平台搭建，开出“匠心之花”。

作为一所高职院校，学生就业问题是学校的头等民生工程。学院一方面，学院从人才培养质量上下功夫，按照“11334”的建设思路，建设近 900 平方米的劳动教育智慧实践中心，打造高等职业学院劳动教育示范平台、交流平台、实习平台，建设劳模、工匠导师工作站及劳动教育课程体系，切实培养德智体美劳全面发展的高素质技术技能型人才；一方面在“六稳”“六保”工作上下功夫，先后联系企业 200 余家，努力解决毕业生就业难的问题。

据了解，通过多措并举，近年来贵州城市职业学院毕业生就业率达 96%，入伍学生 188 人，专升本升学人数 418 人，录取率为 27.46%。

样板打造　成效显著

行思润教，铸魂育人。

《党建引领帮就业、“三心”育人解生忧》《高质量党建引领发展　做新时代马克思主义的信仰者、传播者和践行者》《“医”心向党育新人 · 四朵红花绽芳华》……在 2021 年全省高校党建工作创新案例遴选中，产生“最佳案例”30 个、“优秀案例”50 个。

典型案例，无疑是各高校在实际工作中不断锤炼的精华。

在推进“五级书记抓党建”工作中，贵州各高校频出亮点，贵州师范学院提出的“三三联动”工作法，突出思想引领，夯实党建基础，强化思政实效，为贵州高等教育高质量发展注入了强大动力。

优化“规则 + 标准 + 评价”的质量标准体系。

贵州师范学院聚焦高校基层组织“怎样建”“谁来管”“怎样管”，并制定一批基础主干制度，确保基层组织建设有规可依、有章可守。

据了解，该校两个支部获评全国党建工作样板党支部，两个支部获评全省标准化规范化建设示范支部，6 个支部获评全省教育系统标准化规范化建设示范支部。巩固“队伍 + 经费 + 场所”的工作保障体系。

聚焦基层党建“有人干”“有钱干”“能干成”，组织二级学院开展党支部换届工作，选优配强党务干部，教师支部“双带头人”配备实现全覆盖，二级学院专职组织员配备实现全覆盖，党员院长兼任党组织副书记实现全覆盖。实施党务干部能力提升工程，每年至少组织 1 期校级示范培训班，实现基层党组织书记培训全覆盖；将基层党建经费列入学校年度经费预算，推动党建经费管理重心下移，落实基层党务工作者的经济待遇。同时，投入 60 余万元建设校级党员教育基地，支持二级单位开展基层党组织标准化规范化党员活动室改造升级，拓展阵地服务功能。

贵州医科大学认真贯彻“五级书记抓党建”工作要求，全面提升基层党建工作水平。着力增强基层党组织政治功能，完成校本部 22 个基层党组织及其所属 309 个党支部换届。“双带头人”教师党支部书记实现全覆盖，党支部标准化规范化建设 100% 达标。1 个党支部入选第二批全国高校“百个研究生样板党支部”。扎实开展“两优一先”表彰，激励党员干部奋勇争先、建功立业。398 名教职工和 50 个基层党组织获校级表彰，11 名同志和 5 个基层党组织获全省教育系统表彰，1 名同志获授“全省优秀党务工作者”称号，该校党委书记获授“全国优秀共产党员”称号。

拓展“平台 + 项目 + 研究”的创新活力体系。

持续巩固“易班”“党员之家”等新媒体平台；建立“双带头人”党支部书

记工作室；研发推广了《支部工作一本通》《发展党员档案文书范例选编》等一批新型实用党务工具，推动产生了一批高质量党建理论研究成果。

近年来，该校获批高校党建相关各级研究课题 10 余项，获批全省组织工作重点调研课题 2 项，1 份调研报告获全省高校唯一一等奖。

高校是人才培育的摇篮，加强党的建设则是做好高校各项工作的重要基础。

贵州商学院管理学院总支部委员会积极推进思想政治教育工作，实施“一三五五”党建工作法，着力构建“二级联动抓、书记亲自抓、坚持经常抓”的基层党建工作格局，推动学院党建工作提质增效。

同时，该院马克思主义学院党总支部开设了六个微党课、五门思政课及一个经典诵读，录制出来以线上线下结合的方式展示。在线上教学平台上，还发布教学资料及课程资源，从而丰富了教学内容，创新了教学模式。

2021 年 6 月 18 日，省教育厅党组成员、副厅长黄健为贵州医科大学师生讲党课

支部党员教师利用课余时间，为校内外开展各类宣讲，内容包括“学习践行新思想、争做担当新时代教育大任的合格教育工作者”“学党史知党情感党恩，实现中国梦青年勇担当”……积极传播马克思主义及马克思主义中国化的最新理论成果。

认真贯彻落实党的教育方针，牢记立德树人根本任务，践行为党育人、为国育才的初心使命，贵州“五级书记抓党建”成效显著，“五个一批”工程仍在贵州高校不断向纵深推进，党建工作在高等教育中的重要内涵将更加深刻，新时代高校党建育人的思路路径将更加清晰。

■ 标本兼治　正风肃纪

2021 年，全省教育系统始终坚持把纪律和规矩挺在前面，全面开展党史学习教育，巩固深化“不忘初心、牢记使命”主题教育成果，持之以恒加强作风建设，坚决纠“四风”、树新风，专项整治聚焦发力、举一反三纵深推进，开展了“监督保障执行、促进完善发展”各项工作，为全省教育事业改革发展提供了坚强保证。

2021 年，按照省纪委省监委机关的部署要求，省纪委省监委派驻第十一纪检监察组聚焦公务用车管理、债务风险防范化解、制止餐饮浪费行为等开展监督检查，建立监督台账，实行动态管理，及时跟踪整改落实，共开展各类监督检查 240 余项。针对会议研究决定的重要事项，特别是廉政风险较高的工作事项，在听取会上工作安排的同时，采取跟踪检查、不定期抽查、落实情况调度等方式，检查会后落实情况。严格执行廉政意见回复工作流程和审核程序，围绕回复意见对象的信访举报、诫勉谈话、问责立案、受处分情况等重点内容进行审查。动态更新省教育厅 142 份处级干部廉政档案，回复党风廉政意见 165 人次。针对突发问题加强监督检查，派出暗访组，对重要情况进行跟踪督导。

9月，省纪委省监委派驻第十一纪检监察组牵头，联合派驻第十七、第二十二、第二十三纪检监察组以及相关部门和高校，组建5个监督检查组，赴全省9个市（州）26个县（市、区、特区），深入到53所学校、69所校外培训机构及营养餐配送企业，围绕教师工资补贴发放、农村义务教育营养改善计划实施、校外培训机构规范管理等开展专项监督检查，共查找出问题90余个。10月，又联合部分高校纪委、贵阳市纪委市监委、贵阳市教育局等组建11个交叉检查组，对全省22所普通本科高校以及4所厅属院校食堂外包、物资采购、新生录取和专业转改等开展专项检查。

深化标本兼治，强化正风肃纪反腐。2021年，省纪委省监委派驻第十一纪检监察组共处置问题线索36件，已办结34件。立案3件，涉及2名处级干部，1名科级干部，其中给予第二种形态处理2人、第三种形态处理1人。共受理案件审理15件，其中自办案件审理4件，本科高校纪检监察机构移送二次审理11件，

省教育厅党组成员、省纪委省监委派驻第十一纪检监察组组长李娟调研校企合作

已审结 11 件。为做好案件“后半篇文章”，教育震慑作用到位，省教育厅党组、省纪委省监委派驻省教育厅第十一纪检监察组一起组织召开了警示教育大会，指导案件发生的党组织开展“一案一整改”工作 2 人 2 次；制发纪律检查建议 2 份，着力堵塞制度漏洞、补齐管理短板；秉持严管与厚爱相结合的理念，对 1 名受处分干部及时跟踪回访、关怀疏导帮助。

变化是最扎实的答卷，事实是最有力的证明。通过一年的教育实践活动，教育系统广大党员、干部精神上补了“钙”，“四风”得到有力整治，群众反映强烈的突出问题得到有效解决，影响群众切身利益的症结难点得到突破，严肃党内政治生活探索出了有效途径，以转作风改作风为重点的制度体系更加完善，党风、政风和社会风气为之一新。这些实实在在的成绩，使党在群众中的威信和形象进一步树立，党心民心进一步凝聚，形成了推动改革发展的强大正能量。

■ 教育初心育人才　孺子精神为师生

解决群众困难事、烦心事

选聘 100 名各类“产业导师”助推乡村振兴，新建、改扩建公办幼儿园 100 所，职业院校“订单班”就业不少于 1 万人，围绕贵州省乡村振兴、大数据、大生态“三大战略”行动和新型工业化、新型城镇化、农村现代化、旅游产业化“四化”建设发展需要，组织各高校新申报本科专业 20 个……在“我为群众办实事”实践活动中，全省教育系统结合教育工作实际，从最困难的群众入手，从最突出的问题抓起，从最现实的利益出发，围绕贯彻新发展理念办实事、巩固拓展脱贫攻坚成果办实事、保障基本民生需求办实事、深化政务服务改革便民利民办实事、推进基层治理体系和治理能力现代化办实事五项重点任务，大力开展“我为群众办实事”实践活动。

为深化产教融合，促进教育链、人才链与产业链、创新链有机衔接，探索优质高效、符合规律的专业学位研究生教育培养体系，2021 年，贵州省印发了《贵州省产业导师（研究生导师类）助推乡村振兴和产业发展实施方案》，紧紧围绕贵州省十二大农业特色优势产业、十大工业产业、服务业创新发展十大工程等领域的重大战略需求选聘了 100 名产业导师，助推乡村振兴工作。其中十二大农业特色优势产业类产业导师 56 人（副高以上职称 47 人）、十大工业产业类产业导师 10 人（副高以上职称 7 人）、服务业创新发展十大工程类产业导师 34 人（副高以上职称 23 人），下达产业导师支持经费 120 万元，不断优化人才培养类型结构，提升供给能力和供给质量，着力实施人才强省战略，为乡村振兴发展提供强有力的人才支撑。

2021 年，“产业导师”们共搭建各种研究平台 50 余个，累计培训各类技术人员 5 万人，累计发放培训技术手册 2 万册，示范种植食用菌、烟叶等 22 万亩，带动 50 余万人增收，新增就业 1100 余人，实现产值近 100 亿元。

学前教育作为终身教育的开端，“幼有所育、幼有所学”也是人民群众热切的期盼。2021 年贵州省《政府工作报告》中明确提出新建、改扩建公办幼儿园 100 所，增加公益性学前教育资源保障，增强人民群众教育获得感、幸福感、满意度，促进学前教育普及普惠发展。为推进此项“民生实事”项目的落地实施，省教育厅会同省财政厅共同统筹资金，指导各地紧扣“十四五”学前教育布局规划和项目规划及年度实施计划，精准化安排补助资金来支持项目，重点在常住人口较多的中心乡镇、2000 人以上有实际需求的行政村、城乡接合部和“两孩”政策新增人口集中的城镇社区布点实施。2021 年，全省各地完成新建、改扩建公办幼儿园 459 所，新增学位 4.4 万个，公益性学前教育资源不断扩大。

借助“我为群众办实事”的契机，贵州省职业教育系统围绕“订单班”拓宽就业渠道，建立校企合作、共同培养模式，发挥双方优势，以资源共享、优势互补、互利共赢为原则，强化学生专业知识和职业技能的培养，积极为毕业生拓展高质量就业岗位，实现产、学、研的良性互动与校、企、生的“多方共赢”。截至 2021 年 12 月，职业院校“订单班”就业已达 10864 人。同时，围绕“四化”建设发展需要，新申报本科专业 50 个，其中服务“四化”的有 33 个。如人工智能、智能制造工程、养老服务与管理、医疗保险、种子科学与工程、非物质文化遗产保护等。

小小营养餐　幸福大滋味

每到新学期，荔波县黎明关水族乡的营养午餐配送中心就会忙碌起来。每天凌晨 5 点，配送中心灯火通明，蔬菜、牛奶、肉类等学生营养午餐所需食材全部按储藏标准分区存放，10 多位配送员麻利地把分拣好的食材装车发货，全程冷链配送到荔波全县的 104 所学校。

“配送的蔬菜是昨天傍晚刚从村民的菜地收购而来，猪肉也是凌晨 3 点才宰杀出来的。”荔波县学生营养餐配送中心工作人员禹小阳说，每天出仓前，发往各所学校的食材都必须经过农残检测、卫生检疫，完全合格才能出仓。

装车消毒结束后，其中一辆冷链配送车出发前往易地扶贫搬迁安置点的配套学校——荔波县第五小学。约 30 分钟车程，冷链配送车抵达荔波五小，2 名配送员先把配送食材的农残检测报告交到学校后勤负责人手里查阅，随后把分袋装好的食材上秤核对检查。其间，学校后勤负责人打开各个口袋查看，仔细检查食材完全新鲜后才签字确认收货。

“热腾营养餐　情暖瑶山娃”，
荔波五小的营养午餐三菜一汤

上午 10 点，食堂工作人员按照每日供餐食谱开始备餐，厨房内的摄像头将备餐全过程摄像并传输到监控系统；在荔波县教育局学生营养午餐办的电子大屏幕上可随时查看每一所学校食堂的备餐全过程。一个小时后，豆干炒牛肉、土豆丝炒肉、花菜炒肉以及萝卜排骨汤，热腾腾的三菜一汤出锅，饭菜香味充溢着整个厨房。与此同时，按班级分配好的水果、常温牛奶和热牛奶也准备完毕。

“营养午餐的每一分钱都不经过我这个校长或任何老师之手，全部‘吃’到学生们的肚子里了。”荔波五小校长柏海介绍说，国家补助资金由县财政局直接打到营养午餐配送公司，学校代收的钱则上交到县教育局指定的账户上进行监管。在柏海看来，县教育局统一管理学生营养午餐资金减轻了学校负担，食材统一配送则保障了学生食品的绝对安全。

大方县理化苗族彝族乡法乐小学除了免费营养餐，学生还有加餐鸡蛋和牛奶

“那些菜炒得特别香、特别入味，一般吃菜我都是三样一起要，不怎么挑食的。每天都享受着美味的营养午餐，我感觉很幸福。”荔波五小的学生黎薇薇开心地说。

贵州省农村学生营养午餐还设置了家长陪餐环节，在食材安全、营养搭配、餐食口味等方面全面接受家长监督。“比我们家里面吃得还好，每一餐都有荤菜和水果。”正在陪餐的学生家长张红日说，自己小时候觉得能吃饱就是奢望，现在的孩子们不仅能吃饱，还吃得香、吃得有营养。2012 年以来，贵州省全面实施以“校校有食堂、人人吃午餐”为基本特征的“贵州特色”农村义务教育学生营养改善计划，实现了全省农村义务教育学校全覆盖，彻底解决了贵州省农村学生在校就餐的难题。2016 年，又将营养改善计划由义务教育阶段向学前教育延伸，在全国率先启动实施农村学前教育儿童营养改善计划，2018 年实现农村学前教育机构全覆盖。从 2021 年秋季学期起，农村义务教育学生营养膳食补助国家基础标准由每生每天 4 元提高至 5 元，中央财政对地方试点的定额奖补标准由每生每天 3 元提高至 4 元，进一步促进了全省农村少年儿童营养健康水平不断提高。

省卫生健康委监测数据显示，从 2013 年到 2020 年，全省 6 岁—12 岁儿童青少年的身高、体重都有不同程度的增加，其中变化最大的是 12 周岁的青少年，平均身高增加了 5.3 厘米。从 2013 年到 2020 年，小学生贫血率从 12.5% 降到 10.9%，初中生贫血率从 13.1% 降到 9.2%。

2021 年，投入农村学生营养改善计划资金 40.72 亿元，惠及农村中小学生和农村学前儿童 490.28 万人。营养餐不仅解决了广大农村学生就餐难问题，减轻了农村家庭负担，又使农村学生营养健康水平得到提高，极大提升了广大人民群众的获得感和幸福感。

2021 年，省学生资助管理办公室深入开展“喜迎建党百年　服务教育发展——走基层、解难题、办实事”实践活动，深入部分市（州）、县（市、区）、学校和食品原材料集中配送企业，就农村义务教育学生营养改善计划的供餐方式、供餐食谱、供餐标准、供餐质量、食材采购、食品安全、校农结合、资金安全等方面进行深入调研，了解掌握学校的供餐现状和存在的问题。调研以问题为导向，充分听取各方意见，有针对性地提出解决问题的措施和办法。

2021 年 12 月 22 日，贵州省多部门印发《省教育厅 省财政厅 省卫生健康委 省市场监管局 省发展改革委关于实施农村义务教育学生营养改善计划提质行动的通知》，提出全面加强政府保障能力、全面提高食谱科学水平、全面提升供餐质量标准、全面强化食品安全监管、全面推进采购公开透明、全面完善落实管理制度等工作措施，推进营养改善计划管理水平进一步提高。此项“民心工程”“德政工程”将继续开花结果，造福人民。

“四个不摘”“一个不少”：教育资助　精准关爱

在安顺市普定县补郎苗族乡补郎村，50 岁的何恩海正在家里的小砖厂忙着打砖，家庭收入稳定，孩子在学校正常就读。几年前因家庭变故，何恩海的生活遇到极大困难，而自己的两个儿女又正在上学，整个家庭陷入绝境，幸好得到国家教育资助政策的有力帮扶，才渡过难关，孩子们得以继续完成学业。

“享受了国家政策，有各种奖助学金补助，读书基本不花什么钱。等到儿女都大学毕业工作了，我们一家人的日子就好过了。”说起对未来的期盼，何恩海相信，得到国家教育资助的扶持，通过一家人的努力，以后的生活会越来越好。

从 2007 年国家开始实施新资助政策以来，贵州省加快建立完善学生资助政策体系，经过持续不断的不懈努力，形成了涵盖学前教育到研究生教育的所有学段，以国家资助为主体、学校和社会资助为补充，包括“助、奖、免、补、贷、偿、食、勤”等多种形式在内的全覆盖、多维度、多元化的学生资助政策体系。2021 年，贵州省进一步健全学生资助政策体系。一是从 2021 年秋季学期起，调整高校国家助学贷款额度和使用范围，由学生根据实际情况申请国家助学贷款额度，全日制普通本专科（高职、预科）学生每人每年申请贷款额度由不超过 8000 元提高至不超过

12000 元，全日制研究生每人每年申请贷款额度由不超过 12000 元提高至不超过 16000 元，学生申请的国家助学贷款优先用于在校期间学费和住宿费后，超出部分可用于弥补日常生活费；同时，将生源地信用助学贷款风险补偿金比例从当年贷款发生额的 15% 调整为 5%。二是按照国家全面做好退役士兵教育培训工作要求，从 2019 年秋季学期起，对高校全日制在校（含高职分类招生）退役士兵学生均实行学费减免和全部享受本专科生国家助学金；对退役士兵参加全日制中职教育的，按规定享受中职教育国家奖助学金和免学费政策。

2021 年，贵州省严格按照过渡期内“四个不摘”要求，全面落实学生资助政策，投入各级各类学生资助资金 114.45 亿元，资助学生 629.87 万人次，保障精准资助、应助尽助。一是普通高校投入学生资助资金 73.74 亿元，资助学生 294.17 万人次；二是中职学校投入学生资助资金 11.19 亿元，资助学生 57.02 万人次；三是普通高中投入学生资助资金 11.06 亿元，资助学生 65.37 万人次；四是义务教育投入家庭经济困难学生生活补助资金 17.16 亿元，资助学生 188.66 万人次；五是学前教育投入儿童保育教育生活费资助资金 1.30 亿元，资助在园儿童 24.65 万人。在脱贫攻坚 5 年过渡期内，对就读高中至本科阶段的贵州省户籍的脱贫家庭学生（原建档立卡贫困学生），继续实施教育精准扶贫学生资助政策，2021 年投入教育精准资助资金 17.86 亿元，资助脱贫家庭学生 51.38 万人，保障其顺利完成学业。

“校农结合”助推地方经济社会发展

2021 年 10 月 18 日，在黔南州平塘县卡蒲毛南族乡新关村，当地群众趁着晴好天气，在“校农结合”冬瓜种植基地采收冬瓜。“现在国家政策好了，这里有蔬菜基地，我们天天在基地干活，一天有 90 块钱的收入。”正在基地里采摘冬瓜的新关村群众郑成萍高兴地说。

从 2017 年秋季学期开始，贵州省教育厅按照中共贵州省委、省人民政府脱贫

上 / 2021 年 3 月，贵州城市职业学院党委书记刘杰率班子成员赴榕江、黎平红色教育基地重温入党誓词
中 / 2021 年 9 月 2 日，贵州工商职业学院党委书记杨元华一行走访慰问贫困生
下 / 2021 年 4 月 21 日，省教育厅民办高校党组织书记邓维实调研贵州中医药大学时珍学院党建工作

攻坚有关工作部署，以“校农结合”为引领和突破，实施教育扶贫“1+N”计划，全面启动“校农结合”定向采购农产品工作，把开展“校农结合”工作作为深入推进全省教育精准扶贫的创新举措和打赢教育脱贫攻坚战的重要突破口，将全省各级各类学校后勤食堂对农产品的需求与贵州省贫困县、贫困户组织生产的农产品精准对接，群众订单生产、不愁销路，学校保底收购、应收尽收。

2021 年以来，为巩固拓展教育脱贫攻坚成果，落实“四个不摘”要求，省教育厅对全省各地强化乡村振兴的教育保障进行督促检查，将“校农结合”作为助推乡村振兴工作的重要抓手，抓实抓细。例如，积极响应中共贵州省委、省人民政府深入推进全省生态特色食品产业政产学研金销的有关安排部署，协调解决铜仁市思南县红薯粉进入学校营养餐；在铜仁市成立城区校农结合集配中心，实现城区学校集中签约、集中下单、集中配送，降低本市农产品采购的成本，保障了非营养餐学校学生每天吃到新鲜、绿色的本地食材。再如，长顺县鼓扬镇蔬菜种植基地与贵阳市南明区营养餐公司积极开展“农校结合”，让“菜园子”直通到“菜盘子”，带动当地的产业发展；剑河县大胆探索产学研创新机制，组织当地食用菌企业与贵州省内高校建立固定产学研合作关系，研发生产菌酱系列产品远销国内外，助力乡村产业发展成效显著。

为提质增效，贵州省印发《“一码贵州 · 校农结合”大数据平台助推农村产业革命和脱贫攻坚工作实施方案》，要求全省教育系统利用“一码贵州 · 校农结合”大数据平台管理和统筹相关工作，并实现在平台上进行交易、填报和统计。目前，贵州省 9 个市（州）、94 个县（市、区）（含 6 个开发区）的教育主管部门，17567 所学校，已经实现“校农结合”工作数据线上化，通过大数据平台既实现了学校在线购买本省农产品，又实现了对全省学校采购农产品情况的溯源、审核和监管。

2021 年采购贵州省农产品数量为 86.26 万吨，同比增长 53.73%；采购金额为 83.66 亿元，同比增长 65.40%。超额完成政府预算采购“832 平台”工作，2021 年完成采购交易总额 1359.84 万元，占全省总预算的 20%。省教育厅校农办联合办公室共同打造的“校农结合”助力乡村振兴农产品服务中心“线上 + 线下”销售平台正式投入运营，更好地为厅机关职工在“家”便能尽享“黔货”“乡味”。通过“校农结合”品牌的运维更好地展示和推广贵州生态特色农产品走向全国，助力乡村振兴。

强化细化优化服务　确保高考万无一失

相继发布《贵州省深化高考加分改革实施办法》《贵州省高考综合改革实施方案》，2021 年秋季入学的高一年级学生开始实施新课程、使用新教材，正式步入“新高考”时代。

“在疫情防控方面，在考前我们对外来考生及参加考试工作的全体考务人员进行了流行病学调查，做出了精准的综合评估，从源头上消除了传染病发生的隐患。在各个考点上，我们设置了救护车一台，专业的医务人员、防疫人员 8 名，对入校考生进行体温监测，预备了隔离考点，将疑似传染病的考生纳入隔离考场考试；同时我们增设了心理咨询热线，对可能发生心理问题的学生进行心理干预和抚慰，确保考生能聚精会神、一心一意地参加高考。”在 2021 年高考考点现场，纳雍县疾控中心主任、第五中学考点防疫副主考李全如是介绍。

放眼全省，90 个考区、249 个考点和 11724 个考场，配备考务工作人员 4 万余名。

79 个备用考点、814 个备用隔离考场、 249 个高考防疫工作副主考、216 台医疗保障车辆、1372 名医护疾控人员参加了高考考点医疗保障工作。

102 个高考省级督考组分赴全省各考点开展高考督考检查。

228 名全省各级保密行政管理工作人员参与高考考试安全保密工作，从保密教育、保密管理、技术防护、监督检查等方面对国家教育考试安全保密工作进行全方位指导和检查。

公安部门共出动警力 13425 人，警车 4832 辆，现场出具临时身份证明 100 余份，

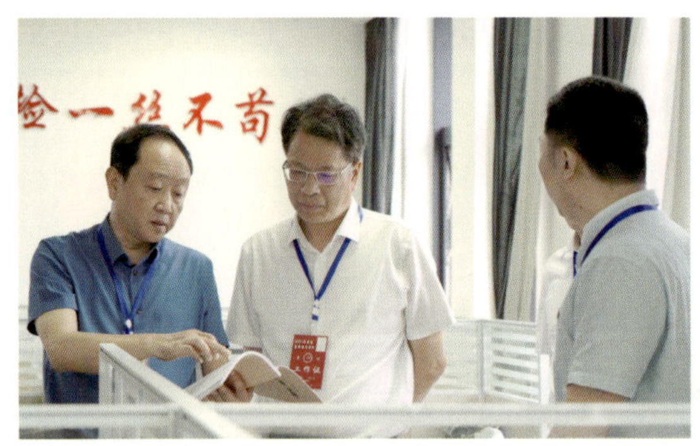

左 / 2021 年 7 月 22 日，省招生考试院党委书记田军向副省长郭锡文汇报高考录取工作
右 / 2021 年 6 月 5 日，省招生考试院院长吴作然在贵州省 2021 年高考督考培训会上讲话

24 小时不间断网上巡查，并派出 9 个督导组对全省高考安保、考点周边交通秩序等工作进行督查。

全省无线电部门共投入人员 124 人，移动监测车 38 台，开启固定无线电监测站、小型站 95 座，启用便携式监测设备和非法信号压制设备 140 余套（台）。

消防部门派出 152 个检查组、349 名监督员对全省 249 个考点进行了全面检查，加大对考点周边 200 米范围内宾馆饭店、商场市场、易燃易爆场所的检查巡查力度，在考点周边设置 73 个前置备勤点，调派车辆 204 台次，人员 1224 人次，全面做好各项应急处置准备工作。

通信部门协调通信运营企业出动保障人员 1400 余人次，加强全省各级国家教育考试指挥中心、考点、高校网络通信、电路监控等保障工作，配合有关部门清理有害信息和依法处置违法网站。

气象部门投入大量人力物力，密切关注全省的天气变化，第一时间发送高考气象专报 10 余期，为考试组织安排提供了重要参考信息。

电力部门累计投入保供电人员 7845 人次、车辆 1570 辆次、应急发电车 205 台次、应急发电机 255 台次，开展变电站、电力线路特巡特维，为考场提供应急电源保障……

上 /2021 年 6 月 7 日，黄平民族中学教师欢送考生参加高考
下 / 普安一中教师为高考考生加油鼓劲

为保证 2021 年全国统一高考平安顺利举行，全省各有关部门多方配合、上下联动，坚决采取最有效、最有力的措施，确保实现平安高考、和谐高考。

2021 年，贵州省共组织实施各类招生考试 45 次，报考人数超 200 万人次。其中，普通高考报考人数 46.67 万人，共录取 41.29 万人（含高职分类招生录取人数）；研究生招生考试报考考生 7.31 万人，共录取硕士研究生 1.18 万人；成人高考报名考生 7.21 万人；全年两次自学考试统考报考人数共 14.28 万人、4.29 万科次；中职招生 14.99 万人；11 次非学历教育考试报考人数 160 万余人次，贵州省均平稳、顺利、和谐地完成各项考试工作。

尺寸课本　国之大者
牢牢把握教材建设的政治方向和价值导向

全省教育系统坚持党对教材建设的全面领导。教材体现了国家意志，是铸魂工程。推进新时代教材建设，发挥好教材的育人作用，首要任务就是坚持党的全面领导。要牢牢把握教材建设的政治方向和价值导向，牢固树立"四个意识"，坚定"四个自信"，坚决做到"两个维护"，确保把党的教育方针全面体现到课程教材中。全面加强党对教材工作的领导，夯实各级教育行政部门和各高校党委的职责，牢牢把握党对教材建设的领导权。

2021 年 12 月 27 日，为深入学习贯彻习近平总书记关于教材建设的重要论述、习近平总书记关于教材工作的重要指示、李克强总理关于教材工作的重要批示，落实全国教材工作会议暨首届全国教材建设奖表彰大会精神，以及中共贵州省委、省人民政府关于教材工作的重要安排部署，省教育厅召开全省教材建设工作视频会。中共贵州省委教育工委副书记、省教育厅党组成员杨未在会上宣读了中共贵州省委教育工委副书记，省教育厅党组书记、厅长邹联克同志的讲话。

会议强调：全国教材工作会议暨首届全国教材建设奖表彰会在京召开，充分体现了以习近平同志为核心的党中央对教材工作的高度重视，凸显了对"尺寸课本、国之大者"的殷切期望，对于立足新发展阶段、贯彻新发展理念、构建新发展格局、推动教材建设高质量发展，具有标志性和里程碑意义。深刻学习领会、坚决贯彻落实习近平总书记重要指示、李克强总理重要批示和会议精神，是当前和今后一个时期贵州省教育系统的重要政治任务。

会议要求：做好新时代教材工作，一是围绕"一条主线"，深刻认识教材工作的重大意义；二是弄清"一个概念"，明确教材工作的职责和范围；三是聚焦"六个差距"，正视贵州省教材工作的短板弱项，即聚焦贵州省教材建设在重视程度、系统建设、规范管理、专业支撑、保障投入、廉洁要求六个方面存在的差距，狠抓问题和短板；四是强化“六个建设”，即强化政治、机构、制度、机制、体系和队伍建设，推进教材工作高质量发展；五是抓好“五个着力”，着力学习再深化、责任再落实、协作再加强、保障再强化、督导再跟进，推进各项政策部署落地落实，确保党中央、国务院和中共贵州省委、省人民政府关于教材建设的各项决策部署落到实处。

会上，杨未同志传达学习了习近平总书记关于教材工作的重要指示、李克强总理关于教材工作的重要批示，以及全国教材工作会议暨首届全国教材建设奖表彰大会精神，中共贵州省委常委会关于教材建设有关精神，教育部关于学习传达习近平总书记重要指示、李克强总理重要批示和全国教材工作会议精神有关要求，为全国优秀教材奖一等奖获得单位交通职院、全国教材工作先进个人铜仁职院顾昌华教授颁发了获奖证书。遵义市教育局、贵州大学、交通职院、贵阳市云岩区、铜仁职院教授顾昌华分别做了交流发言。会上还对贵州省省级教材督导评估相关工作进行了安排部署。

各高等学校党委书记或校长，省教育厅相关处室、单位负责人，参加省级教材工作督导评估的全体同志，在主会场参加了会议；各高等学校分管领导、二级学院党委书记和院长，相关处室负责人在高校分会场参会；各市（州）教育局局长、教育工委副书记、教材工作分管领导、相关科室负责人，市（州）属学校负责人在市（州）分会场参会；县（市、区）教育局局长、教育工委副书记、教材工作分管领导，相关股室负责人，县直属相关学校校长，各乡镇中心校校长在县（市、区）分会场参会。

松桃苗族自治县孟溪镇完全小学的孩子们用上全新教材

传薪火 润乡土 推普助力乡村振兴

黔东南州榕江县八开镇高雅村地处偏远山区，是传统苗族村落，全村妇女中还存在部分文盲、半文盲，其中“70 后”“80 后”妇女占一定比例。由于不识字、不会汉话，既限制了她们外出务工，也限制了她们的创业就业能力。为助力少数民族妇女通过学习使用普通话，踏上家庭致富路和乡村振兴路，对省妇联在高雅村举办的巾帼夜校妇女素质提升培训班提供支持，省语委办专门送去《普通话百词百句》口袋书作为基本教材，内容涵盖了日常生活的基本文字、语句。

为巩固脱贫攻坚成果，进一步发挥语言文字事业的独特作用，助力乡村振兴，贵州省教育系统以乡村学校语言文字规范化创建、乡村教师语言文字应用能力提升培训、“普通话＋”、推普宣传周等系列活动为载体，围绕“聚焦重点、全面普及、巩固提高”新时代推广普通话工作方针的相关要求，积极参与推动 2021 年“同语同心 · 乡村振兴”系列活动。针对“黔匠工房”“黔匠班”“东西部协作订单班”以及民族、农村地区学生开展“普通话＋职业技能”培训，提升职业院校毕业生普通话使用水平。支持 17 所高等学校组建 26 个“推普助力乡村振兴”大学生暑期社会实践志愿服务团。全年完成 20 余万名考生的普通话水平测试。

抓师德师风建设 树作风正向标杆

印发《省教育厅关于实施“强师工程”的实施意见》，深入实施“铸魂”“提能”“薪火”“强根”“增效”“建强”六项行动。组织召开“四有”“三者”好老师专题培训，培训 700 余人。深入开展关注 APP、检查多、会议多等中小学非教学负担过重问题的专项整治，进一步减轻中小学教师承担的与教书育人无关的额外负担。重点围绕中小学在职教师有偿补课、防止校园性侵等开展集中整治。加大对教师违反职业道德行为的查处力度，对部分地区在职中小学教师有偿补课

2021 年都匀市少数民族群众积极参加推广普通话活动

的网络举报进行了集中暗访、督促整改和提醒约谈，对市（州）、县（市、区）有关教师师德师风的举报信访进行了重点督办。转办各地各校查处有关师德师风方面的信访、举报 30 余起，处置各类舆情、信访和政务信箱 219 余起。组织实施“特岗计划”，2021 年招聘“特岗计划”教师 6974 名。启动实施“优师专项计划”。加强名师名校长队伍建设，选拔遴选中小学“黔灵名师”150 名、省级骨干教师 600 名。组织实施“银龄讲学计划”招募工作。实施高校“银发工程”，遴选推荐黔南民族师范学院、贵州工程应用技术学院作为试点院校。

不断加强高校党的建设和干部队伍建设，向中央教育工作领导小组秘书组呈报了中共贵州省委组织部、中共贵州省委教育工委《关于贵州省高校党委换届工作的总结报告》，中央教育工作领导小组秘书组在《教育工作情况》（2021 年第 29 期，总第 346 期）专题刊发了《贵州省“五个始终坚持”抓好高校党委换届》，对贵州省高校党委换届工作的做法、成效、经验给予了充分肯定。新选派省属高校、厅属高职院校 139 名第一书记和驻村干部支持乡村振兴工作。

比出精气神　赛场竞风流

2021 年 12 月 18 日，以“同心聚力、砥砺前行”为主题的 2021 年省教育厅职工运动会在贵州师范学院体育馆举行。中共贵州省委教育工委副书记，省教育厅党组书记、厅长邹联克做开幕式讲话并宣布开幕。省教育厅一级巡视员赵廷昌主持开幕式。

馆外寒风正烈，运动场上奋勇当先热气腾腾。开幕式上，省教育厅党组成员、中共贵州省委教育工委委员、在职厅级干部和贵州师范学院主要负责同志整齐就位。各参赛代表队高举队旗，迈着矫健步伐逐一入场亮相，他们平时是公务员、监察员、宣传员、办事员、打字员、服务员、驾驶员、炊事员，在赛场上华丽转身，成为团结奋进、勇于拼搏的运动员。

运动会在全体人员高唱国歌声中开幕。邹联克在讲话中指出，厅党组决定举办 2021 年职工运动会，主要目的有“四个一”：一是搭建一个平台。通过举办职工运动会，搭建运动的平台、展示的平台、交流的平台，让大家在运动中找到快乐，在竞技中展示自我，在比赛中凝心聚力、交流合作。二是练好一副身子。“健康是幸福生活最重要的指标，健康是 1，其他事项是后面的 0；没有 1，再多的 0 也没有意义。”健康的身体对每个人和家庭、事业来说都是至关重要的，通过举办运动会促进大家热爱运动、强身健体。三是挣得一份本钱。“身体是革命的本钱。”当前，贵州教育步入高质量发展新阶段，正全力围绕“四新”主攻“四化”，建设特色教育强省、整体提升教育水平，任务重、工作多、压力大，只有把身体练好，把革命的本钱挣到，才能更好地担当使命、尽好责任。四是树立一个榜样。

厅领导带头参赛

省教育厅作为全省教育工作的行政主管部门，要求学校做到“生生有体育项目，班班有体育活动，校校有体育特色”，促使每一个学生都能够掌握1—2项体育运动技能，“既把学习搞得好好的，又把身体搞得棒棒的”，就要率先垂范，通过举办职工运动会，在全省教育系统带头树立“健康第一”教育理念，树立爱运动、爱健康的好风气、好榜样，进一步把体育精神传播好。

开幕式上，贵州师范学院党委书记石培新致欢迎词。运动员代表、裁判员代表分别宣誓。开幕式后，表演了省教育厅职工利用工作之余精心编排的文艺节目以及贵州师范学院花样跳绳特色体育项目，随后按各项赛程展开比赛。

此次职工运动会设置了校园路跑、乒乓球、羽毛球、跳绳、三人制篮球等项目。厅党组领导带头，机关各党支部和直属单位分别组成10支联队，经历预赛、决赛

2021年省教育厅职工运动会开幕

省教育厅职工表演啦啦操

两个阶段，共计400余人在贵州师范学院体育馆和田径场上竞技较量。

比赛中，大家热情高涨，厅领导带头参加各个项目的竞技，为参赛队员加油鼓劲。广大职工全员参与，积极踊跃，团结协作，奋力争先，展现了良好的精神风貌和团队意识。各裁判员秉承公平公正和稳健严谨的态度，严格规范专业执裁。负责承办的贵州师范学院教职工生精细谋划、精心保障、热情周到，确保了运动会圆满、顺利、安全进行。

经过紧张激烈的比赛，羽毛球项目第一、二、三名分别被厅机关三四支部联队、一二支部联队、五六支部联队夺得。乒乓球项目第一、二、三名分别被宣传期刊联队、机关三四支部联队、考试院代表队夺得。篮球项目第一、二、三名分别被宣传期刊联队、教师发展中心代表队、机关一二支部联队夺得。跳绳项目第一、二、三名分别被招生考试院代表队、教科院代表队、工信交业联队夺得。校园路跑项目第一、二、三名分别被宣传期刊联队、考试院代表队、工信交业联队夺得。省教育厅领导现场为获奖队员颁奖。

同心聚力 砥砺前行
2021年贵州省教育厅职工运动会
健康生活 快乐工作 工信交业 勇往直前

同心聚力 砥砺前行
贵州省教育厅职工运动会

同心聚力 砥砺前行
2021年贵州省教育厅职工运动会

代表队风采

9

第九章 优规划 善评价 力创新

凡事预则立，善谋者致远。

2021 年是“十四五”开局之年，2021—2025 年贵州教育事业高质量发展需要做好顶层设计。2021 年，在中共贵州省委、省人民政府的坚强领导下，省教育厅深入贯彻落实党的十九届六中全会和中共贵州省委十二届十次全会精神，全面贯彻党的教育方针，认真贯彻落实“四新”总体要求，对照“四化”战略部署和“1358”工作思路，以教育高质量发展为统揽，以发展规划为引领，围绕中心服务大局，优先规划、先行先试，圆满完成发展规划各项工作任务。

为全面贯彻党的教育方针、落实立德树人的根本任务，印发《贵州省深化新时代教育评价改革重点任务责任清单》《贵州省深化新时代教育评价改革负面清单》，着力破“五唯”（唯分数、唯升学、唯文凭、唯论文、唯帽子）、树“三观”（教育发展观、人才成长观、选人用人观），积极构建促进学生全面发展、富有时代特征、体现贵州特色的教育评价体系。

基础教育资源供给　持续优化扩大增量

2021 年 2 月 25 日，全国脱贫攻坚总结表彰大会在北京人民大会堂隆重举行。中共中央总书记、国家主席、中央军委主席习近平，向全世界庄严宣告："经过全党全国各族人民共同努力，在迎来中国共产党成立一百周年的重要时刻，我国脱贫攻坚战取得了全面胜利，现行标准下 9899 万农村贫困人口全部脱贫，832 个贫困县全部摘帽，12.8 万个贫困村全部出列，区域性整体贫困得到解决，完成了消除绝对贫困的艰巨任务。"

经过全省教育系统 8 年的持续奋斗，贵州省教育脱贫攻坚各项事业也取得了全面胜利，为多彩贵州全面建成小康社会做出了重要贡献。脱贫摘帽后，全省教育系统坚决落实"四个不摘"要求，通过设立脱贫地区、民族地区等分配因素及权重，倾斜安排中小学幼儿园项目的中央和省级补助资金，持续支持各地夯实办学基础。积极争取和统筹安排学前教育项目中央补助资金 9.34 亿元、省级补助资金 3.8 亿元、地方政府专项债券资金 9.94 亿元、中央专项彩票公益金 0.267 亿元，持续将公办幼儿园建设列为省人民政府民生实事项目强力推进，全省各地完成新建、改扩建公办幼儿园 459 所，新增学位 4.4 万个，公益性学前教育资源不断扩大。

积极争取和统筹安排义务教育学校项目中央补助资金 28.07 亿元、省级补助资金 7.306 亿元、中央和省级专项彩票公益金 0.25 亿元，全省各地完成新建、改扩

省教育厅党组成员、副厅长周进在麻江县第一中学调研“双减”

建城镇义务教育学校 342 所、新增学位 4.9 万个、增加寄宿床位 0.99 万个，完善乡镇标准化寄宿制学校 555 所、新增学位 1.3 万个、增加寄宿床位 0.9 万个，修缮乡村小规模学校 326 所、增加寄宿床位 100 个，促进义务教育资源合理优化均衡配置。统筹安排普通高中学校项目中央补助资金 4.92 亿元、省级补助资金 4.1 亿元，全省各地完成扩容建设普通高中学校 60 所，新增学位 0.78 万个、增加寄宿床位 0.87 万个，为启动实施高考综合改革提供基础支撑。

善谋善为，善作善成　完成教育“十四五”规划

省教育厅从厅机关、省教育科学院、贵州财经大学、贵州师范学院等抽调人员组成专门的规划起草小组，委托高校开展基础研究，先后召开多次座谈会，反复征求厅内处室（单位）、市（州）教育局及有关学校意见，根据征集到的意见对规划初稿进行修改完善。经报厅长办公会审议通过后，2021 年 6 月，会同省发

展改革委按程序报省人民政府审批。8 月，省人民政府批复同意《贵州省教育发展“十四五”规划》。9 月，省教育厅、省发展改革委共同印发《贵州省教育发展“十四五”规划》。12 月，中共贵州省委教育工委、中共贵州省委教育工作领导小组秘书组印发《〈贵州省教育发展“十四五”规划〉责任分工方案》。以此指导引领今后 5 年的全省教育工作，加快补齐我省教育短板，着力打造高质量教师队伍、建设高质量教育体系、培育更多高质量人才，加快建设特色教育强省。

高校布局优化　为高等教育注入“新动能”

2021 年 9 月，中共贵州省委、省人民政府印发《贵州省整体提升教育水平攻坚行动计划（2021—2030）》，将实施高等教育突破发展提升工程。《行动计划》提出，进一步优化高等教育布局，增加高等教育资源。按照“一校一址”原则调整优化花溪大学城高校校区布局，加快花溪大学城、清镇职教城建设发展。

2021 年 12 月 29 日，贵州省高校乡村振兴首届联席会召开，省教育厅党组成员、副厅长战勇颁发专家聘书

编制实施“十四五”高等院校设置规划，重点支持在大数据、大生态、工业、文化旅游、山地体育等领域扩建或新设立一批高等院校。加快推进“双一流”和“双万计划”建设，遴选建设一批一流专业、一流学科和教学名师，持续推进新工科、新医科、新农科、新文科建设，超前谋划专业布局，优化学科专业结构。做强贵州大学、做大省属高校、做特市（州）高校，加快发展研究生教育，扩大研究生教育规模，提高人才培养质量和高等教育贡献力。到 2023 年、2025 年、2027 年、2030 年，全省高等教育毛入学率分别达到 48%、50%、55%、60%。

按照总体规划，科学、有序地推动有关高校的布局调整。遵照中共贵州省委、省人民政府统一安排部署，省教育厅会同省发展改革委、省财政厅、省住房城乡建设厅、贵阳市人民政府、贵安新区管理委员会、贵州金控集团等相关单位，共同推进花溪大学城高校校区布局调整工作。2021 年 8 月 13 日，十二届中共贵州省委常委会第 198 次会议审议了花溪大学城高校校区布局调整方案；10 月 8 日，省人民政府常务会议审议了贵州警察学院等有关省属学校布局调整方案。11 月 19 日，中共贵州省委常委会第 209 次会议审议并通过了《部分省属学校布局优化调整方案》。推进新建贵州医科大学、贵州轻工职业技术学院及扩建贵州财经大学土地预审与选址规划、风险评估、决策评估等工作。

按照统筹规划、优化结构、完善功能、提升内涵、创新发展的要求，积极谋划好“十四五”期间高等院校设置规划，服务急需必需，科学做好增量。重点支持设置经济社会发展和产业发展急需及空白领域的大数据、大生态、文化旅游、山地体育及幼儿师范、医疗护理等相关高等院校，适应经济新常态下产业结构转型升级的需要。新设置专科（高职）学校规模不宜少于 3000 人，普通本科院校不宜少于 5000 人。稳定办好现有高等学校，进一步调整完善现有高等院校布局结构、层次、类型、专业，整合区域性或同类型高等院校，实行资源共享、优势互补、合作办学，实现资源效益和服务效率最大化。原则上，市（州）重点办好 1 所本科高校、1—2 所高职院校，着力提升和充分发挥本地区现有高校水平效益。积极推进本科层次职业教育试点，探索国家“双高”学校和省优质高职院校特色专业举办四年制职业本科教育或“3+2”职业本科教育试点。积极推动独立学院能转快转、能转尽转，成熟一所、转设一所。重点建设和优化花溪大学城、清镇职教城，在筑新设置高等院校原则上布点在大学城、职教城，推动大学城高校实现“一校一址”，加快建成省职业教育公共实训中心。

2021 年 10 月，贵州省人民政府对省教育厅《关于核定贵州财经大学等 3 所省属高校办学规模的请示》做出批复：

一是原则同意省教育厅研究提出的“十四五”期间将贵州财经大学办学规模提升至 2.5 万人，贵州医科大学办学规模提升至 4 万人，贵州轻工职业技术学院办学规模提升至 2 万人，请按国家关于高等教育办学规模的规定和程序完善相关手续。二是贵州财经大学“十四五”期间按全日制本科生 1.8 万人（含中外合作办学本科生 5000 人）、研究生 7000 人（含硕士研究生 6300 人、博士研究生 400 人、留学生 300 人）控制办学规模。三是贵州医科大学“十四五”期间按全日制本科

贵州财经大学办学规模提升至 25000 人

生 2.99 万人、研究生 1 万人（含硕士研究生 8000 人、博士研究生 2000 人）、留学生 1000 人控制办学规模。四是贵州轻工职业技术学院“十四五”期间力争筹办为职业本科院校，按全日制职业本科生 1.6 万人、全日制高职专科生 3000 人（含留学生 500 人）、研究生 1000 人控制办学规模。

按照“一校一址”总体部署，2023 年贵州民族大学花溪校区 10 个学院全部迁入新校区后，校园总体占地面积将扩大至近 2800 亩，在校学生规模也计划增加至 4.2 万人。同时，我省 5 所独立学院转设工作顺利通过了全国高评委专家评议，教育部于 2021 年 6 月 3 日发文同意。经省人民政府批复同意，正式设立贵州文化旅游职业学院（原贵州省旅游学校），并报教育部备案后正式招生。各高校办学规模提升，空间布局得到优化，高等教育将更好地为我省经济社会高质量发展服务。

优化城乡基础教育资源配置
——让义务教育更加优质均衡

21 世纪初，贵州强力推进“两基”攻坚，经过艰苦卓绝的数年苦战，到 2005 年年底，贵州实现“两基”的县（市、区）由 32 个增加到 84 个，人口覆盖率从 35% 提高到 93.88%，5 年内提高了 58.88 个百分点，“两基”攻坚比国家规定的时间提前两年全面完成，基础教育打了个漂亮的“翻身仗”。

实现“两基”后，推动义务教育更加均衡、更加优质地发展，追求更高质量、更加公平的教育，成了广大人民群众迫切的期盼和需求。2021 年 2 月印发的《贵州省教育厅（省委教育工委）2021 年工作要点》指出，要推动义务教育优质均衡发展，加强城镇义务教育学校建设，补强提升确须长期保留的乡村小规模学校办学水平，促进城乡基础教育资源合理优化均衡配置。

2021 年秋季学期开学后，金沙县实验小学共有在校学生 2777 名，其中约 48% 是来自全县各乡镇（街道）易地扶贫搬迁户和进城务工农民工的随迁子女。

作为全县最大的易地扶贫搬迁安置点教育保障学校，该校急民之所急、解民之所忧，根据学校办学实际和学生实际需要，整合调动一切资源，努力实现课后服务的精细化、科学化、人性化，确保课后服务工作的更高质量和绝对安全。师生们在宽敞明亮的多媒体教室里上课，课间活动时学生们到图书室翻阅各种课外书籍，下午放学后还能参加丰富多彩的社团活动，徜徉在学习知识和培养特长的海洋之中。

但是几年前，该校还是一所师资缺乏、设施简陋的乡村学校。翻天覆地的改变，得益于全省义务教育均衡发展的大战略。

2015年，为了解决易地扶贫搬迁户适龄儿童、进城务工随迁适龄儿童、生态移民户适龄儿童的入学问题，金沙县实验小学获得了1963年建校以来最大的一次巨变，校园改扩建用地面积995亩，教学基础设施迅速完善，补齐各学科曾经短缺的师资力量，整体办学条件实现完美飞跃，让就读学生们充分享受了从“有学上”到“上好学”的教育红利，以高品质教育、高质量学校吸引搬迁群众迅速入住周边社区。2021年4月，该校被中共贵州省委、贵州省人民政府表彰为“贵州省脱贫攻坚先进集体”。

放眼全省，受惠的远远不止金沙县实验小学一所学校。全省教育系统下大力气优化城乡基础教育的资源配置，尽最大努力满足群众的教育需求，得到人民群众衷心拥护。“十三五”期间，全省易地扶贫搬迁群众中有适龄学生近36万人，在充分统筹共享安置点周边原有教育资源的基础上，全省教育系统着力加强安置点配套学校的规划建设，累计投入资金180多亿元，努力缩小城乡学校办学条件差距，新建、改扩建安置点配套学校669所，新增学位43万余个，实现“不落一人，就地就近就学”的教育愿景。

中共贵州省委、省人民政府坚决贯彻落实优先发展教育事业的战略，全省每年压缩党政机关行政经费6%用于教育事业发展，全省财政教育投入年均增长达16.8%，真金白银的教育投入让偏远乡村学子享受到与中心城镇一样的优质教育资源，推动义务教育均衡与公平取得重大突破。

2018 年 12 月，贵州所有县（市、区、特区）通过国家县域义务教育基本均衡验收，成为西部第一批、全国第 16 个县域义务教育基本均衡发展整体通过国家认定的省份。此后，我省围绕"从基本均衡向优质均衡"的目标，进一步扩大义务教育优质教学资源，积极推动东西部教育协作。2021 年 9 月，贵州省教育厅与广东省教育厅在广州签署《粤黔共建 100 所协作帮扶示范学校协议（2021 年—2025 年）》。我省 100 所学校与广东省相关学校全部签订了粤黔教育协作帮扶协议，帮扶协作工作已经渐次开展推进。至 2021 年年底，66 个县（市、区、特区）共 1078 所学校与广东省 924 所学校实现结对帮扶，大湾区的优质教育资源源源不断输入多彩贵州的各所结对学校。

在安顺市黄果树旅游区白水镇把路小学，音乐教师梁定细参加了贵州省"乡村教育家培养对象"学习活动。已有 15 年音乐教学经验的梁定细，通过"国培计划"的进一步培养，已成为贵州省小学音乐梁定细乡村名师工作室的主持人，继续在乡村音乐教育的领域发挥引路人作用。

贵州省通过实施"国培计划"等教师培训提升项目，积极培养"名优特"教师，通过"送出去学，请进来教"的灵活方式，转变教师教学理念和提升教师教学水平；大力培养县级骨干教师，组建县级专家团队，发挥好"教学研究室"业务引领作用，对偏远乡村学校开展经常性的业务指导，通过"同课异构""同行互评"方式，不断提高乡村教师的教育教学水平，不断补足区域内优质教师资源，不断优化平衡城乡教学资源。

"美美与共"育新人 "大讲堂"联通万校

2021 年 5 月 6 日，"贵州教育大讲堂"正式开播，全省教育系统的数万所学校师生员工收看了第一讲。大讲堂着力在政治理论、教育理论、教育政策、教育实践创新等方面加强对全省教育系统干部职工、师生员工的教育培训，促进教育教学理念和观念进一步转变，能力本领进一步提升。连续播出“美的教育，才是人民满意的教育”“教书育人之美”“青春担当之美”“规划设计之美”“体教融合之美”“教育公平之美”“职业教育之美”“探究学科之美”等一系列关于“美的教育”的专题讲座，网络平台点击和播放量近 9000 万次，全网点击和播放量超 1 亿次，全国约 4433 万观众通过电视观看了“贵州教育大讲堂”。由此，美的教育才是人民满意的教育，教育之美，美在人性，美在自然，美在宁静的理念开始在全省教育系统孕育、传播和践行。

2021 年 8 月 29 日，“贵州教育大讲堂”开学第一课特别节目——“请党放心 强国有我”通过电视台和新媒体同步播出，贵州广播电视台 (6 频道)、学习强国、动静 APP 教育板块、动静 APP 直播板块、动静贵州微信公众号、动静贵州视频号、

2021 年 5 月 6 日，关岭布依族苗族自治县各中小学组织师生收看“贵州教育大讲堂”第一讲“美的教育，才是人民满意的教育”

贵州教育发布微信公众号等平台同步播出，全省数百万师生同时收看。“请党放心，强国有我！”成为时代新人的响亮口号和切实行动。100 年来，中国共产党团结带领全国人民进行革命、建设和改革，百年征程波澜壮阔，百年初心历久弥坚。历史充分证明，没有中国共产党就没有新中国！我们生在红旗下，长在春风里，目光所至，皆为华夏；五星闪耀，皆为信仰。

“贵州教育大讲堂”2021 年秋季开学第一课特别节目——“请党放心 强国有我”

教育评价改革——回归科学和理性

2021年印发《贵州省深化新时代教育评价改革重点任务责任清单》和《贵州省深化新时代教育评价改革负面清单》，着力破“五唯”（唯分数、唯升学、唯文凭、唯论文、唯帽子）、树“三观”（教育发展观、人才成长观、选人用人观），积极构建促进学生全面发展、富有时代特征、体现贵州特色的教育评价体系。将“双减”工作作为深化新时代教育评价改革的重要举措，深化校外培训机构治理，减轻学生不合理的作业负担，全省义务教育学校建立的作业公示制度、作业时间控制、提供课后服务、课后服务时间达标率4项指标均全部达到。相继发布《贵州省深化高考加分改革实施办法》《贵州省高考综合改革实施方案》，2021年秋季入学的高一年级学生开始实施新课程、使用新教材，正式步入“新高考”时代。

2021年深化高校教师职称制度改革，组建专家组深入全省各高校开展调研，收集听取各级各类高校教师的意见和建议，着手对我省《贵州省高等学校教师系列专业技术职务任职资格申报评审条件》进行修订，计划从2022年起正式实施。为加强对自主评审高校的监管，省教育厅联合省人力资源和社会保障厅起草《贵州省高校教师职称评审监管实施细则》，经公开征求意见后，于2021年9月7日正式印发，规范并促进全省高校教师的职称评审工作，强化教职工编制保障。

省教育厅举行深化新时代教育评价改革专题培训

为认真贯彻落实党中央、国务院《深化新时代教育评价改革总体方案》（以下简称《总体方案》），扎实推进我省教育评价改革工作。2021年4月16日，省教育厅以视频会议形式，再次举办深化新时代教育评价改革专题培训。教育厅一级巡视员鞠洪主持培训。教育部专家，重庆市教育评估院院长刘云生，研究员应邀为全省教育系统的干部做题为“深化新时代教育评价改革的总体思路与推进策略”的专题报告。

刘云生在报告中指出，新时代教育评价改革是事关教育发展全局的重大改革，是事关新时代教育发展的必然改革，是事关未来教育样态的再造改革，是事关世界教育服务业分工的战略改革。要针对当前存在的教育评价形式化、单一化，立德树人狭隘化、内卷化，教育科学研究纸面化、功利化，教育治理工程化、标签化，教育服务错位化、割裂化，社会用人导向虚名化、错位化等问题，按照教育评价形成性目标、育人科研服务性目标、教育治理改善性目标、教育发展旨归性目标的要求，综合采取改换教育评价走向、改立教育评价标准、改创教育评价方法、改变教育评价制度、改善教育评价服务、改用教育评价生产、改建教育评价监管等措施，扎实抓好新时代教育评价改革，确保《总体方案》落地落实。

鞠洪在讲话总结中要求：一要进一步提高政治站位抓改革。各地各校要站在“两个维护”的政治高度，按照闭环管理的要求，扎实抓好教育评价改革工作所涉及的配套政策文件制定、教育领域规章制度清理和评价改革试点等工作。二要进一步突出自查自纠抓改革。各地各校要学深学懂，融会贯通《总体方案》，在此基础上，对照 10 个“不得”、1 个“严禁”，进行规章制度的废除，对照学校评价标准和评估办法、课程和教育内容、教师职称评审和聘用、绩效工资考核和分配、教学和科研、教师和学生评先评优，抓好规章制度的修订完善，对照 13 项探索事项等，因地制宜进行创新创造，努力推动落实好党中央的部署要求。三要进一步夯实发展基础抓改革。既立规章制度，又立课程、教学、师资、设备等要素条件，按照“1358”总体工作思路，多渠道大力扩大普惠性学前教育资源，补强提升确须长期保留的乡村小规模学校办学水平，加大农村艰苦边远地区学校，以及音、体、美等紧缺学科教师招聘力度，落实好立德树人根本任务，落实好德智体美劳“五育并举”总体要求，落实好师资队伍建设基本保障，努力办好人民满意的贵州教育。

中共贵州省委教育工作领导小组成员单位有关负责同志、省教育厅机关全体在职在编干部、厅属单位科级以上干部和高级职称专业人员在主会场参训。各普通高校、职业院校领导班子成员、中层干部，市、县两级党委教育工作领导小组成员单位负责同志，教育行政部门领导班子成员、中层干部和各级各类中小学校长、幼儿园园长在分会场参训。

举办高等学校深化新时代教育评价改革专题培训

2021 年 7 月 17 日，贵州省高等学校深化新时代教育评价改革专题培训在贵州大学举行。教育部综合改革司体制改革处处长李铁群应邀做题为“用好评价‘指挥棒’全面贯彻党的教育方针”的专题报告。省教育厅副厅长漆思主持培训并讲话。全省普通本科高校、高职高专院校分管教育评价改革工作的校领导和各相关部门负责人，贵州大学各部门负责人共 300 余人参加培训。

李铁群在培训中重点从党中央、国务院《深化新时代教育评价改革总体方案》的背景意义、主要内容与精神、如何贯彻落实 3 个方面深入解读了教育评价“为什么改”“改什么”“怎么改”的基本问题。他表示，《总体方案》是中华人民

贵州省高等学校深化新时代教育评价改革专题培训

教育部综合改革司体制改革处处长李铁群做教育评价改革的培训

共和国成立以来第一个关于教育评价系统性改革的文件，提出了构建“三观”（科学的教育发展观、人才成长观、选人用人观），推行“四个评价”（改进结果评价，强化过程评价，探索增值评价，健全综合评价），抓实“五个主体”（党委和政府、学校、教师、学生、用人单位）和落实“十个不得、一个严禁”的具体要求，各地各校要充分认识教育评价改革的复杂性、艰巨性、长期性，坚持“上下结合”（顶层设计与基层探索）、“左右结合”（部门联动与协同作战）、“远近结合”（抓好立行立改的任务、持续推进的任务、试点探索的任务）、“内外结合”（系统内、系统外和校内、校外）、“软硬结合”（正面宣传引导和问责追责机制），加强组织领导，强化统筹落实，坚决克服唯分数、唯升学、唯文凭、唯论文、唯帽子的“顽瘴痼疾”，通过“三个五年”的时间，各级党委和政府科学履行职责水平明显提高，各级各类学校立德树人落实机制更加完善，引导教师潜心育人的评价制度更加健全，促进学生全面发展的评价办法更加多元，社会选人用人方式更加科学，基本形成富有时代特征、彰显中国特色、体现世界水平的教育评价体系，为加快推进教育现代化，建设教育强国，培养担当民族复兴大任的时代新人提供更加有力的制度保障。

漆思在讲话中指出，此次专题培训理论与实际相结合，对贵州省高等教育深化教育评价改革指明了方向，提供了路径方法。各高校会后要深入学习领会文件的精神实质，坚持久久为功，不断将深化新时代教育评价改革工作落细落实，要以新时代教育评价改革为牵引，结合贵州高校实际进行有创造性的探索，推动贵州高等教育的高质量发展，努力办好人民满意的教育，确保“十四五”实现良好开局。

传薪继火——“强师工程”六项行动

教育发展，教师为重；教师发展，培训为要。

我省大力实施“铸魂”“提能”“薪火”“强根”“增效”“建强”6项行动，打造一支高水平、专业化的教师队伍。2021年，全省教育系统启动实施“强师工程”，按照省领导批示精神和2021年省人民人民政府《政府工作报告》的部署安排，起草《关于实施“强师工程”的实施意见》，充分征求市（州）、县（市、区）教育行政部门和省直有关单位意见，报省人民政府领导同志审核同意后，6月14日，印发了《省教育厅关于实施“强师工程”的实施意见》（黔教发〔2021〕25号），聚焦立德树人、专业提升、骨干培养、体系建设4个方面，实施“铸魂”“提能”“薪火”“强根”“增效”“建强”6项行动，全力打造一支专业、奉献、敬业的教师队伍。2021年8月24日，在铜仁市印江县召开强师工程试点县启动会，将此项工作引向深入。

2021年11月24日，“学习贯彻党的十九届六中全会精神 开启新时代师范教育高质量发展新征程高端论坛”举行，中共贵州省委教育工委副书记，省教育厅党组书记、厅长邹联克讲话

以榜样力量促师德师风建设

2021 年 2 月 4 日，印发了《省教育厅关于在全省教育系统开展学习王玉老师先进事迹活动的通知》；5 月 8 日，印发了《省教育厅办公室关于召开教师思想政治和师德师风建设经验交流暨师德专题教育启动部署会的通知》；5 月 14 日，转发了《省教育厅关于转发教育部在教育系统开展师德专题教育的通知》。加强宣传教育，以优秀教师榜样的力量促进师德师风建设。

围绕“双减”开展专项行动，6 月 14 日印发《贵州省师德师风建设专项行动实施方案》，重点围绕中小学在职教师有偿补课、防止师德失范等开展集中整治和专项治理，还校园一片风清气朗与安全和谐。

2021 年 10 月 22 日，贵州大学 90 余名教职工光荣退休

师资扩量——加强中小学教师补充统筹调度

继续组织实施好“特岗计划”。开展 2021 年“特岗计划”教师招聘需求的摸底调研，统计汇总并上报教育部。协调省人力资源和社会保障厅、省财政厅、省编办等部门共同印发《贵州省 2021 年“特岗计划”实施方案》（黔教发〔2021〕

23号），2021年招聘“特岗计划”教师6974名，其中中央“特岗计划”教师招聘5597名，地方“特岗计划”教师招聘1377名。

组织实施“三区支教计划”。印发《省教育厅关于开展2021年边远贫困地区、边疆民族地区和革命老区人才支持计划教师专项计划有关实施工作的通知》，2021年全省选派1600名骨干教师到乡镇及以下农村义务教育阶段学校支教。启动实施“银龄讲学计划”，在全省遴选500名优秀离退休教师到农村学校支教讲学。实施“优师专项计划”，遴选贵州师范大学、贵州师范学院作为地方“优师专项计划”承担院校，共计招聘国家和地方“优师专项计划”280人，其中国家80人、地方200人。

师资提质——加大对教师群体的培养培训

全力实施好“国培计划”。编制完成我贵州2021年“国培计划”中西部项目规划书和项目规划表，报经教育部专家组评审通过。联合省财政厅印发《省教育厅省财政厅 关于印发〈贵州省中小学幼儿园教师国家级培训计划（2021—2025）实施方案〉的通知》《省教育厅　省财政厅关于做好2021年中小学幼儿园教师国家级培训计划组织实施工作的通知》，组织实施好2021年我省“国培计划”各项相关工作。2021年获得中央“国培计划”专项资金1.272亿元，培训5万多人次。其中，切块“国培计划”资金2225.7万元，在全省范围遴选84所优质学校“一对一”精准结对帮扶100所易地扶贫搬迁安置点学校和乡村振兴重点帮扶学校，巩固脱贫攻坚成果，助力乡村振兴。编制完成2021年国家级职业院校素质提高计划培训项目规划表，按规划组织开展各培训项目，2021年获得中央职业院校素质提高计划奖补资金2100万元，计划培训2630人次。

组织实施好“省培计划”。印发《省教育厅关于开展2021年度省级教师培训项目申报有关工作的通知》，组织开展2021年度省级教师培训工作，省级投入资金 1850 万元，培训 5000 人，源源不断地为城乡学校培训优秀师资。

实施中小学校长“薪火计划”，加强名师名校长队伍建设。印发《省教育厅办公室关于实施贵州省中小学幼儿园校（园）长“薪火计划”的通知》，选拔中小学校（园）长后备对象 250 人，集中开展培养培训。7 月 22 日，在贵阳举办贵州省中小学幼儿园校（园）长“薪火计划”启动仪式暨第一阶段集中培训。举办省级名师、名校（园）长工作室主持人“学党史、讲担当、守纪律、做示范”专题培训班，组织全省 367 位名师、名校（园）长工作室主持人开展为期 3 天的集中学习培训，进一步发挥全省省级名师名校长示范引领作用，提高名师名校长队伍的政治素质、规矩意识和党性修养。开展中小学“黔灵名师”和省级骨干教师选拔，2021 年全省评选出了在课堂教学、学生培养、教学研究、示范带动教师专业化发展等方面做出贡献的中小学“黔灵名师”150 名、省级骨干教师 600 名。

贵州师范学院老中青教师代表共同庆祝建党 100 周年

加强对教育行政管理者的培训。委托国家教育行政学院举办“聚焦评价改革、提升治理能力、促进高质量发展”贵州省教育行政干部高级研修班，各市（州）、县（市、区）政府分管负责人、教育局主要负责人共 186 人参加培训。9 月 16 日—24 日举办了两期全省教师工作管理者高级研修班，各市（州）、县（市、区）负责教师培养培训、师德师风、职称评审等工作的 210 名同志参加了培训。

五育并举育新人　全面发展彰底色

黔西市：“五育并举”促进学生全面发展

2021 年 6 月 8 日，黔西市重新镇石坪小学校园一片欢腾，学校教师组织同学们开展篮球比赛、劳动实践基地、啦啦操训练等多种文体活动，有效促进了学生身心健康全面发展，该校重视并培养学生身体健康、心理健康，是黔西市教育系统“五育并举”的一个缩影。

2021 年，黔西市重新镇教育管理中心在全镇 16 所中小学（幼儿园）的日常教育教学中，坚持五育（德育、智育、体育、美育、劳动教育）并举，深入实施青少年健康教育工程，教育引导学生提升综合能力和创新精神。

“石坪小学把本土特色文化融入特色教育，在塑造学生气质方面，很有意义。”重新镇教育管理中心李端华如是说。教育要像搞艺术一样给孩子留出想象空间，重新镇教育管理中心在全镇中小学（幼儿园）的教育实践中，充分实施德育铸魂、智育提质、体教融合、美育熏陶、劳动促进 5 方面的创新做法，激发学校办学活力。打造出集质量、内涵、文化、特色、信誉于一体的“品质教育，学在重新”教育品牌，推动“五育并举”在乡村教育体系中落地开花。

省教师发展中心举行"五育并举·融合育人"小学美术骨干教师培训

2021 年 10 月 10 日至 19 日，国培计划（2021）——"五育并举·融合育人"小学美术骨干教师培训在省教师发展中心举行，来自 9 个市（州）的 101 名小学美术骨干教师参加培训。

本项目为跨年度递进式项目，分两期完成，本次培训为第一期。省教师发展中心高度重视、统筹安排，成立专项工作小组负责；聘请省内文化艺术界的著名画家，高校教授，省市县级美术教研员、名师、骨干教师和一线优秀教师为学员们授课。

培训课程的设计，坚持理论引领、实践赋能的原则，前期对参训学员进行问卷调查，根据学员需求设置课程，主要有美术教师核心素养知识讲座、切合中小学美术教师自身发展课题撰写技巧、中小学美术课程标准的美术教学资源开发与

晴隆县紫马小学落实"五育并举"，开展丰富多彩的校园文化活动

贵州师范大学将“五育并举”贯穿教学全过程

运用、审美视角下的中国隐逸文化、艺术设计与教师动手制作能力、中国书法与教师书写能力提高等，并到贵阳市优质学校实地观摩交流，还开展说课评课、专家对话沙龙等现场教研活动。通过 10 天的培训和学习，受训学员们积极写心得、说感受、谈想法、得提升，加深了对“五育并举”的理解和实践，将培训中的收获带回教学岗位。

保障工资、教师减负、榜样激励——加强教师队伍建设

多年来，中共贵州省委、省人民政府高度重视、切实关心广大教师的工资待遇。2020 年年底，全省全面实现义务教育阶段教师平均工资收入水平不低于当地公务员平均工资收入水平。为进一步保障好教师工资待遇，促进广大教师安心乐教，2021 年，省人力资源和社会保障厅、省教育厅、省财政厅联合印发《关于做好保

障义务教育教师工资待遇有关工作的通知》（黔人社通〔2021〕21 号），印发《省人民政府教育督导室、省教育厅关于转发教育部关于巩固义务教育教师工资收入专项督导工作成果的通知》（黔教督〔2021〕2 号），并抓住春节前后、开学、年中等重要时间节点，开展教师工资待遇保障情况督导检查。切实落实乡村教师生活补助政策，及时下达中央奖补资金 42720 万元，惠及乡村教师 17 万人。加快推进乡村教师生活补助提标扩面工作。目前 65 个原集中连片地区已按照中共贵州省委、省人民政府的要求，全部执行了新的乡村教师生活补助标准。

教师主责是教书育人，我省抓好抓实减轻中小学教师非教学负担的相关工作，印发《省人民政府教育督导室　省教育厅关于印发〈贵州省减轻中小学教师非教学负担专项行动实施方案〉的通知》，开展减轻中小学教师非教学负担专项行动，针对老师和人大代表、政协委员反映突出的、检查多、会议多等中小学非教学负担过重问题开展专项整治，进一步减轻中小学教师承担的与教书育人无关的额外负担。

彰显优秀教师先进典型的引领作用。遴选出贵州工业职业技术学院电子商务专业等 23 个团队推荐参加教育部组织的第二批国家级职教教学创新团队的评选，我省有 5 个团队入选；2021 年 5 月，遴选推荐六盘水市水城区玉舍镇玉舍小学石艳等 14 名教师，参加教育部“教学名师特殊支持计划”。2021 年 6 月，遴选推荐刘秀祥、李红波两名教师参加教育部组织的“2021 年全国教书育人楷模”，李红波入选“全国教书育人楷模”，并作为全国唯一代表在教育部教师节相关活动上发言。开展第二批“全国高校黄大年式教师团队”省级遴选，推荐贵州民族大学龙耀宏“中国少数民族语言文学教师团队”等 6 个高校教师团队，作为贵州省第二批“全国高校黄大年式教师团队”创建候选对象报送教育部参评。遴选推荐 28 名乡村优秀青年教师，参加教育部教师工作司、中国教师发展基金会“乡村优秀青年教育培养奖励计划”，贵阳市花溪区高坡苗族乡民族中学余德江等 15 名教师入围。推选出贵州开放大学林书涵家庭、仁怀市周林学校周莉家庭为全国首批教育世家。组织陈帮强、马沙两名教师作为全国模范教师代表赴京参加庆祝中国共产党成立100周年大会；继续开展25年、30年教师教龄荣誉证书颁发工作，2021年共颁发25年教龄荣誉证书708份、30年教龄荣誉证书8240份。

开展全省各级各类学校教师编制及岗位结构比例情况统计工作，并对统计情况进行分析梳理，形成全省各级各类学校编制情况报告上报省领导。配合中共贵州省委编办对全省中小学教职工编制进行重新核定，目前全省中小学校教职工编制已按国家要求实现全面达标。

维系校园一片晴空：继续做好教育系统防疫工作

2021年，我国疫情防控总体形势平稳，人民群众的生活生产逐步恢复。贵州省坚持“外防输入、内防反弹”总策略和“动态清零”总方针，不折不扣做到应检尽检、应隔尽隔、应治尽治，尽快阻断疫情社会面传播。贵州省整体防控形势向好，“贵州白”在全国疫情地图上保持了相当长的时间；虽然也发生了外省关联病例引发的个例疫情，但总体的防控成效处于全国前列。中共贵州省委、省人民政府带领全省人民始终绷紧疫情防控这根“弦”，全省教育系统的20702所各级各类学校、1041.44万名在校师生保持了总体安全平稳，菁菁校园保持了一片蔚蓝晴空，校园成为千万师生学习、生活、工作的安全之所在、幸福之所系。

省教育厅从3个方面抓紧抓好校园安全：一是高标准做好校园疫情防控。根据上级要求并配合省卫健委，通过突出开学放假时间关键点、突出节假日时间关键点、突出校门管控关键点、突出新冠疫苗接种关键点等具体举措，严格、扎实地做好校园疫情防控。二是创新开展好传染病防控。通过紧盯“师生健康　中国健康”主题教育活动根本点、紧盯结核病的筛查和管理根本点、紧盯艾滋病防控教育根本点、紧盯健全疾病预防体系建设等，高标准做好校园传染病防控工作。三是坚决守护校园食品安全。2021年，主要通过“两次督查、两次培训、六个落实"来抓好校园食品卫生及饮水安全。两次督查安排在春季、秋季学期开学，组织督查队伍分赴各市（州）开展校园食品安全专项督查；两次培训分别于 4 月 26 日和 9 月 7 日开展，组织召开全省校园食品安全卫生工作会议，针对如何进一步做好校园食品卫生安全工作进行专题培训；"六个落实"即落实校园食品安全管理各项规定、落实学校食品安全教育、落实"互联网 + 明厨亮灶"建设、落实校园超市经营治理、落实严禁校园餐饮浪费、落实涉及校园食品安全的舆情处置。

坚决筑牢疫情防控"墙"，防疫工作多次提示

为统筹做好暑假期间教育系统疫情防控工作，严防疫情输入和发生聚集性疫情，确保师生生命安全和身体健康，2021 年 7 月，省教育厅印发通知，部署做好暑期教育系统疫情防控工作。

通知要求，各地各校要高度重视，切实提升校园疫情防控风险意识，充分认识到疫情形势的复杂性，时刻紧绷疫情防控这根"弦"，筑牢暑期教育系统疫情防线，确保教育系统安全稳定。要深刻认识当前做好疫情防控工作的重要性和艰巨性，进一步提高政治站位，强化责任担当，以对师生健康高度负责的态度，切实履行属地责任和主体责任，把校园疫情防控作为重大政治任务抓实抓好。要坚决克服侥幸心理和放松心态，持续绷紧常态化疫情防控这根"弦"，确保教育系统安全稳定。

通知强调，各地各校要落实国务院联防联控机制《关于印发新型冠状病毒肺炎防控方案（第八版）的通知》（联防联控机制综发〔2021〕51 号）和国家卫生健康委、教育部《关于印发高等学校、中小学校、托幼机构春季学期新冠肺炎疫情防控技术方案（第三版）的通知》（国卫办疾控函〔2021〕102 号），动态精准、分类掌握暑期离校、留校师生健康状况和行程轨迹，做到底数清、情况明。暑假期间，要持续跟踪掌握师生健康状况，确保行程可追踪、健康可监测。多渠道、

多形式开展疫情防控政策和健康科学知识宣传教育，引导离校返乡师生强化社会责任意识和自我防控意识，遵守当地疫情防控规定，加强居家和旅途个人防护，养成在人群密集和密闭场所佩戴口罩、勤洗手、常通风、少聚集、“一米线”等基本卫生习惯，当好自身健康第一责任人。引导师生出行要密切关注国内外疫情形势变化，主动配合交通场站做好体温检测、查验“健康码”等防疫管理措施。

通知要求，各地各校要对本地或本校师生接种比率底数清、情况明，要继续配合卫健部门开展符合条件的师生接种新冠病毒疫苗。在校期间，已接种一针剂或未完成接种的师生，返乡后在疫苗接种有效时间范围内到属地卫健部门指定接种点登记接种同个厂家生产的疫苗，同时将接种信息反馈给学校。因之前身体条件等原因未接种的师生，在暑期，学校要鼓励和引导师生返乡后在属地医生指导下主动自愿接种疫苗。中小学校要利用“小手拉大手”的有力帮手，通过家长微信群、QQ 群、致家长的一封信等呼吁广大学生家长积极、主动、自愿接种新冠病毒疫苗。做好暑期生活服务保障。各地各校要加强学校所在地和学生家庭实际居住地疫情防控政策沟通和精准对接，统筹做好学生离校、返校安排，严防出现学生滞留途中等情况。强化校园服务供给能力，统筹落实暑期疫情防控和服务保障留校师生措施，开放教室、图书馆、实验室和体育场馆等，妥善安排、有力保障留校师生学习、科研、生活、求职等需求，为毕业年级、暑期实习实践学生提供便利，确保校园食品、饮水安全，让留校师生如“在家”。认真排查校园安全隐患、风险，优化校园安全管理措施，加强心理支持与疏导，采取有效措施做好重点人群心理问题监测、预警、干预，确保校园和谐稳定。

通知强调，各地各校要启动 24 小时疫情防控指挥值班体系，加强暑期值班值守，确保疫情防控领导体制、应急机制、指挥体系正常运行。要建立与疫情中高风险地区人员“一对一”沟通联络和排查机制，严控师生前往疫情中高风险地区活动。加强家校联系，提醒家长关注疫情防控，履行个人防控责任，避免交叉感染风险行为。要制订暑期校园疫情防控应急预案，做好防疫物资和核酸检测能力储备。出现疫情立即启动应急预案，配合卫生健康、疾控部门做好处置。各地各校要充分认识秋季学期学生全面返校、学校满负荷运行的压力挑战，坚持问题导向，扎实做好应对聚集性疫情的准备工作。要坚持常态化精准防控和局部应急处置有机结合，进一步完善应急预案，健全应急机制，加强应急演练，切实提高应急处理能力。开学前，学校要根据制订的工作预案，与属地社区、公安、医疗机构等做好对接，对开学疫情防控工作和应急处置进行反复演练，确保万无一失。

通知明确，各地各校要及早谋划秋季学期开学。要统筹国内、省内疫情形势变化和学校教育教学安排，坚持属地管理原则，遵照疫情防控要求，及早谋划、科学制订 2021 年秋季学期开学方案，做好开学前防控措施落实、校园环境维护、人员物资储备、教育教学安排等各项工作准备，明确返校要求并及时通知师生。要力戒形式主义、官僚主义，加强督查督办、强化跟踪问效，不折不扣把学校疫情防控各项部署要求落到实处。要与学生、家长密切配合、无缝衔接，严格落实

福泉市陆坪中心小学加强体育锻炼，积极预防疾病

省教育厅二级巡视员龚宁检查学校防疫工作

各自的工作责任，真正做到守土有责、守土有方。省教育厅将适时采取明察暗访等方式，对全省教育系统疫情防控工作情况进行督导检查。对履行防控职责不到位、落实常态化防控措施不力的，将严肃追责问责。

2021 年 12 月 28 日，贵州省教育厅发文，要求各市（州）教育局，各县（市、区）教育局，各高等学校、省属中等职业学校、省属普通高中，继续做好校园和师生的疫情防控工作。元旦、春节来临前，人员流动增加、聚集性活动增多，“外防输入、内防反弹”压力持续增大。为切实做好全省教育系统疫情防控工作，压紧压实责任，落细落实防控措施，省教育厅就防疫工作做出如下提示。

一是压实防控责任。各地各校务必要认清国际、国内及省内疫情形势，认清学校疫情防控的特殊性、重要性，严格落实第一责任人责任，全面落实学校主体责任，严格落实教职工群防群控责任、师生员工自我防控责任和家长监护责任，时刻绷紧疫情防控这根“弦”。

二是持续关注疫情。全省师生要持续关注贵州省及国内其他省份疫情发展变化、中高风险地区调整情况及有关感染者行动轨迹，非必要不出境、不出省，不去中高风险地区，尽量不去有阳性病例报告所在地级市低风险地区，若确须外出，要向单位报备，并积极了解目的地防控要求，全程做好个人防护。有中高风险地区、出现阳性病例的低风险地区旅居史的师生要主动向学校及所在村（社区）报备，并按照属地要求，进行健康管理，开展核酸检测，落实防控措施。

三是保持防控状态。各地各校疫情防控机制要保持高效运转状态，做到“放假不放松”，严格落实校园严于社会原则，压实“四方责任”，落实“四早”要求，严把校门关，落实“人、物、车”同防，做好测温扫码、晨午检、缺旷跟踪等工作，坚持领导带班的值班值守和“日报告”“零报告”制度。要备足口罩、消毒液等防疫物资，及时规范清理和处置过期物资，规范设置独立隔离观察室，充实防控物资。

四是严格活动管控。按照非必要不举办的原则，严控各类文艺会演、体育竞技赛事等活动，相关活动尽量线上举办，举办会议、活动要严格控制规模和时间，50 人以上活动要按照“谁组织、谁负责，谁举办、谁负责”的原则，科学制订防控方案，并按规定报备报批。

五是主动接种疫苗。接种新冠病毒疫苗是预防控制新冠肺炎疫情最经济、最有效的手段，还未接种的师生（因禁忌证不能接种的除外）要尽快主动接种，已完成全程接种且符合接种加强针的要及早、就地、就近接种加强针。各地各校要积极做好 3—11 周岁人群接种工作，强化宣传动员，有序组织接种，筑牢校园免疫屏障。

六是保障教学秩序。各地各校要切实保障放假前教学秩序，出现疫情的地区要认真谋划和部署放假前教学工作，合理安排学生学习，视疫情发展情况，按照属地管理原则，精准研判、一校一策，决定是否停课；无疫情的地区要有序组织好教学。

七是有序安全过节。各地各校要有序组织学生放假离校，确保学生离校返家路途安全。目前在中高风险地区、出现阳性病例的低风险地区的师生，倡导就地过节；从低风险地区来（返）黔的师生，倡导在抵黔后 48 小时内主动开展 1 次核酸检测，并保持简约健康的生活方式，不聚集、不串门。各地各校要切实做好假期留校学生生活保障工作。

八是做好个人防护。全省广大师生要树牢“每个人都是自己健康的第一责任人”意识，持续做好个人防护，坚持科学佩戴口罩、勤洗手、常通风、保持安全社交距离等良好生活习惯。尽量不要和省外、境外来（返）黔的亲朋好友第一时间相聚，建议不要组织私人线下聚集活动，倡导聚餐聚会控制在 10 人以内。

九是关注心理健康。各地各校要高度关注师生心理健康状况，组织心理健康培训，开设心理咨询热线。要重点关注隔离师生的心理健康，明确专人负责，及时掌握其心理动态，切实疏导和解决因隔离带来的各类心理问题。要做好校园封闭式管理期间学生心理健康工作，排查梳理因封闭式管理带来的学生心理问题和引发的各种矛盾，并及时有效化解。

十是强化自查整改。各地各校要根据上级及属地疫情防控要求，扎实做好“两节”期间疫情防控工作，开展校园常态化疫情防控自查工作，找出工作短板、梳理存在问题、建好工作台账，强化问题整改、补强薄弱环节、消除风险隐患。

乌当区教育系统全面落实“七个到位”
坚决守牢校园疫情防控阵地，确保万无一失

2021 年 1 月，面对国内疫情防控严峻复杂的形势，贵阳市乌当区教育系统不断强化疫情防控举措，筑牢校园安全防线、确保万无一失，秉持疫情防控和教育教学“两不误”原则，多措并举切实保障全体师生的生命安全和身体健康。

乌当区教育局多次组织召开全区教育系统应对新冠肺炎疫情防控工作会并定

期调度区内各级各类学校及培训机构的疫情防控工作，坚决贯彻落实好党中央、省、市、区关于新冠肺炎疫情防控工作的各项部署，全面巩固乌当区在疫情防控上“三个零”成果。进一步增强师生的疫情防控意识，提升教育系统的综合防控能力，科学规范地做好校园疫情防控工作。

为确保疫情防控万无一失，乌当区教育局要求教育系统务必将工作做到细之又细、严之又严，明确“应检尽检”“应分尽分”“应防尽防”“应备尽备”“抓细抓实”的工作要求，严格落实“七个到位”，坚决守牢校园疫情防控阵地。

一是思想真正重视到位。坚决克服松懈麻痹思想、侥幸心理、松劲心态，持续增强常态化疫情防控意识，继续多渠道加强对师生员工及学生家长的宣传教育工作，扎实做好教育系统疫情防控工作，慎终如始落实各项防控措施。

二是人员摸排精准到位。持续强化广大师生的信息摸排与管控，全面摸排所有师生及其共同生活的家庭成员近期活动轨迹，确保不漏一人。

三是防控物资储备到位。乌当区教育系统各学校、幼儿园按照防疫要求购置了消毒液、消毒酒精、杀菌洗手液、体温枪、测温门、口罩等防疫物资，并根据防疫要求设置了留观室，全面落实人防、物防、技防工作要求。各校委会、学校、幼儿园对物资储备等相关数据做到底数清、情况明，保持数据更新并及时补充。

四是教育教学保障到位。严格按照省、市、区等各级部门的指示部署，实现疫情防控、常规教育教学、学生期末考试“三不误”，常抓教育不松懈，常抓教学促提升，保障疫情防控、教育教学成果双丰收，并严明纪律要求，严禁任何学校和幼儿园擅自停课、放假。

五是防疫宣传落实到位。乌当区教育系统充分利用 QQ 群、微信群、校园网、微信公众平台等多种渠道，及时向师生、家长和社会各界发布各类科学防控信息，同时，在校园多个醒目位置张贴科学防控标志，全面提升广大师生的科学防控意识。

六是校园封闭管理到位。疫情期间各校、幼儿园严格落实校园封闭管理制度，严格执行校外无关人员一律不准进入校门，师生进入校门一律核验身份、检测体温，

2021年5月10日，乌当区中等职业学校持续防疫，维护校园安全

对发烧咳嗽者一律实行医学隔离观察，对不服从管理者一律严肃处理等各项管理措施，全力守护师生健康。

七是纪律保障到位。区教育局要求乌当区教育系统要把疫情防控作为一项重要的政治任务，始终把广大师生的生命安全和身体健康放在第一位，全力推动疫情防控工作责任落实，做到指挥调度不松劲、安排部署不松劲、执行落实不松劲，发现问题及时提出整改，并强化跟踪问效，对工作执行不力、思想麻痹松懈的相关负责人给予追责问责。强化部门联动，全方位、多角度更新工作机制，确保各项工作全面扎实有效推进。

乌当区教育系统周密部署、科学防控、精准施策，将教育系统的疫情防控工作做得更科学、更扎实、更规范，全区各级各类校园成为师生健康的“安全岛”，为教育高质量发展保驾护航。

10

第十章 交流周 汇中外 助开放

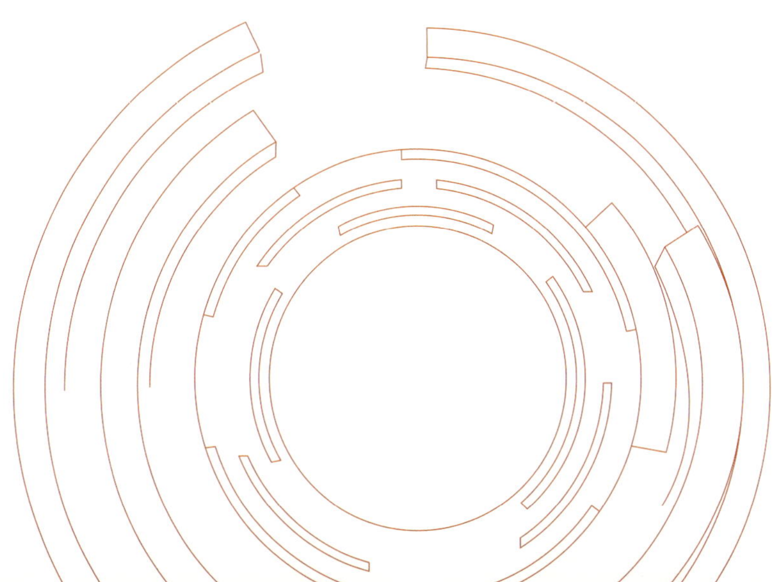

“一带一路”战略赋予贵州教育新的重要使命，“一带一路”沿线国家特别是东盟各国的教育需求已经成为来黔留学生教育的主要推动力，这为我国与各国开展大范围、高水平、多层次的教育国际合作提供了良好契机。贵州与东盟各国地理相邻、山水相连、文化相通、血脉相亲、利益相融。自 2008 年起，中国外交部、教育部及省人民政府共同举办了 12 届“中国-东盟教育交流周”。经 14 年蓬勃发展，交流周由单一的教育合作平台，拓展为以教育合作为主体的人文交流平台；由中国-东盟 10+1 合作，发展为以中国-东盟合作为主线，辐射“一带一路”沿线国家的 10+1+N（特邀伙伴国）合作模式；交流周成长为贵州教育国际合作最明亮的窗口和最闪亮的名片。

交流周——花开东盟

知行合一，共建可持续发展合作的教育愿景
2021 中国–东盟教育交流周开幕

由中国外交部、教育部，贵州省人民政府共同主办的 2021 中国–东盟教育交流周（以下简称“交流周”），2021 年 9 月 24 日在贵州省贵安新区中国–东盟教育交流周永久会址开幕。

老挝副总理宋赛·西潘敦、印度尼西亚人类发展与文化统筹部部长穆哈吉尔·艾芬迪视频致辞，中共贵州省委书记、省人大常委会主任谌贻琴出席活动并宣布开幕，中国教育部部长怀进鹏视频致辞，中共贵州省委副书记蓝绍敏、中国职业技术教育学会会长鲁昕、中国教育国际交流协会会长刘利民、缅甸驻华大使吴苗丹佩、中国科学技术大学党委书记舒歌群致辞。东盟秘书长林玉辉，文莱教育部部长哈姆扎，柬埔寨教育、青年与体育部大臣韩春那洛，老挝教育与体育部部长普·适马拉翁，马来西亚高等教育部部长诺莱妮，缅甸教育部副部长佐敏，菲律宾教育部部长布里奥尼斯，新加坡教育部部长陈振声，泰国高等教育与科研创新部部长阿奈·劳塔玛塔、教育部部长德丽如，越南教育培训部部长阮金山视频致辞。中共贵州省委常委、中共贵阳市委书记、贵安新区党工委书记胡忠雄出席活动，副省长郭锡文主持开幕式。

中共贵州省委书记、省人大常委会主任谌贻琴出席并宣布开幕

自 2008 年以来，交流周已连续 13 年在贵州省成功举办。交流周是中国和东盟间唯一以教育为主题的政府间的交流合作平台，在中国和东盟多地开展了涵盖教育、科技等内涵丰富、形式多样的特色项目活动 350 多个。交流周参与主体不断扩大丰富，已由中国—东盟（10+1）合作，发展为辐射“一带一路”建设国家的 10+1+N（特邀伙伴国）合作，参与国别超 40 个。

2021 年交流周以“知行合一，共建可持续发展合作的教育愿景”为主题，旨在进一步促进高水平国际合作与交流，提高人才培养质量，加强科研合作，增强社会服务能力等，推动教育可持续发展。2021 年交流周包括开幕式和 24 项配套项目活动，以及全年不同时段举办的 30 余个项目活动。其中，开幕期的 24 项活动通过“线上、线下相结合”的方式进行，内容涵盖高等教育、职业教育、“一带一路”教育合作、校企合作、产教融合、青少年交流等领域。

左 / 时任中共贵州省委副书记，现任省人大常委会党组副书记、副主任蓝绍敏致辞
右 / 副省长郭锡文主持开幕式

与以往开幕式活动不同的是，2021 年交流周开幕式创新设计了“一点两翼”，即交流周除了永久会址的主会场外，还分别在荔波县·洪江和白云区·蓬莱仙界两个青少年艺术活动基地设立分会场，活动时间和空间得以延展。

2021 年交流周项目活动覆盖的国别和区域广泛，来自中国、马来西亚、泰国等国家的学校和教育机构主办活动。马来西亚–中国（贵州）教育合作论坛、第三届中–泰高等教育合作论坛、中国–东盟语言文化论坛、贵州与湄公河国家职业教育助力乡村振兴研讨会等一批特色项目活动在 2021 交流周开幕期间精彩呈现。中国、东盟国家以及白俄罗斯共和国、乌克兰等特邀伙伴国的线上、线下嘉宾代表约 2400 人参加交流周开幕期相关活动。

2021 年交流周推动实施“中国–东盟多彩学院计划”，共建“中国–东盟多彩学院”云平台，推动中国职业院校与东盟及“一带一路”建设国家院校共同开发满足双方需求且符合国际标准的课程，加快推进国际标准课程体系建设；还建成并启用“中国–东盟教育交流周美育基地”“中国–东盟青少年艺术交流活动中心”，促进中国和东盟青少年艺术文化交流，搭建友好往来、民心相通的平台和桥梁。

2021 年是中国–东盟建立对话合作 30 周年，是中国–东盟“可持续发展合作”

年，同时也是中国“十四五”规划实行“高水平对外开放、开拓合作共赢新局面”的开局之年。交流周以服务“一带一路”建设为根本，以服务区域经济建设和社会发展为己任，以促进中国和东盟及“一带一路”建设国家合作共进、互利共赢为目标，努力构建更为紧密的中国-东盟命运共同体。

怀进鹏在致辞中代表中国教育部对本届交流周开幕表示祝贺。他说，历经 13 年的建设发展，交流周已成为中国与东盟在教育领域互联互通、互学互鉴的重要机制化平台。展望后疫情阶段，中国政府将继续坚持建设高质量教育体系，坚定教育对外开放不动摇的决心和信心，深化同世界各国的教育交流合作。一是加强政策互通、推动包容互鉴，与东盟国家建立教育高官定期磋商机制，加强政策协调，深化教育领域发展规划对接。二是聚焦体系联通、提升合作质量，构建更高质量的中国-东盟教育合作体系，为区域内学生、学者未来畅通流动奠定基础。三是推进产学融通、创新人才培养，打造中国-东盟职业教育合作共同体，交流分享职业教育发展的经验和成果。

受谌贻琴书记、李炳军省长委托，蓝绍敏代表中共贵州省委、省人民政府向

各国青年携手，共同创造美好世界

各位来宾表示欢迎和感谢。蓝绍敏说，习近平总书记十分重视教育工作，十分关心贵州教育发展，要求我们把教育作为管长远的事业抓好。这些年，贵州牢记习近平总书记的重要指示，把教育摆在优先发展的战略地位，作为挖穷根、反贫困的治本之策，举全省之力推动教育事业跨越发展。我们将深入学习贯彻习近平总书记关于“建设更为紧密的中国 – 东盟命运共同体”的重要指示，致力于建设教育互联互通的“共同体”、扩大教育合作协作的“朋友圈”、打造教育共建共享的“升级版”、厚植教育交流交融的“常青树”，当好东道主、做好联络员，推动交流合作事项落地生根、开花结果。

宋赛・西潘敦说，交流周是中国与东盟国家间的重要合作平台，希望深化人文交流，加强在教育和人力资源开发上的务实合作，推动教育事业可持续发展，为区域和平繁荣稳定做出新贡献。穆哈吉尔・艾芬迪说，疫情挑战和工业 4.0 把教育发展推向新阶段，印度尼西亚将加强与中国在高等教育、职业教育等领域的合作，推动知识与教育有机结合。鲁昕说，建议各方共谋繁荣发展、共促互联互通、共担国际道义，推动职业教育数字化转型、智能化升级、绿色化发展。林玉辉说，本届交流周主题鲜明，将同各方一道持续加强教育合作、着力投资年轻一代。刘利民说，将聚焦东盟各国教育需求，助力以高水平开放推动教育高质量发展。哈姆扎说，希望拓展视野、深化关系，加强与各方在青少年教育、远程教育等领域的合作。韩春那洛说，将紧扣东盟教育工作计划，加快推动教育数字化提升。适马拉翁说，愿与各方强化教育线上、线下合作，推动教育合作稳步向前。诺莱妮说，希望各方加强教育人文联系，巩固现有关系，拓展全新友谊。吴苗丹佩、佐敏说，感谢中国对缅甸教育发展的支持，将拓展教育战略合作，助力国民经济发展。布里奥尼斯说，将实施教育优先计划，开展造福中非两国的教育合作。陈振声说，中国与东盟关系牢固稳定，希望加强学术交流，共同应对疫情影响。阿奈・劳塔玛塔、德丽如说，泰国将用好交流周平台，促进汉语教学和学术交流，实现互学互鉴、共赢发展。阮金山说，越南与中国教育交流频繁，希望通过交流周巩固、

副省长郭锡文见证“省外高水平大学与贵州省高校合作协议”签约

发展与东盟各国的教育伙伴关系。舒歌群说，将围绕“双一流”建设，深化与东盟各国在高等教育领域的交流合作，共同掀起心与心交流、智慧与智慧碰撞的热潮。

2021 年交流周遴选出的第四批 20 个“中国–东盟高职院校特色合作项目”，聚焦高铁、通信、智能制造、航空航海、农业技术等特色专业，开展来华留学、境外办学、师资培训、联合培养等合作，主动服务外交大局和各国经济与社会发展，是中国和东盟各国在职业教育领域的合作样板，为促进双方产能合作和民心相通做出了积极贡献。授牌的 20 个项目中，贵州职业院校参与的 2 个项目入选，即贵州水利水电职业技术学院、柬埔寨马德望理工学院共同实施的中柬“亚龙丝路学院”境外办学项目，铜仁职业技术学院、老挝巴巴萨技术学院共同实施的中老共建海外分校与技术技能人才联合培养项目。

走过 13 年峥嵘岁月，交流周扎根贵州，香飘东盟，书写了中国与东盟各国及“一带一路”建设国家教育友好交流的崭新历史。

汇中外——五洲学子“黔”留学

贵州职教　倾情东盟

2021 年 11 月 19 日—20 日，2021“一带一路”职业教育国际研讨会在北京、深圳两地线上、线下同步召开。中共贵州省委教育工委副书记，省教育厅党组书记、厅长邹联克受邀通过线上视频会出席了 19 日下午在京举办的“赢未来：职业教育发展专题研讨会”，并围绕会议主题“现代职业教育高质量发展前景展望”做了主题发言。

邹联克在主题发言中指出，要从发展职业教育具有重要的战略性意义、发展职业教育充分体现以人民为中心的发展思想、发展职业教育符合教育发展的规律、发展职业教育有利于支持经济不发达地区的教育和经济发展等四个方面，深刻理解新时代职业教育的重要性。

邹联克以近年来贵州发展职业教育的做法为例，提出了鼓励各地创新实践、共同推动职业教育发展的倡议。他强调，贵州在职业教育上走出了一条不同于东部、有别于西部其他省区的自我发展之路。中共贵州省委、省人民政府高度重视职业教育，加强顶层规划，把职业教育作为特色教育强省的一个主抓手和主攻目标，提出了“一体两翼多节点”的空间布局，构建了从初等职业教育、中等职业教育到高等职业教育的现代职业教育发展体系，进一步明确了“人人职教、个个就业、家家致富”的职业教育价值定位，探索开展了“扩容”和“提质”，中高职一体化发展，以及职教联盟、职教集团、产教融合、股份制、多元合作制等方面的创新。

邹联克介绍了“中国-东盟教育交流周”服务职业教育国际交流合作的新尝试，以及贵州省在这一平台上推动省内院校“走出去”办学的经验，并表示“中国-东盟教育交流周”组委会愿意继续为中国与东盟职业教育的共同发展搭建平台，支持双方开展更丰富、更务实的教育合作和人文交流。

孟洁：我骄傲，我是化屋村的英文代言人

2021年4月11日，在贵州民族大学学习汉语言文学的孟加拉国留学生孟洁(Nila Afsana Parveen)，与新华社记者吴思一起来到贵州省黔西市新仁苗族乡化屋村，她们将采访化屋村刺绣蜡染扶贫车间设计师、苗绣传承人、贵州民族大学毕业生彭艺。就在67天之前的2021年2月3日，彭艺在化屋村向习近平总书记汇报了苗绣传承创新和乡村振兴的情况。

孟洁与吴思用流利的英文向全球网友推介了苗族的传统刺绣和蜡染技艺，并介绍了化屋村人民群众脱贫致富后的幸福生活。各国网友纷纷点赞、留言，化屋村进一步成为各国网友的网络打卡地……

孟洁为化屋村代言

一场完美的英文对外宣传之后，孟洁感到很骄傲，因为自己成了化屋村的英文代言人，更因为4年来，她和贵州民族大学师生、和贵州人民的深情厚谊。中国，已经是她的又一个故乡。

这一场“外国留学生体验中国乡村振兴”的英文视频直播（录制）通过新华社的平台首播后，在推特（Twitter）、脸书（Facebook）、优兔（Youtube）等海外社交媒体平台火了。外国网友直呼：“太漂亮了！这么美的地方一定要去。”30分钟的直播引发强烈关注，以外国人的视角宣传多彩贵州，成为效果显著的外宣新形式。

“参观化屋村时，我能感受到当地村民满满的幸福感。化屋村不仅风景好，村民也特别热情，很难想象几年前它还是出名的贫困村。”孟洁说，中国的乡村处处充满惊喜，连悬崖下、乌江边的化屋村都实现了移动5G网络全覆盖。

在化屋村，第一次穿上苗族服饰的孟洁欣赏了当地的苗族歌舞表演，学习了苗族刺绣，走进村民家里品尝了热腾腾的农家饭……通过视频直播，孟洁一路上都在兴致勃勃地向全球网友介绍化屋、介绍贵州、介绍中国。

虽然此前有老师给孟洁描述过化屋村的样子，但当她真正到了这个村子时，还是被深深震撼到了。化屋村美丽的自然风光和村民恬静和谐的生活感染了孟洁，满满的幸福感触手可及。通过在化屋村看到的一切，孟洁认为，贵州是一个拥有独特韵味、充满了地域文化气息的地方。多姿多彩的贵州，除了有山有水有风光，还有很多少数民族同胞聚居在一起，这让孟洁真真切切地感受到了中国人骨子里的团结和强大的民族凝聚力！同时，她快速融入贵州这个各少数民族和谐相处的大环境，感受到了很强的包容性。贵州的山美，水美，人更美！

2017年10月，自小生活在孟加拉国的孟洁幸运地得到留学中国的机会。初到贵州时，正值寒冷的冬季，这里和南亚的故乡差别很大。听不懂中国话，完全陌生的环境，各种好奇的目光……都让孟洁曾经感到些许的不安，但老师和同学们的热情、友善很快就将她温暖了，她很快融入了贵州民族大学的师生“大家庭”。

孟洁先在贵州民族大学学习基础中文，她异常刻苦地练习听说读写；通过国家汉语水平考试（HSK），顺利进入贵州民族大学本科，学习汉语言文学专业。4 年之后，原本掌握 3 门语言（孟加拉语、英语、印度语）的孟洁，说着一口流利的汉语、写着工工整整的汉字，会做中国饭菜，学习并热爱着中国文化。4 年留学生活，从“你好”开始学习汉语，到如今能背诵《论语》。孟洁喜欢中国文化，喜欢“花木兰代父从军”“孟姜女哭长城”的中国故事，更喜欢“铁杵磨针”“愚公移山”的成语典故。孟洁通过电话常常告诉在孟加拉国的家人们，中国人的奋斗精神非常值得学习。借着这股执着奋斗的劲儿，孟洁放弃了寒暑假回国的机会，4 年都留在贵州，珍视并珍惜每一次和更多中国人交流学习的契机。

2021 年 6 月 30 日，为迎接中国共产党百年华诞，展现中国脱贫攻坚成果和乡村振兴的新风貌，向世界展示真实、立体、全面的中国，中国人民对外友好协会主办的“我眼中的中国——美丽乡村”全球短视频征集大赛开赛。孟洁把自己在化屋村的乡村探访经历拍成短视频，一举荣获大赛优秀奖。

孟洁如此刻苦勤奋地学习汉语和中国文化，是因为她有一个梦想——成为中国、孟加拉国友好交流的使者！今后，她想成为一名外交翻译官，更好地为两国人民服务。她笑称：“我有一个‘小难度’的专业和‘大梦想’的未来。”孟洁表示，她的家乡缺少懂中文的人，更缺少懂中国的人。而越来越多的中国公司前往孟加拉国等“一带一路”国家投资兴业，充分的交流沟通是友好合作的前提条件。伴随全世界持续升温的汉学热、汉语热，孟加拉国也设立了孔子学院。在那里，孟洁打开了认识中国、了解中华文化的一扇“窗”；来到贵州，孟洁真正走进了中国，开启了学习并热爱中国文化的一扇“门”。

花溪河畔的 4 年求学，孟洁收获了不少惊喜：每年中秋节，贵州民族大学师生都给留学生们安排文化分享会。学校大操场上，中外学生沐浴着皎洁的月光，孟洁吃着自己最喜欢的蛋黄莲蓉月饼，听着关于中秋节的中国传统文化故事，中华文化浸润着来自五大洲的留学生们……

2021 年 7 月 1 日，庆祝中国共产党成立 100 周年大会在北京举行，学校组织留学生观看电视直播。孟洁想起自己的祖国和家乡，忍不住跟着唱起“我和我的祖国，一刻也不能分割……”但孟洁还想继续在中国读硕读博，为成为一名优秀的外交翻译官打好基础，为中孟两国“一带一路”建设贡献一份力量。

传播中国文化，讲好中国故事，需要孟洁这样的年轻人。花溪河畔求学的她，必定梦想成真，中孟两国共建“一带一路”的宏图必定成真！

写春联、打糍粑、吃年饭
铜仁幼儿师范高等专科学校留学生在黔“过大年”

2021 年 2 月，传统新春佳节来临，铜仁幼儿师范高等专科学校（以下简称“铜仁幼专”）还有 7 名来自刚果（布）、巴基斯坦、塔吉克斯坦、蒙古、埃塞俄比亚的留学生在校。虽然是寒假期间，铜仁幼专的老师们还牵挂着这些离家千万里、独在异乡的留学生。

老师们放弃和家人团聚的机会，除夕当天带着留学生一起写春联、吃年夜饭、看春晚，大年初一带领留学生们到附近乡村体验打糍粑、游乡村等民俗活动，大年初二到苗王城里过苗年……这是铜仁幼专给就地留校过春节的 7 名留学生“私人订制”的欢度春节项目。

“学校老师给我们送水果，教我们写春联、贴春联，还给我们发了贺年小红包。”因新冠肺炎疫情留在学校的刚果（布）籍留学生艾德玛说，这是自己第一次留在学校和老师们一起过中国春节。大家感受到了中国传统节日的浓厚氛围和贵州多姿多彩的民族民间文化。

“嗨哟、嗨哟！”在铜仁旅游区大明边城，艾德玛与其他留学生一起体验了中国传统民俗活动打糍粑。在当地村民的指导和帮助下，留学生们配合默契，喊着口号，一上一下地用糍粑锤捶打凹槽中的糯米，刚开始颗粒分明、圆润饱满的糯米粒逐渐变成了紧密相连的“白胖团子”。

“好神奇！”看着糯米被捶成糍粑，又被加工成各种美食，留学生们发出声声赞叹。打完糍粑，中国老师还教他们一起手搓汤圆，煮好后一起品尝甜蜜蜜的汤圆。有吃还有玩，留学生们还参观了当地著名景点九龙洞，感受到了贵州优美的自然风光和乡村风貌。

“受新冠肺炎疫情影响，很多同学和朋友回到了自己的国家。但我仍然选择留在中国继续学习，因为我喜欢中国的文化和汉语，我相信中国是最安全的国家。”来自塔吉克斯坦的阿力说，这是他第二次体验中国新春佳节的民俗活动，不仅妙趣横生，还能更加了解中国的历史和文化风俗，帮助汉语学习。

留学生凯恩来自埃塞俄比亚，其家乡提格雷州（Tigray Region）正发生武装冲突。自 2020 年 10 月 31 日以来，他就一直无法联系上在埃塞俄比亚的家人。得知这一特殊情况后，学校高度重视，指派老师专门负责此事，想尽一切办法帮助他与家人取得联系，积极做好人文关怀和心理疏导。2021 年春节前夕，凯恩成功联系上了在埃塞俄比亚的家人；他激动地连连感谢中国老师，“和家人失联的那一段时间是我人生的至暗时刻，特别感谢学校和老师们，他们一直以来无微不至地关心和帮助我。我今后一定要努力学好汉语，珍惜在中国的学习机会，以后成为两国人民友好的使者。”

2021 年春节期间，铜仁幼专在严格织好疫情“防控网”的同时，全力当好留校学生的“贴心人”，在满满的行程和丰富有趣的活动中，使远离祖国的留学生们感受到了中国浓浓的节日氛围和中国人民的深情厚谊，在留学生心中种下了中外友好交流的“种子”。

米娜与奥斯曼：学艺贵州，建设祖国

戴着头巾的米娜站在同学中间，小心翼翼地把细线缠在微安表上，并在老师的指导下模拟电子称重装置的制作和调试。22 岁的米娜希望自己未来能成为一名电气工程师，用在中国学到的知识，回到自己的国家建设祖国和家乡。

已经在孟加拉国学了 4 年计算机技术的米娜，2018 年第一次离开祖国，与哥哥一起飞到中国“拜师学艺”。米娜就读的贵州水利水电职业技术学院是一所全日制公办普通高职院校。在学习了 1 年中文后，她选择就读该校的电气自动化技术专业。

米娜觉得，电力已成为社会经济运行必不可少的东西，所学专业毕业后在孟加拉国肯定“吃香”。“学校老师不仅传授理论知识，还带着我们进行实操训练。”米娜笑着说，毕业后走出校门，回到孟加拉国就大有用武之地。米娜的家乡有很多她的朋友和同学都想来中国留学，因为在中国不仅能学习汉语，还能多掌握一门实用、有用的职业技能。

在贵州水利水电职业技术学院的电气控制实训室，中国学生与留学生三五人一组，在老师的指导下，从电气安装与维修到现代电气控制技术，多门专业基础课程都进行现场教学和实际操作。中外学生感觉能学到实实在在的技术，学习热情高涨，课堂上总是一片欢声笑语。

随着“中国建造”在海外蓬勃发展，急需大量具有双语交流能力的技能型人才，因此“一带一路”建设沿线许多国家都注意到中国职业教育的“富矿”。以贵州为例，近年来贵州多所高职院校吸引了来自孟加拉国、泰国、老挝等国家数百名学生来黔留学。23 岁的奥斯曼跟米娜一样来自孟加拉国，从小喜欢电脑的他选择在贵州就读大数据专业。

“全球已进入大数据时代，我们国家很需要海量数据梳理和分析的相关人才。我在贵州就能学到大数据的专业知识和实操技能，我相信自己将在贵州有一次完美的留学。”说着一口流利普通话的奥斯曼，想把在中国学到的技术和经验带回自己的国家，并成为中国和孟加拉国友好交流的桥梁。

奥斯曼说，参观国家大数据（贵州）综合试验区展示中心时，发现中国已经把大数据应用到了民生、医疗、扶贫等各个领域，他大开眼界。学成回到自己的国家后，他不仅要把学到的知识运用到实际中，还要把在中国的所见所闻与家人和朋友们分享，让更多的人了解中国、认识中国、热爱中国。

“2021 年春节期间，老师教我们包饺子、拆福袋、贴春联，非常有趣。我感受到了浓浓的中国年味。”奥斯曼说，他还去过贵州许多地方，体验了中国的传统文化和民族风情。

助开放——贵州连接“一带一路”

贵州院校海外办学

随着“一带一路”建设的深入推进，除了国外留学生来中国实现自己的学习梦想外，中国不少高职院校还“走出去”办学，目前已在全球 17 个国家建成了 18 个“鲁班工坊”。

贵州水利水电职业技术学院(以下简称“贵州水利职院”)作为贵州省第一家“走出去”办学的职业院校，与柬埔寨马德望理工学院、亚龙智能装备集团合作，三方共建“贵州水利水电职业技术学院柬埔寨马德望亚龙丝路学院”。基于双方学制及亚龙智能装备集团提供的教育教学设备，开办电气自动化技术专业，学制三年，三方共同制定专业课程标准、专业设备配置标准、专业教师能力认证标准、专业学生能力认证标准等，并开启学历互认，合格毕业生将获得贵州水利职院的毕业证书。

贵州水利职院与云南省建设投资公司柬埔寨分公司开展深度合作，共同制订国际学生电气自动化技术专业人才培养方案，企业对国际学生的汉语知识、汉语交际能力、文化素养等方面提出“加强语言类人才培养，培养了解中国文化、习惯中国方式、精通中国语言的汉语人才；同时加强文化理念教育，特别是针对爱岗敬业、明礼诚信等企业文化、中国优秀传统文化的教育”的建议。该院紧扣国际学生各专

上 / 贵州水利水电职业技术学院柬埔寨马德望亚龙丝路学院首届学生入学
下 / 贵阳职业技术学院培养的老挝籍留学生，凭借良好的中文和专业技能被中老国际铁路公司录用，为各国旅客服务

业人才培养方案的培养目标进行针对性教学，对接中资企业所需人才的职业岗位对语言的要求，课程团队及时更新和完善课程目标和课程内容，将汉语教学与中国优秀文化有机融合，优化了课程设计，真正体现出产教融合的人才培养理念。

亚龙丝路学院的毕业生返回本国后，纷纷进入柬埔寨当地的中资企业实习、就业，如湖南尔康柬埔寨企业集团、中国化学工程股份有限公司、东劲集团等。用人企业对毕业生们扎实的专业知识、娴熟的实操技能和流畅的汉语交际能力赞赏不已，感谢亚龙丝路学院为中柬两国培养了通用型人才。

“目前学校开办了柬埔寨亚龙丝路学院和哥斯达黎加丝路学院，招生就业都非常好，深受中资企业欢迎。”贵州水利职院副院长盛莉介绍说，职业教育正以多种形式走进“一带一路”建设沿线国家，不仅满足了海外中国企业的人才需求，而且职业教育自身发展的良机。

遵义师院留学生：乡村振兴彰显中国文化

2021 年 8 月 3 日，遵义师范学院组织留学生前往遵义市播州区三合镇，开启乡村振兴研学之旅。在严格做好疫情防控的前提下，留学生们走出学校，在青山绿水间与中国传统文化“亲密接触”。

此次研学主题是“感知中国传统文化”，包括学习感受中国传统文化、学习制作贵州蜡染工艺品。留学生们通过最朴实的乡村生活了解了中国传统风俗，体会了当地人民的真实生活。

中国婚嫁文化有着悠久历史，婚礼上新郎、新娘穿戴的服饰更是经过多朝多代的演化，呈现了更加多元化的发展趋势。在“囍文化主题园”，留学生们通过专业人士的讲解和图片展示，了解了先秦直至现代中国婚嫁服饰的款式与特点。当展示明代兴起的“彩绣龙凤”与“凤冠霞帔”时，留学生们直呼惊艳，纷纷拍照留念。文化园的工作人员特意拿出早已准备好的仿制传统婚嫁礼服，让来自五洲四海的留学生们换上。试装时，“中国结”纽扣的独特工艺和穿戴，引发大家浓厚的兴趣，有些同学试扣多次才成功，现场一片欢声笑语。

蜡染是贵州极富民族特色的传统技艺，有独特的艺术语言和表现形式。听完蜡染技艺传承人的介绍，来自南非的朱力迫不及待地要尝试，蜡染传承人笑着说："那就赶快进入学习蜡染的第一步——点蜡。”他把预制过的白色布料发给同学们，这种布料是自织的麻布，先用草灰将其漂白洗净，再将煮熟的芋头糊涂抹在布匹反面，晒后用牛角磨光。同学们将白布平铺在木板上，用铜刀沾上蜂蜡，在白布上画出自己钟意的花纹与图腾，接着将画好的蜡片放入蓝靛染缸内，得到了第一次蜡染的浅蓝色布匹，需要反复多次浸泡才会达到最终的深蓝色。留学生们将布匹晒干后进行冲洗，再用沸水煮去蜡纸，完成“去蜡”步骤。他们满心欢喜地带着自己亲自制作的蜡染作品踏上归途，一路欢歌笑语，其乐融融。

“知行贵州”：引领各国青年感知多彩贵州

“这是我第一次到访世界自然遗产地梵净山，这里就像仙境一样美。”来自斯里兰卡的文博一路都在欣赏和拍照，表示以后有机会一定要带着家人再游梵净山。

2021 年 12 月 12 日，“知行贵州”丝绸之路青年交流计划“铜城黔语·丝露同行”为期一周的活动落下帷幕。来自 9 个国家的 12 名来黔留学生通过学习中国传统文化、户外参观体验等方式，感知了中国传统文化的魅力以及优美的自然风光。

来到贵州铜仁的第一天，韩国留学生卢娃铉就被非遗器乐玉屏箫笛所吸引，她不仅细致了解了玉屏箫笛的发展历程，而且还在专业老师的指导下用箫笛独自吹奏了一小段乐曲：“没想到玉屏箫笛能吹奏如此美妙的乐曲。这就是一件精美的工艺品。”

非遗器乐玉屏箫笛演奏、黔东民间扇子舞、百囍文化剪纸艺术、中国软笔书法、古筝弹奏、中国武术……参观铜仁幼专期间，学校为留学生们精心准备了具有浓郁黔东民族文化色彩的特色课堂。

除了丰富的中华传统文化和民族民间文化课程，来黔留学生还走进中国历史文化名村云舍村、贵州万山汞矿遗址、世界自然遗产地梵净山等地游览参观，领略多彩贵州的独特魅力。

在万山汞矿遗址朱砂古镇，留学生们一边参观汞矿遗址，一边聆听带队老师讲述万山这个资源枯竭型城市转型发展的艰辛历程。在云舍村和梵净山，留学生们一边欣赏贵州优美的自然风光，一边拍照留念分享到网络社交媒体，还将美景和文化活动的图片"漂洋过海"地推送给万里之外的家人和朋友。

留学生们纷纷表示，这样的交流活动不仅可以沉浸式感知中国文化、体验多彩贵州，而且能客观真实地了解中国，并将在中国的所见所闻分享给世界。

"知行贵州"丝绸之路青年交流计划于 2021 年正式启动，是"中国–东盟教育交流周"青少年交流品牌项目。该计划每年资助至少 100 名"一带一路"沿线国家的青年到贵州开展短期交流研学，让参与项目的青年能通过交流学习，了解中国、热爱贵州、增进友谊，实现"知"与"行"的统一。

贵州过年过好年，花溪河畔话亲情
贵州大学留校留学生欢度中国年

"九州瑞气迎春到，四海祥云降福来。"2021 年 2 月 5 日，贵州大学 17 栋留学生宿舍一楼电梯门口贴上了一副寓意美好的春联，楼道间挂满一盏盏红灯笼，整栋楼洋溢着喜庆祥和的节日氛围。

为了让留校留学生体验中国农历新年的节日气氛，感受"家"一般的关怀与温暖，贵州大学国际教育学院举办新春慰问及文化体验活动，学院全体教师与留校的 60 余名留学生欢聚一堂，共度新春佳节。

留学生们收到国际教育学院精心准备的春节礼包，还学习了"福"字、春联、窗花、灯笼、苹果等春节礼物的文化内涵，老师和留学生们一起写春联、制作红灯笼，共同布置留学生宿舍，营造出浓浓的年味。老师和留学生们一起合唱《新年好》，通过祝福视频向在校外和境外的留学生群体表达了美好祝愿和新春祝福。

贵州大学副校长陈祥盛说，希望留学生同学把贵州大学当作第二个家，把老师们当作他们这个“家”最亲密的“家人”，贵州大学将继续做好留学生各方面的工作，以人文关怀和浓浓亲情营造“家”的温暖。

留学生们纷纷表示，亲身体验中国春节传统文化，是留校期间感受充满魅力与博大精深的中国文化最有意义的活动。新的一年，更要努力学习，加深对中华文化、贵州文化的学习与了解，争做中外文化交流的友好使者。

华修：感谢中国“爸爸妈妈”

“感谢您教会了我说中国话，等我学到更多知识，我一定会回来看您。”2021年10月20日，贵阳龙洞堡机场的出发大厅，留学生华修对教他汉语听力的肖卓娅老师动情地说。华修是柬埔寨马德望亚龙丝路学院首届留学生。他们结束了在

欢送留学生返回祖国，服务“一带一路”

贵州水利职院近一年的学习生活，顺利结业并返回祖国，贵州水利职院的多位老师和同学到机场为留学生们送行。

在厦门航空开辟的专用通道办理完行李托运手续，贵州水利职院师生和留学生们挥泪告别，目送他们进入安检通道。留学生们从贵州水利职院起航，继续追逐人生梦想，继续为中柬两国人民服务。

离开贵州水利职院前，留学生们专门对宿管“妈妈”和辅导员“爸爸”表达了深深的谢意。柬埔寨留学生莱惠对两位宿管阿姨说：“妈妈，感谢你们一直以来对我们的照顾。疫情期间我们暂时不能回国，整个校园只有我们十几名留学生，你们给我们做好吃的，还陪我们聊天，让我们不再孤单、不再想家。”

“你们对我们很好，教会我们很多东西，我们很舍不得中国、舍不得你们。”詹文与贵州水利职院师生依依话别。

欢送晚会现场　中外师生感动落泪

共话友谊，离别感恩。此前，欢送留学生回国的晚会在亚龙丝路学院举行。留学生和中国师生表演了各具特色的民族舞蹈、情景剧和中外歌曲。

留学生们在欢送晚会现场感动落泪

晚会的游戏互动环节调动了现场师生共同参与的积极性，大家合力完成了拼音猜词、汉字听写、夹乒乓球等活动，将晚会气氛推向高潮。同学们热情洋溢的表演，带动了晚会现场的气氛。老师们集体制作了送别的小视频，中外师生看到一年来学习与生活的点点滴滴，触景生情，泪洒现场。

阮芳草：贵州也是我的家！

小时候喜欢看中国电视剧，真正来到中国留学，花溪河畔的一草一木，让越南留学生阮芳草更加爱上中国、依恋贵州、感恩老师。

“芳草这个名字是中国老师给我的第一个礼物，和我的越南名字一样可爱，我非常喜欢。”阮芳草回忆说，她刚到贵州民族大学留学时，中国老师为了方便大家学习并运用汉语，给每一位留学生都起了一个中国名字。当时，身穿越南国服奥黛（Ao Dai）的女学生，温婉可人，中国老师结合她的越语姓氏，就起了“阮芳草”这个中文名字。

两年时间攻读“广播电视编导”专业硕士，阮芳草的普通话越来越流利，专业学习也越来越顺利，她逐渐爱上了贵州的特色美食。如今，阮芳草和中国师生一起学习、一起休闲、一起享受着菁菁校园的好时光，如果不是她偶尔穿上奥黛，根本看不出来她是一个越南留学生。阮芳草已然把贵州当成了自己的第二故乡，并热爱着、依恋着这里。

“我小时候就看过很多中国电视剧，那时我也很想有一天能来到中国学汉语、读研究生。”说起自己最喜欢的中国电视剧，阮芳草记忆犹新。小时候为了观看《还珠格格》《西游记》这两部剧，每天她都会和家人一起守在电视机前等着，而且不管看多少遍都还是喜爱。一次偶然机会，留学中国的邀请摆在阮芳草面前，想起自己心中从小的向往，她毫不犹疑地辞掉工作、离开家乡，开始了留学贵州的全新生活：“因为我听说贵州这几年发展得挺快，有很多风景优美的地方，少数民族文化非常丰富，所以我想来这里看一看、走一走，探索贵州多姿多彩的文化，学习中国的先进技术，学习中国人民的拼搏精神，让我们两个国家越来越友好和团结。”

虽然来贵州之前，阮芳草在网上搜了很多关于中国、关于贵州民俗文化的资料，但刚到贵州民族大学时，阮芳草还是适应了一阵子。“我刚开始最不习惯的就是语言，那时我还没学过汉语，出门的时候别人都跟我说汉语，我不知道怎么回答，也不知道怎么跟他们说话，那时候真的感觉很孤单。另外一个就是贵州菜太辣了，开始时只感觉辣，后来才慢慢体会到辣味后面的无穷香味……”阮芳草笑呵呵地回忆道。

阮芳草的种种不适应，被中国老师看在眼里、记在心里。为了让阮芳草更好地适应留学生活，老师们为她介绍了很多中国朋友，让他们在学习和生活上帮助她。短短一年时间，在老师的帮助和中国朋友的陪伴下，阮芳草的汉语水平突飞猛进。走出贵州民族大学校园，外人都以为一口流利中国话的她是广西人。渐渐地，以辣椒为特色的贵州菜也成了她的最爱：“我现在很适应贵州菜的又爽又辣，吃饭时，没有一点点辣椒还感觉不好吃呢。我中途回国时带了一些贵州特产辣椒酱，爸爸妈妈品尝后，也挺喜欢的。条件允许的话，我还会带全家人来贵州旅游，看望中国老师和同学，看看我读书的地方。”

从陌生到熟悉、从孤单到温暖，留学贵州的两年时间里，阮芳草参加过很多贵州民俗文化活动，这让她对中国的民族民间文化越来越感兴趣。她表示，毕业后回到越南、回到家乡，会创办一档传播中国文化的电视节目，让更多越南人民了解美丽的中国，了解她的第二故乡——贵州。“我在中国攻读‘广播电视编导’专业硕士嘛，回国后可以传播介绍更多的中国文化到越南，让我们中越两国越来越熟悉、越来越友好。”

一枚芳草的种子，沐浴着国际教育交流的雨露，未来就是一片生机盎然的绿色草原。

附录

2021 年度贵州教育十件大事

2022 年 1 月底，由中共贵州省委教育工委、贵州省教育厅联合人民网贵州频道、新华网贵州频道、光明日报社贵州记者站、中国教育报贵州记者站、中国教育在线、贵州日报当代融媒体集团、贵州广播电视台、多彩贵州网等新闻单位共同评选出“2021 年度贵州教育十件大事”。

1 熔铸情怀谋新篇

2021 年 2 月 3 日至 5 日，习近平总书记亲临贵州视察。他强调要用心用情用力把教育作为管长远的事抓好，全面贯彻党的教育方针，落实立德树人的根本任务，加强基础教育办学力度。要加强对学生的政治引领、思想引领、价值引领、品德引领，引导学生树立正确的世界观、人生观、价值观。中共贵州省委、省人民政府高度重视，坚定不移把教育摆在优先发展的战略地位，启动实施整体提升教育水平攻坚行动计划，严格落实教育经费“两个只增不减”，统筹新增 1 万多个教师编制加强教师队伍建设。中共贵州省委教育工作领导小组和省教育厅党组及时深入学习宣传贯彻习近平总书记视察贵州重要讲话精神，认真研究制定贯彻落实工作方案，建立闭环管理工作台账，将习近平总书记视察贵州重要讲话精神作为贵州教育发展的根本遵循，确保习近平总书记视察贵州重要讲话精神在全省教育系统落地落实，确保贵州教育始终沿着习近平总书记指引的正确方向不断前进，确保贵州教育实现“十四五”良好开局。

2 学史力行办实事

2021 年 3 月 1 日，全省 9346 所中小学、672.84 万中小学生同上主题为“从小学党史、永远跟党走”，内容为“红军山下讲长征、会址楼前学党史、红色基因代代传”的春季学期开学第一课，掀起了全省教育系统党史学习的热潮。8 月 29 日，全省师生同上主题为“同心向党”，内容为“请党放心，强国有我”的秋季学期“开学第一课”，网络平台点播超 992 万次。录制“不忘初心 砥砺‘黔’行——贵州教育系统领导带头‘学党史讲党史’精品微党课”，累计点播超 730 万人次。组织开展 100 名书记讲党史、“100 年恰是风华正茂”艺术党课等“9 个 100”系列活动，推动党史学习教育走深走实。全省教育系统“我为群众办实事”10377 件。高等职业院校“订单班”毕业生就业超过 1 万人。选聘 100 名产业导师助推乡村振兴。新建、改扩建公办幼儿园 459 所，新增学位 4.4 万个；新建、改扩建城镇义务教育学校 342 所，新增学位 4.9 万个，增加寄宿床位 9900 个；完善乡镇标准化寄宿制学校 555 所，新增学位 1.3 万个，增加寄宿床位 9000 个；修缮乡村小规模学校 326 所；扩容建设普通高中学校 60 所，新增学位 7800 个、增加寄宿床位 8700 个。按照“一校一址”原则启动实施部分省属高校校区布局调整优化工作。

3 党建引领强基础

贯彻落实《中国共产党普通高等学校基层组织工作条例》，相继印发《贵州省高校“五级书记抓党建”工作“五个一批”工程实施方案》《贵州省高校党建带头人、党务骨干、优秀党员选树工作实施方案》，启动实施“全省高校党建品牌”“全省高校党建先进典型”“全省高校党建工作案例”三大工程，激活基层党支部“神经末梢”，提升了高校党建工作质量，形成了可参考可借鉴的高校党建实践经验。召开全省高校党委书记抓党建工作述职评议、全省高校党的建设暨“五级书记抓党建”工作会议，压实高校党建工作政治责任，全面推进高校党建工作，引领事业高质量发展。贵州大学农学院党委荣获“全国先进基层党组织”称号。

4 七大工程重提升

召开全省教育高质量发展大会，中共贵州省委书记、省人大常委会主任谌贻琴作批示，中共贵州省委副书记、省长李炳军出席并讲话。中共贵州省委、省人民政府印发《贵州省整体提升教育水平攻坚行动计划（2021—2030年）》，通过大力实施学前教育普及普惠发展提升、巩固义务教育成果提升、普通高中教育发展提升、现代职业教育扩容提质提升、高等教育突破发展提升、师资队伍建设保障提升、职业技能学历双提升“七大提升工程”，全力推动教育高质量发展。印发《关于做强贵州大学实施方案》《关于做大省属高校实施方案》《关于做特市（州）高校实施方案》，促进高校分类发展、差异发展、特色发展。新增贵州中医药大学、遵义医科大学为博士学位授予单位，铜仁学院增列为硕士学位授予单位，新增博士学位授权点9个，硕士学位授权点36个。国家级一流本科专业建设点达92个，省级一流本科专业建设点217个，国家级一流本科课程21门。评选首批省级“金师”92名。新增国家级现代产业学院1个，国家级“新文科”研究与改革实践项目5项，国家级课程思政示范课程3门。《贵州省生态文明教育读本》获全国优秀教材二等奖。

5 “技能贵州”显特色

教育部、贵州省人民政府联合印发《关于建设技能贵州推动职业教育高质量发展的实施意见》，隆重举行启动仪式。明确将通过健全职业教育人才培养体系、构建面向社会的技能教育网络、夯实职业教育发展基础、深化产教融合校企合作、打造西部农村技能教育示范工程、建立健全技能人才发展制度、促进职业教育区域协作七大举措，推动贵州职业教育高质量发展，大幅度提升贵州职业教育现代化水平，为西部地区技能型社会建设提供“贵州经验”。召开全省职业教育大会，中共贵州省委书记、省人大常委会主任谌贻琴，中共贵州省委副书记、省长李炳军作批示。会议强调要坚持以高质量发展为主题，力争在职业教育梯度发展、办学规模上取得新成效，推动建设高水平职业院校，抓实“技能贵州”，不断提升贵州职业教育现代化水平。

6 评价改革树三观

印发《贵州省深化新时代教育评价改革重点任务责任清单》和《贵州省深化新时代教育评价改革负面清单》，着力破“五唯”（唯分数、唯升学、唯文凭、唯论文、唯帽子）、树“三观”（教育发展观、人才成长观、选人用人观），积极构建促进学生全面发展、富有时代特征、体现贵州特色的教育评价体系。将“双减”工作作为深化新时代教育评价改革的重要举措，深化校外培训机构治理，减轻学生不合理的作业负担，全省义务教育学校建立作业公示制度、作业时间控制、提供课后服务、课后服务时间达标率 4 项指标均全部达到。相继发布《贵州省深化高考加分改革实施办法》《贵州省高考综合改革实施方案》，2021 年秋季入学的高一年级学生开始实施新课程、使用新教材，正式步入“新高考”时代。

7 共谋合作促开放

与广东省教育厅签署《粤黔共建 100 所协作帮扶示范学校协议（2021 年—2025 年）》，全省 66 个县 100 所学校与广东省各级各类学校建立了对口协作帮扶关系。采取“线上 + 线下”方式成功举办 2021 中国-东盟教育交流周，校际、校企间签署合作协议或备忘录（达成合作意向）72 份，建成实体化成果项目 3 个，成立合作机制联盟（中心）7 个。成功申报中外合作办学项目 5 个，新增 1 个专科层次中外合作办学项目，获教育部批复新增 1 个本科层次中外合作办学机构。

8 美美与共育新人

2021 年 5 月 6 日，“贵州教育大讲堂”正式开播。大讲堂着力在政治理论、教育理论、教育政策、教育实践创新等方面强化对全省教育系统干部职工、师生员工的教育培训，促进理念观念进一步转变，能力本领进一步提升。“贵州教育大讲堂”连续播出了“美的教育，才是人民满意的教育”“教书育人之美”“青春担当之美”“规划设计之美”“体教融合之美”“教育公平之美”“职业教育之美”“探究学科之美”等一系列关于“美的教育”的专题讲座，网络平台点击和播放量近9000万次，全网点击和播放量超1亿次，全国约有4433万观众通过电视观看。美的教育才是人民满意的教育，教育之美，美在人性，美在自然，美在宁静的理念开始在全省教育系统孕育传播。

9 铸魂强师培师德

启动实施“强师工程”，印发《省教育厅关于实施“强师工程”的实施意见》，聚焦立德树人、专业提升、骨干培养、体系建设四个方面，实施“铸魂”“提能”“薪火”“强根”“增效”“建强”六项行动，努力打造一支高水平教师队伍。印发《贵州省师德师风建设专项行动实施方案》，重点围绕中小学在职教师有偿补课等开展集中整治或专项治理。贵州医科大学梁贵友、贵阳市白云区第三中学教师刘芳荣获“全国优秀共产党员”称号。贵州护理职业技术学院教师李红波被教育部授予“全国教书育人楷模”称号。贵州大学特聘教授杨富裕，青年学者杨达、李向阳3人获“长江学者奖励计划”。贵州大学宋宝安、贵州中医药大学刘尚义获得首届“贵州杰出人才奖”。贵州大学丁贵杰、周少奇，贵州医科大学官志忠，贵州师范大学易闻晓，铜仁职业技术学院顾昌华获得首届“贵州杰出人才奖”提名奖。

10 五育并举提素质

出台《关于全面加强新时代大中小学劳动教育的实施方案》《关于全面加强和改进新时代学校美育工作的实施意见》，推动构建“五育并举”长效机制。启动贵州省学生体质健康促进系统建设，探索开展学生“体测 + 体检”融合试点。在第十四届全国学生运动会上取得1金3银4铜的好成绩，荣获“最佳组织奖”“体育道德风尚奖”。在“筑梦冰雪 · 相约冬奥”第三届全国学校冰雪运动竞赛上取得 7 项第一的历史最佳成绩。在全国第六届大学生艺术展演活动中，获一等奖 7 项、二等奖 12 项、三等奖 18 项。在第七届中国国际“互联网 +”大学生创新创业大赛中，斩获 3 金 6 银 37 铜，获奖数实现跨越式增长，实现职教赛道首获金奖、三个赛道同获金奖的历史性突破。贵州大学 2019 级博士生张建在乡村振兴中发挥科技创新作用，获评中央宣传部、教育部 2021 年“最美大学生”。

名词解释

1358	紧扣“一条主线”——高质量发展；实现“三个突破”——普及水平、结构调整、改革试点；强化“五项保障”——规划先驱保障、治理制度保障、创新动能保障、乡村振兴保障、稳定兜底保障；抓好“八个重点”——百年行动、治理整顿、评价改革、五个管理、扩容建设、强师工程、能力跃升、作风建设
四新	在新时代西部大开发上闯新路、在乡村振兴上开新局、在实施数字经济战略上抢新机、在生态文明建设上出新绩
四化	新型工业化、新型城镇化、农业现代化、旅游产业化
五育并举	德智体美劳五育并举
七大提升工程	学前教育普及普惠发展提升、巩固义务教育成果提升、普通高中教育发展提升、现代职业教育扩容提质提升、高等教育突破发展提升、师资队伍建设保障提升、职业技能学历双提升

破“五唯”	破除唯分数、唯升学、唯文凭、唯论文、唯帽子
正“三观”	端正教育发展观、人才成长观、选人用人观
双一流	世界一流大学和世界一流学科，是中共中央、国务院作出的重大战略决策，也是中国高等教育领域继“211 工程”“985 工程”之后的又一国家战略，有利于提升中国高等教育综合实力和国际竞争力，为实现“两个一百年”奋斗目标和实现中华民族伟大复兴的中国梦提供有力支撑
五级书记抓党建	中共贵州省委教育工委书记、市（州）党委教育工委书记、高校党委书记、院（系）级单位党组织书记、教职工生党支部书记抓党建的工作机制
9 个 100	贵州省教育系统为庆祝中国共产党成立 100 周年暨党史学习教育宣传活动，开展 9 个子活动——“100 团万人服务基层”主题活动、100 名书记讲党史、100 万学生学党史知识竞赛、100 篇“我是共产党员”优秀征文汇编、100 秒短视频快闪、100 场红色剧目进校园、100 场“牢记殷切嘱托、忠诚干净担当、喜迎建党百年”专题教育演讲比赛、100 场高校“学党史 颂英雄”诵读活动、“100 年恰是风华正茂”文艺晚会

后记

凡是过往，皆为序章；凡是未来，皆有可期。

农历壬寅年初，《“1358”铿锵足音——2021贵州教育纪事》即将杀青付梓。案头往年的《纪事》已十余本矣，面对300多页的书稿，编者有些许忐忑。因为我们面对的是贵州全省20702所学校、1041万师生、从幼儿园教育到博士培养的一个超大体系，薄薄一本书如何展现过去一年贵州教育系统的辉煌业绩与真情故事，实在力所不逮，唯有用心。

“世之论文者有二：曰载道，曰纪事。”明代宋濂《文原》如是定义。纪事，必须记载事实，在尊重事实的基础上，文图字符间倾注情怀与思想，以期有画龙点睛、暗香浮动之妙。之前十余年的《贵州教育纪事》，编者的初心是做成不同于工作年鉴的另一种形式。基本上采取从学前教育到高等教育的划板块的体例，这样的形式比较明晰、层次分明，但缺点是稍感画地为牢，弱化了各种教育形式内在的文化基因和激情脉动。相当一段时间内，编者挣扎在一块“透明天花板”之下，无形的瓶颈让成书质量无法至臻至善，眼望星辰大海而曷胜浩叹。

“教育美，教育真美，教育必须美。”近两年来，贵州省教育厅主要领导首倡的“美的教育”理念在多彩贵州的各级各类学校落地生根、繁花簇簇。《“1358”铿锵足音——2021贵州教育纪事》策划磨合之际，编者眼前一亮——“美的教育”正是统领各种教育形式（层次）的“指挥棒”，舞好金色指挥棒就能让教育系统这支“交响乐团”奏出贵州教育的悠悠“乐章”和时代“强音”。

受此启发，编辑团队决定《"1358" 铿锵足音—— 2021 贵州教育纪事》突破以往板块划分的"樊篱"，侧重于"讲故事"，以全省教育系统的先进人物、典型案例、有益经验、情怀故事来"讲"、来"述"、来"传"、来"播"；将一个一个的真情故事融为一朵一朵闪亮"浪花"，折射映衬 2021 年贵州教育高质量发展的浩瀚大潮；以"美的教育"点亮并助推多彩贵州的奋进乐章。

编辑团队寥寥数人，囿于能力和视野，本书肯定有遗珠之憾；薄薄一本小书涵盖不了贵州教育 2021 年的累累硕果，只能撷取其中的最亮点和最炫处。贵州教育不平凡的历程、故事、探索、革新将继续集中展现贵州教育人"开放自信，乐于奉献；攻坚克难，勇于创新"的师者风采，继续书写培根铸魂之美、立德树人之美、教育公平之美、教育服务之美。

我们坚信，教育——是一份爱，更是一种美！

编者

2022 年 1 月